REDAÇÃO EMPRESARIAL

www.editorasaraiva.com.br

MIRIAM GOLD
REDAÇÃO EMPRESARIAL

5ª EDIÇÃO

ISBN 978-85-472-1794-5

DADOS INTERNACIONAIS DE CATALOGAÇÃO NA PUBLICAÇÃO (CIP)
BIBLIOTECÁRIA RESPONSÁVEL: ALINE GRAZIELE BENITEZ CRB-1/3129

G563r Gold, Miriam
5.ed.   Redação empresarial / Miriam Gold. – 5.ed. – São
Paulo: Saraiva, 2017.

Inclui bibliografia.
ISBN: 978-85-472-1794-5

1. Redação empresarial. 2. Técnica de redação. 3. Comunicação. 4. Texto. 5. Estilo e linguagem. I. Título.

CDD 469.0469
CDU 811.134.3'36

Índice para catálogo sistemático:
1. Redação empresarial   469.0469

Copyright © Miriam Gold
2017 Saraiva Educação
Todos os direitos reservados.

SOMOS | **saraiva** uni
EDUCAÇÃO

Av. das Nações Unidas, 7221, 1º Andar, Setor B
Pinheiros – São Paulo – SP – CEP: 05425-902

SAC | **0800-0117875**
De 2ª a 6ª, das 8h às 18h
www.editorasaraiva.com.br/contato

Presidente	Eduardo Mufarej
Vice-presidente	Claudio Lensing
Diretora editorial	Flávia Alves Bravin
Gerente editorial	Rogério Eduardo Alves
Planejamento editorial	Rita de Cássia S. Puoço
Aquisições	Fernando Alves
	Julia D'Allevo
Editores	Ana Laura Valerio
	Lígia Maria Marques
	Patricia Quero
	Thiago Fraga
Produtoras editoriais	Alline Garcia Bullara
	Amanda M. Loyola
	Daniela Nogueira Secondo
Suporte editorial	Juliana Bojczuk Fermino

5ª edição

Preparação	Elaine Fares
Revisão	Bia Nunes de Sousa
	Fernanda Marão
Diagramação	Crayon Editorial
Capa	Bruno Sales
Impressão e acabamento	Gráfica Paym

Nenhuma parte desta publicação poderá ser reproduzida por
qualquer meio ou forma sem a prévia autorização da Saraiva
Educação. A violação dos direitos autorais é crime estabelecido
na lei nº 9.610/98 e punido pelo artigo 184 do Código Penal.

401.600.005.001

EDITAR	15737	CL	651246	CAE	619163

AGRADECIMENTOS

ESTE LIVRO É DEDICADO a todos os meus alunos executivos que desde 1980 me ensinaram que as regras gramaticais são apenas a parte visível do iceberg da comunicação escrita e que, para o mundo corporativo, as informações precisam trazer ações como resposta. São vocês a minha fonte de inspiração, ao conceber um método que permite transformar ideias em informação clara, objetiva e elegante, contribuindo para diminuir o ruído, o estresse, o desgaste dos mal-entendidos, os atrasos e a falta de resultados que decorrem de textos ora prolixos em demasia ora sintéticos e lacunares.

Este livro é dedicado também aos colegas de profissão, que tanto me ensinaram com seus estudos aprofundados de nossa bela e muitas vezes maltratada língua portuguesa.

Aos alunos das faculdades de Administração, Economia, Engenharia, Psicologia, Pedagogia, Recursos Humanos e de todos os cursos universitários que formarão profissionais que precisam se comunicar e interagir com seus clientes, fornecedores ou pacientes, utilizando uma comunicação oral e escrita clara e precisa.

Aos meus editores, que acreditaram no livro, ajudaram-me e tornaram-se parceiros especiais de jornada.

Aos meus familiares, que me ensinaram a valorizar os estudos, acreditaram em mim e me desculparam pela ocasional falta de atenção decorrente da dedicação necessária a um projeto deste porte, estimulando-me constantemente e acolhendo-me com carinho e amor.

E a todos os meus queridos leitores, que desde a primeira edição do *Redação empresarial*, em 1998, são meus colegas em prol de uma comunicação melhor entre os seres humanos.

SOBRE A AUTORA

Miriam Gold é pós-graduada em Educação e Qualidade na Empresa pela Universidade Santa Úrsula (USU) e em Linguística Textual pela Universidade Federal do Rio de Janeiro (UFRJ), licenciada em Letras também pela UFRJ, com formação em Psicanálise e especialização em Literatura Brasileira.

Especialista em linguagem oral e escrita, assessora o meio corporativo desenvolvendo treinamentos e atuando em *coaching* executivo e de carreira, *outplacement* e pós-carreira. É certificada pelo Behavioral Coaching Institute (BCI) como *executive, professional* e *life coach* e atende executivos e empresas de diversos portes e segmentos. Também elabora e aplica cursos customizados e apresenta palestras em todo o território nacional.

Em sua trajetória profissional, atuou também como professora do ensino superior e do ensino médio.

Autora do livro *Português instrumental para cursos de Direito* e coautora do livro *Mapa da vida*: você na rota do sucesso pessoal e profissional com ferramentas de *coaching* e *mentoring*.

APRESENTAÇÃO

NUNCA SE ESCREVEU tanto quanto hoje em dia. Os constantes avanços tecnológicos não apenas intensificaram o uso da palavra escrita como também revolucionam a maneira como as mensagens são lidas e redigidas.

Com o advento e a popularização da internet, uma quantidade imensurável de informação é disponibilizada instantaneamente e, também, acessada por milhares de pessoas ao redor do mundo. Com as facilidades oferecidas pelas tecnologias dos aparelhos celulares, mensagens são trocadas a toda hora, e não só entre amigos. Hoje é muito comum grupos de trabalho se comunicando por aplicativos de mensagens instantâneas.

Por isso, mais do que nunca, o emprego adequado da linguagem escrita deve estar livre de mal-entendidos, ambiguidades e de erros grosseiros contra a Língua Portuguesa.

Clareza e coerência são qualidades imprescindíveis na comunicação corporativa, uma vez que a globalização e a concorrência são ferozes, exigindo de todos cuidados com a escrita, para que esteja de acordo com os procedimentos instituídos, objetividade, agilidade e precisão.

Considerando todo esse cenário, este livro apresenta e ensina como identificar e elaborar textos empresariais claros, auxiliando no desenvolvimento de mensagens informativas e respondendo a dúvidas frequentes que atingem aqueles que estão diante da delicada tarefa de redigir.

O livro está dividido em três partes:

- Parte I – aborda novo estilo redacional, eliminando os clichês e os excessos que caracterizam o texto antigo. Apresenta e trabalha técnicas e dicas práticas para a elaboração de mensagens que exponham as informações com clareza, precisão e objetividade em e-mails do dia a dia, relatórios ou correspondências comerciais;

REDAÇÃO EMPRESARIAL

- Parte II – apresenta a moderna padronização dos textos corporativos, tais como e-mails, cartas ou atas, além da regulamentação federal sobre a formatação do ofício;
- Parte III – trata das questões gramaticais que mais interferem na correção do texto escrito, como a crase, a vírgula, as concordâncias e o Novo Acordo Ortográfico.

Para reforçar as ideias apresentadas, os capítulos contam com diversos exemplos recorrentes do cotidiano corporativo e são acrescidos por exercícios, cujas repostas encontram-se ao final do livro.

Em suma, o leitor encontrará nesta obra não só as respostas para as questões relacionadas à redação mas também um importante instrumento que contribuirá para o alcance de seu sucesso profissional.

SUMÁRIO

PARTE I
ELABORAÇÃO DO TEXTO EMPRESARIAL

CAPÍTULO 1 • ESTILO E LINGUAGEM DO TEXTO EMPRESARIAL MODERNO 3
1.1 Entendendo o texto empresarial no contexto contemporâneo..............3
1.2 O princípio fundamental do texto empresarial......................... 6
1.3 A eficácia do texto 7
1.4 Características do texto empresarial moderno............................8
    Aplicando a teoria na prática..................................... 12
    Para ampliar seu conhecimento 13
    Teste o que você aprendeu 15
    Aplique o que você aprendeu 16

CAPÍTULO 2 • PRINCIPAIS RUÍDOS PRESENTES
NA COMUNICAÇÃO ESCRITA MODERNA 18
2.1 Os ruídos e suas consequências...................................... 18
    Aplicando a teoria na prática 30
    Para ampliar seu conhecimento 31
    Teste o que você aprendeu 32
    Aplique o que você aprendeu......................................32

CAPÍTULO 3 • TRABALHANDO AS IDEIAS.....................................35
3.1 Pensamentos e ideias 35
3.2 Técnicas para ordenação do pensamento...............................36
    Aplicando a teoria na prática....................................42
    Para ampliar seu conhecimento 42
    Teste o que você aprendeu 43
    Aplique o que você aprendeu......................................44

REDAÇÃO EMPRESARIAL

CAPÍTULO 4 • OBJETIVIDADE 47
4.1 A objetividade e o texto empresarial 47
4.2 O texto empresarial até 1980 47
4.3 O texto empresarial depois de 1980. 48
4.4 A diretriz contemporânea. 48
4.5 Conceituando "objetividade" 49
    Para ampliar seu conhecimento 54
    Teste o que você aprendeu 57
    Aplique o que você aprendeu. 57

CAPÍTULO 5 • CONCISÃO 60
5.1 O valor da concisão. 60
5.2. O texto conciso em tempos modernos 60
5.3 Concisão, e-mail e WhatsApp 60
5.4 Concisão e agilidade 61
5.5 Concisão não significa pobreza de linguagem 61
5.6 Características da concisão. 62
5.7 A concisão e o foco da informação 63
5.8 Dicas para um texto com força persuasiva 64
5.9 Reduzindo o excesso de "que". 67
    Aplicando a teoria na prática. 69
    Para ampliar seu conhecimento 71
    Teste o que você aprendeu 72
    Aplique o que você aprendeu. 73

CAPÍTULO 6 • CLAREZA 75
6.1 Entendendo a clareza textual 75
    Aplicando a teoria na prática. 84
    Para ampliar seu conhecimento 86
    Teste o que você aprendeu 88
    Aplique o que você aprendeu. 88

CAPÍTULO 7 • COERÊNCIA E UNIDADE. 92
7.1 A relação entre coerência e sentido 92
7.2 A coerência no texto. 92
    Aplicando a teoria na prática. 99
    Para ampliar seu conhecimento 100
    Teste o que você aprendeu 102
    Aplique o que você aprendeu. 103

SUMÁRIO

CAPÍTULO 8 • COMO ESCREVER RELATÓRIOS E MONOGRAFIAS 106
8.1 Relatórios e monografias: conjugando ideias à elaboração textual 106
8.2 Semelhanças entre relatórios e monografias 106
8.3 Primeiro momento: por onde começar 106
8.4 Segundo momento: composição da estrutura 112
8.5 Tipos de plano para relatórios 119
    Aplicando a teoria na prática 120
    Para ampliar seu conhecimento 123
    Teste o que você aprendeu 124
    Aplique o que você aprendeu 124

CAPÍTULO 9 • CONSTRUÇÃO ESTRATÉGICA DO CURRÍCULO 129
9.1 A importância do currículo 129
9.2 Estratégia de construção do currículo 130
9.3 Formatos mais comuns de apresentação do currículo 135
    Aplicando a teoria na prática 137
    Para ampliar seu conhecimento 144
    Teste o que você aprendeu 145
    Aplique o que você aprendeu 145

PARTE II
PADRONIZAÇÃO DOS DOCUMENTOS EMPRESARIAIS

CAPÍTULO 10 • DOCUMENTOS EMPRESARIAIS 149
10.1 A correspondência empresarial moderna 149
10.2 Correspondência empresarial: informação, marketing e controle 150
10.3 As informações transmitidas por e-mail 150
10.4 Disposição das informações em carta impressa e por e-mail 154
    Aplicando a teoria na prática 160

CAPÍTULO 11 • CORRESPONDÊNCIA OFICIAL 161
11.1 Uniformização da correspondência oficial 161
11.2 O ofício 161
11.3 O memorando oficial 165
    Aplique o que você aprendeu 167

CAPÍTULO 12 • DOCUMENTOS ADMINISTRATIVOS 168
12.1 Acordo 168
12.2 Ata 169
12.3 Atestado 172
12.4 Aviso ou comunicação interna 172
12.5 Bilhete 174

XIII

REDAÇÃO EMPRESARIAL

12.6 Circular 174
12.7 Comunicação interna 175
12.8 Convocação 175
12.9 Declaração 175
12.10 Procuração 177
12.11 Recibo 177
12.12 Requerimento 178
   Aplique o que você aprendeu. 180

PARTE III
NORMATIZAÇÃO GRAMATICAL

CAPÍTULO 13 • GRAFIA: USOS E SIGNIFICADOS 183
13.1 Orientações sobre grafia correta 183
13.2 Uso das siglas e seu plural 189
13.3 Uso das unidades de medida e hora 190
13.4 Uso das iniciais maiúsculas 191
13.5 Uso da inicial minúscula 191
13.6 Uso de -ção, -são, -ssão 192
13.7 Uso de -isar 193
13.8 Uso de -izar 193
13.9 Uso de -sinho 193
13.10 Uso de -zinho 193
   Aplique o que você aprendeu. 194

CAPÍTULO 14 • REGRAS DE ACENTUAÇÃO. 197
   Aplique o que você aprendeu. 199

CAPÍTULO 15 • HOMÔNIMOS E PARÔNIMOS 201
   Aplique o que você aprendeu. 204

CAPÍTULO 16 • USO DO HÍFEN. 206
   Aplique o que você aprendeu. 207

CAPÍTULO 17 • PLURAL DOS NOMES COMPOSTOS 209
   Aplique o que você aprendeu. 211

CAPÍTULO 18 • COLOCAÇÃO DOS PRONOMES OBLÍQUOS ÁTONOS. 212
   Aplique o que você aprendeu. 214

CAPÍTULO 19 • FORMAS VERBAIS QUE SUSCITAM DÚVIDAS. 215
   Aplique o que você aprendeu. 217

XIV

CAPÍTULO 20 • EMPREGO DO INFINITIVO 218
    Aplique o que você aprendeu. 219

CAPÍTULO 21 • CONCORDÂNCIA VERBAL 220
21.1 Regra geral 220
21.2 Casos especiais. 221
21.3 Verbos com a partícula *se* 222
    Aplique o que você aprendeu. 223

CAPÍTULO 22 • CONCORDÂNCIA NOMINAL 226
22.1 Regras gerais 226
    Aplique o que você aprendeu. 230

CAPÍTULO 23 • EMPREGO DE CRASE 233
23.1 Sempre ocorre crase 233
23.2 Nunca ocorre crase 234
    Aplique o que você aprendeu. 235

CAPÍTULO 24 • EMPREGO DOS SINAIS DE PONTUAÇÃO 237
24.1 Ponto. 237
24.2 Vírgula 237
24.3 Ponto e vírgula. 239
24.4 Dois-pontos. 240
24.5 Travessão 240
    Aplique o que você aprendeu. 241

Referências 243
Gabarito. 245
Índice remissivo 253

PARTE I

ELABORAÇÃO DO TEXTO EMPRESARIAL

CAPÍTULO 1

Estilo e linguagem do texto empresarial moderno

1.1 Entendendo o texto empresarial no contexto contemporâneo

O que mudou nas comunicações empresariais escritas contemporâneas?

As pessoas que já estavam no ambiente corporativo no início de 2000 sabem que os últimos anos trouxeram muitas mudanças na linguagem, no estilo e até nos canais de informação dentro de empresas e instituições.

Um bom exemplo é o e-mail, que antes de 2000 só existia na maioria das empresas como um canal interno de mensagens. A internet expandiu seus domínios de forma tão ampla que hoje se acessa e-mails corporativos por meio de celulares, algo impensável há 15 anos.

É útil refletir um pouco sobre as seguintes questões:

- O que provocou tantas alterações na linguagem das mensagens empresariais?
- Com base na perspectiva do mercado, qual o objetivo de modernizar o estilo e a linguagem do texto empresarial?
- Tomando como referência os clientes, por que as organizações devem modernizar seu estilo e sua linguagem?
- Essas modernizações vieram para ficar?

Vamos acompanhar o que houve, em termos de contexto histórico, para poder entender melhor o que está acontecendo no texto empresarial.

A modernização de estilo e de linguagem das correspondências empresariais teve início em um momento histórico específico – o final dos anos 1970 –, como resultado de um contexto econômico em que a disputa por uma fatia do mercado mundial se tornava muito mais competitiva.

Uma das estratégias que passaram a ser utilizadas mundialmente foi a eliminação de explicações excessivas e de redundâncias em prol de uma redação mais objetiva de informações. Dois fatores impactaram bastante a alteração da linguagem corporativa: um deles foi a *gestão por qualidade*, que obrigou as empresas certificadas a discriminar os procedimentos e padrões utilizados no dia a dia, especificando-os em linguagem clara e sem duplicidade de sentido; o outro foi a *necessidade de estreitar o relacionamento com os clientes externos e de fidelizá-los*, o que impôs a necessidade de uma linguagem mais inteligível e próxima à realidade do cliente, e possibilitou a construção de uma relação de empatia.

De forma bem sintética, pode-se afirmar, categoricamente, que objetividade e clareza são as características fundamentais do texto pós-década de 1980. A ausência dessas qualidades afeta diretamente o trabalho nas empresas, gerando problemas de naturezas diversas.

Por outro lado, vale ressaltar que o excesso de objetividade e concisão na utilização dos modernos WhatsApp e e-mails via celular, por exemplo, também pode gerar resultados desastrosos. Então, é importante entender que qualquer tipo de mensagem – seja direcionada a colegas, equipe, pares, superiores, clientes internos ou externos – precisa estar orientada pelo princípio de que é uma informação corporativa. E, como tal, precisa ser cuidadosa.

Vejam a seguir o que pode ocorrer quando circulam documentos mal escritos.

- *Desmotivação para a leitura*: não se lê mais o texto todo, faz-se apenas uma leitura "perpendicular", ou seja, passa-se os olhos para ver do que se trata. Em consequência, interpreta-se superficialmente a mensagem em vez de lê--la e absorver suas ideias fundamentais.
- *Retrabalho*: ocorre para todos os envolvidos, sejam aqueles a quem a mensagem está dirigida, seja o setor ou departamento emissor da informação. Houve um caso, em uma empresa na qual fui convidada a oferecer treinamento, de um memorando interno (hoje em dia seria o e-mail) com solicitação de recadastramento que gerou tamanha confusão que o trabalho levou cerca de seis meses para ser concluído, embora o tempo inicialmente previsto fosse duas semanas. E tudo isso ocasionado por um memorando sem clareza! Consequência: houve atraso em todos os demais processos, pois o recadastramento ocupou cinco meses que deveriam ter sido dedicados a vários outros trabalhos.
- *Falta de credibilidade*: para o cliente externo, a falta de credibilidade nas informações prestadas pode gerar até falência institucional. Por outro lado, se

pensarmos em líderes que não conseguem transmitir confiança por se expressarem de forma rebuscada ou imprecisa, também teremos uma série de efeitos negativos em cascata.

- *Aumento da troca oral de informações*: com receio de se expressar por escrito de maneira inadequada, muitos se apoiam na linguagem falada. Mas o ditado popular já diz que "quem conta um conto aumenta um ponto". Assim, não há garantia de que a informação será transmitida com fidedignidade. Além disso, muitas vezes ocorre falta de clareza das informações principais. É muito conhecida a história do oficial que solicitou a reunião de todos os soldados no pátio do quartel para assistirem à passagem do cometa Halley e que só conseguiu que todos se reunissem no refeitório por acharem que participariam de um show da banda Bill Haley and His Comets. Isso porque nenhum dos emissores se preocupou em verificar de que modo a mensagem estava sendo compreendida pelos destinatários e repassada por eles.
- *Conflitos internos constantes*: a ausência de clareza tende a gerar interpretações equivocadas e graves erros de comunicação, podendo acarretar conflitos – algo contrário à sinergia positiva necessária ao sucesso de ambientes profissionais.
- *Ineficiência para novos negócios*: o poder de persuasão de um texto é seriamente afetado pela ocorrência de equívocos, que podem comprometer a lucratividade.

A figura a seguir resume os possíveis problemas causados por falhas na comunicação escrita.

FIGURA 1.1 **Problemas em documentos empresariais mal escritos**

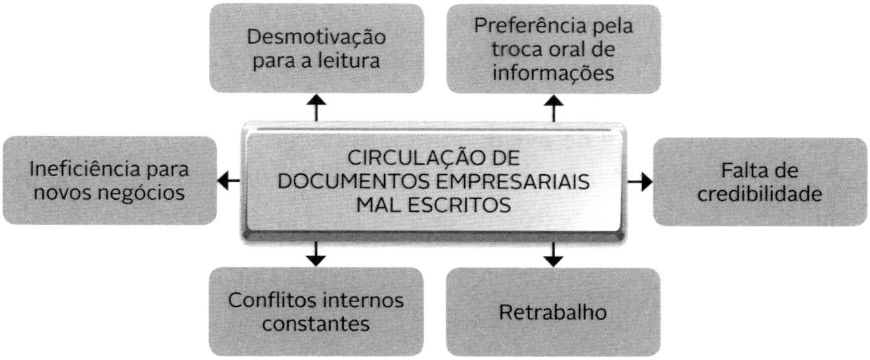

Fonte: elaborada pela autora.

É muito provável que a perda gerada por falhas na transmissão de informações não possa ser mensurada em termos estritamente financeiros, mas, com certeza, o prejuízo econômico provocado pelo desgaste causado por essas falhas é substancial.

Conclui-se então que, em tempos de mercados mundiais e de luta por sobrevivência na era da globalização, não basta apenas investir em informatização e tecnologia. É preciso investimento, também, naquilo que, na sociedade humana, tem valor de troca: a comunicação.

Em termos empresariais, essa comunicação tem valores bem definidos: a clareza e a objetividade das informações proporcionam e impulsionam a fidedignidade das mensagens e a agilidade das decisões, molas da sobrevivência e do lucro.

Até mesmo o uso do WhatsApp, cada vez mais presente para viabilizar a comunicação mais rápida entre os participantes de uma mesma equipe, exige cuidados.

1.2 O princípio fundamental do texto empresarial

A comunicação empresarial, diferentemente do texto jornalístico e do literário, por exemplo, tem o princípio fundamental de gerar uma resposta objetiva àquilo que é transmitido. Ou seja, propiciar uma ação. Veja a Figura 1.2.

A correspondência empresarial é sempre dirigida a um cliente (interno ou externo) visando a uma resposta dele. Se o cliente der a resposta que se espera, o texto foi eficaz; se não, deve ser repensado e reescrito.

Não são poucos os casos empresariais em que uma rápida providência, que deveria resultar de uma mensagem, demorou meses para ser tomada "só" por causa de um texto mal escrito. Também não são raras as situações em que relatórios são lidos e suas informações, embora importantíssimas, passam completamente despercebidas pelo destinatário.

Imaginemos o caso de uma grande empresa que precisava alertar seus credenciados sobre várias mudanças – algumas fundamentais, outras nem tanto. Na estruturação da carta de aviso, porém, destacou-se tanto as informações secundárias que os credenciados acabaram não valorizando as principais. A consequência direta desse texto mal escrito foi o atendimento parcial do que foi solicitado, gerando posteriormente um gasto extraordinário de tempo com telefonemas explicativos.

PARTE I • ELABORAÇÃO DO TEXTO EMPRESARIAL

FIGURA 1.2 **Diferenças entre os textos jornalístico, literário e empresarial**

Exemplo de texto jornalístico

A Conferência das Nações Unidas sobre o Meio Ambiente e Desenvolvimento, ou ECO-92, que aconteceu no Brasil, em junho de 1992, deu novo impulso às questões relacionadas com a Amazônia. As principais ações do governo, decorrentes da conferência, concentram-se na Convenção de Biodiversidade Biológica e na Convenção de Mudanças Climáticas, bem como na Declaração sobre Florestas e Convenção de Desertificação, assinada em outubro de 1994.*

Exemplo de texto literário

Noite de São João
Noite de S. João para além do muro do meu quintal.
Do lado de cá, eu sem noite de S. João.
Porque há S. João onde o festejam.
Para mim há uma sombra de luz de fogueiras na noite,
Um ruído de gargalhadas, os baques dos saltos.
E um grito casual de quem não sabe que eu existo.**

Exemplo de texto empresarial

Pessoal,

Solicito estarem com o relatório das atividades trimestrais pronto até o dia 3 de abril.

Nessa data, enviem o material ao gerente de TI para que ele o consolide e providencie as ações necessárias.

Atenciosamente,***

Fontes:
* Adaptado de Ministério das Relações Exteriores. *A Floresta Amazônica e a questão ambiental*. Brasília: [s.n] [s.d]. Disponível em: <www.dominiopublico.gov.br/pesquisa/DetalheObraForm.do?select_action=&co_obra=84438>. Acesso em: out. 2016.
** CAEIRO, A. *Noite de São João*. Disponível em: <www.dominiopublico.gov.br/pesquisa/DetalheObraForm.do?select_action=&co_obra=84453>. Acesso em: out. 2016.
*** Elaborado pela autora.

1.3 A eficácia do texto

A eficácia do texto empresarial moderno equivale à força da retórica clássica. Na Antiguidade, o discurso retórico tinha uma função expressiva e persuasiva consagrada pelos oradores. Hoje, o meio empresarial investe fortunas em marketing direto, esquecendo-se de usar em seu texto recursos que se configuram uma arma preciosa no relacionamento com o cliente, seja ele interno ou externo.

Há que se perceber, antes que seja tarde demais, como o simples e-mail cotidiano funciona como instrumento de endomarketing, reforçando ou conferindo novos rumos à cultura da empresa.

O texto escrito deve ser percebido como um instrumento relacionado à função estratégica empresarial, intervindo diretamente em três grandes dimensões: na cultura, no aspecto motivacional e no aspecto econômico da empresa.

REDAÇÃO EMPRESARIAL

1.4 Características do texto empresarial moderno

Ao escrever a clientes, responder a solicitações, transmitir informações sobre diversos assuntos, subsidiar uma tomada de decisão, que características você destacaria como importantes em um texto empresarial?

No Quadro 1.1, apresentamos uma lista dessas características. Marque *sim* ou *não* nas que você considera importantes.

QUADRO 1.1 **Características de um texto empresarial (teste)**

Quanto ao vocabulário		
• sofisticado	sim ☐	não ☐
• simples e formal	sim ☐	não ☐
• informal	sim ☐	não ☐
Quanto às frases		
• mais curtas	sim ☐	não ☐
• longas	sim ☐	não ☐
• rebuscadas	sim ☐	não ☐

Fonte: elaborado pela autora.

Dos seis itens do Quadro 1.1, você deve ter assinalado *não* em quatro, pois eles estão em desacordo com a moderna orientação para os textos empresariais, como mostra o Quadro 1.2.

QUADRO 1.2 **Características de um texto empresarial (resultado)**

Quanto ao vocabulário		
• sofisticado	sim ☐	não ☒
• simples e formal	sim ☒	não ☐
• informal	sim ☐	não ☒
Quanto às frases		
• mais curtas	sim ☒	não ☐
• longas	sim ☐	não ☒
• rebuscadas	sim ☐	não ☒

Fonte: elaborado pela autora.

Nem o vocabulário sofisticado nem as frases longas e rebuscadas contribuem para um rápido entendimento da mensagem, levando o leitor a um desperdício de tempo, quando não à desmotivação progressiva, que acarretará inconscientemente a rejeição da mensagem.

Não devemos nos esquecer de que a mudança cultural imposta na linguagem das correspondências reflete também o estilo da vida moderna, em que a informação valorizada é aquela de mais fácil "digestão" – haja vista a grande influência dos meios de comunicação de massa.

Além disso, você deve reconhecer que um leitor, por mais inteligente que seja, precisa de tempo para decodificar as palavras, reconhecer seus sentidos e identificar as relações entre as ideias. Assim, torna-se evidente que quanto menor o esforço para decodificar o texto, mais o leitor apreenderá a mensagem.

As características do texto empresarial moderno são, então, as apresentadas na Figura 1.3.

FIGURA 1.3 **Características do texto empresarial moderno**

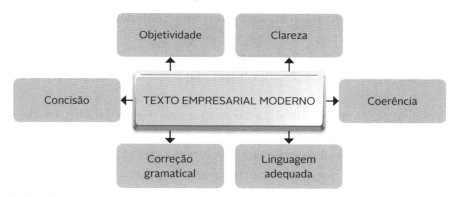

Fonte: elaborada pela autora.

Ao longo deste livro entenderemos cada uma dessas características e as trabalharemos. A seguir, apresentaremos os conceitos de cada uma delas.

1.4.1 Conceituando as características

A seguir, vamos detalhar cada uma dessas características.

1.4.1.1 Concisão

Concisão significa expressar o máximo de informações sem repetições e excesso de ideias. Para atingir esse objetivo, é preciso determinar, com precisão, as informações realmente relevantes, bem como avaliar o significado das palavras e expressões utilizadas. O texto bem escrito e conciso é aquele em que todas as palavras e informações utilizadas têm uma função significativa.

REDAÇÃO EMPRESARIAL

1.4.1.2 Objetividade

A objetividade refere-se às ideias expressas. Em toda situação de comunicação há inúmeras ideias que permeiam a informação, e todas elas estão, direta ou indiretamente, ligadas ao assunto.

Entretanto, para se expressar com objetividade, deve-se estar atento para expor ao destinatário as ideias principais, retirando do texto todas as informações supérfluas, que levam o leitor a perder o foco do assunto tratado.

A questão principal, quando se refere à objetividade, é saber definir quais são as informações relevantes que desejamos transmitir naquele momento.

1.4.1.3 Clareza

Segundo os professores Rocha Lima e Barbadinho Neto, no livro *Manual de redação*,[1] dois procedimentos são fundamentais para a obtenção da clareza textual:

a] educar nossa capacidade de organização mental;
b] aprender a pôr em execução convenientemente o material idiomático.

O motivo pelo qual se considera a clareza uma das características mais difíceis de ser obtida é que a ideia já está clara na mente daquele que emite a mensagem. Ou seja, o emissor julga erroneamente estar se expressando com a necessária clareza, pois a ideia que está formulando lhe é familiar.

Essa relação entre o pensamento e a linguagem traz como consequência direta para o emissor uma falta de percepção mais apurada do próprio enunciado, uma vez que sua leitura ainda está conectada à ideia. Portanto, ele não percebe as falhas ou lacunas de sentido que podem existir na passagem das ideias para seu corpo material, isto é, para as palavras.

Um exemplo do que estamos dizendo são as famosas brincadeiras verbais, muitas delas usadas como apelo de marketing:

- Cachorro faz mal à moça!
  Na verdade, é um sanduíche: cachorro-quente.
- Vou mandar-lhe um porco pelo meu irmão, que está bem gordo.
  Presume-se que quem esteja gordo seja o porco.
- Pedro e Paulo vão se separar.
  Eles não são um casal. Cada um vai separar-se de sua respectiva mulher.

---

[1] LIMA, C. H. R.; BARBADINHO NETO, R. *Manual de redação*. Rio de Janeiro: Fename, 1982.

PARTE I • ELABORAÇÃO DO TEXTO EMPRESARIAL

Todas essas frases têm duplo sentido e, portanto, problema de clareza. Muitos relatórios e ofícios também contêm construções semelhantes, além de frases intercaladas, parágrafos longos, orações excessivamente subordinadas, termos mal ordenados, excesso de concisão etc.

1.4.1.4 Coerência

A coerência diz respeito à conexão entre as ideias apresentadas no texto. Sem ela, as frases ficam "perdidas" e sem lógica.

A palavra coerência vem do latim *cohaerentia* e significa: "1. Qualidade, estado ou atitude de coerente. 2. Ligação ou harmonia entre situações, acontecimentos ou ideias; relação harmônica; conexão, nexo, lógica".[2]

Evidentemente, não apenas o texto empresarial necessita dessa característica: toda e qualquer comunicação, ao longo de qualquer momento histórico ou cenário, precisa ter coerência. Entretanto, a língua escrita exige um rigor e uma disciplina de expressão muito maiores do que a língua falada, obrigando o emissor a expressar-se com harmonia tanto na relação de sentido entre as palavras quanto no encadeamento de ideias no texto.

Para se obter a adequada conexão de sentido entre as palavras, é necessário ater-se à significação de cada uma delas. Por sua vez, o encadeamento lógico do texto se faz principalmente mediante relações de tempo, espaço, causa e consequência.

1.4.1.5 Linguagem adequada

Para que a linguagem de qualquer documento empresarial seja adequada é preciso levar em conta quem será o destinatário da mensagem e o assunto a ser tratado.

Como atualmente se utiliza o correio eletrônico como canal privilegiado para a transmissão de vários tipos de informação, deve-se tomar muito cuidado para que a linguagem não seja influenciada por esse tipo de canal, resultando em textos excessivamente informais e descuidados.

É necessário entender que o correio eletrônico é um meio para a organização agilizar seu fluxo de informações. Entretanto, como toda mensagem transmitida constitui um documento empresarial, privilegia-se uma linguagem mais formal.

Obviamente, na circulação de informações entre colegas de departamento, a formalidade será substituída pela informalidade, ainda que com os devidos cuidados. Essas questões serão aprofundadas nos Capítulos 2 e 10. O Capítulo 2 trata do coloquialismo excessivo e o Capítulo 10, da utilização do e-mail.

---

[2] FERREIRA, A. B. H. (Ed.) *Novo dicionário Aurélio de língua portuguesa*. São Paulo: Positivo, 2006.

REDAÇÃO EMPRESARIAL

1.4.1.6 Correção gramatical

Qual é a imagem transmitida pela pessoa que fala de maneira errada? E pela empresa que não cuida da linguagem de seus documentos?

Erros de concordância, verbos mal utilizados, problemas de acentuação, crases e vírgulas mal colocadas comprometem a imagem da empresa, uma vez que a linguagem funciona como um espelho da qualidade dos produtos ou serviços: o mesmo tratamento dado à linguagem é estendido ao produto ou serviço oferecido ao cliente.

APLICANDO A TEORIA NA PRÁTICA

Veja a seguir a diferença entre uma carta dos anos 1990 e sua versão modernizada.

CARTA ANTIQUADA

439/83

CM Papelaria

Belo Horizonte, 16 de outubro de 1993.

Ilmos. Srs.
J. J. Martins
Caixa Postal 974
Curitiba – PR

Prezados senhores,

Desejamos acusar o recebimento de sua correspondência datada de 12 de outubro próximo passado, com a qual V. S.[as] tiveram a gentileza de nos encaminhar os documentos relativos às mercadorias por nós encomendadas.

Informamos, outrossim, que as mercadorias em referência chegaram em perfeitas condições, nada nos sendo lícito reclamar nesse sentido. Lamentamos, no entanto, ter que externar-lhes a nossa estranheza ante o fato de constar, na fatura que nos foi remetida por V. S.[as], vencimento para 30 dias, quando havíamos combinado com o representante de sua conceituada empresa 90 dias.

Solicitamos, pois, esclarecimentos a respeito, deixando claro que não poderemos aceitar a duplicata, caso não nos seja concedido o prazo previamente combinado.

Cientes de que nossa justa pretensão será acolhida por V. S.[as], firmamo--nos, com estima e apreço.

Atenciosamente,

JOSÉ LINS
Diretor

CM Papelaria Ltda.
Rua da Alfândega, 66
Tel.: 3456-7890 Fax: 3456-7098
CEP: 22031-090

PARTE I • ELABORAÇÃO DO TEXTO EMPRESARIAL

CARTA MODERNA

CM Papelaria

RC-439

Belo Horizonte, 16 de outubro de 2016.

Prezados senhores,

Informamos que recebemos as mercadorias encomendadas, assim como os documentos a elas relativos.

Contudo, estranhamos o fato de constar de sua fatura o vencimento para 30 dias, quando já havíamos combinado com seu representante um prazo de 90 dias.

Solicitamos, portanto, esclarecimentos, deixando claro que não poderemos aceitar a duplicata, caso não nos seja concedido o prazo previamente combinado.

Atenciosamente,

JOSÉ LINS
Diretor

CM Papelaria Ltda.
Rua da Alfândega, 66
Tel.: 3456-7890 Fax: 3456-7098
CEP: 22031-090

PARA AMPLIAR SEU CONHECIMENTO

Por que a linguagem usada nas empresas deve tender à formalidade? Por que não "modernizá-la", utilizando uma linguagem mais informal, próxima do nosso dia a dia?

Essas perguntas são legítimas e merecem uma resposta adequada.

Para começar, temos que entender que as situações linguísticas são muito complexas e envolvem variações de público e contexto. Em um panorama sucinto das duas principais variações, temos:

REDAÇÃO EMPRESARIAL

- as variações de uso regional, que se verificam na entonação, no vocabulário e em algumas estruturações sintáticas, caracterizando uma comunidade linguística em determinado espaço geográfico. Este tipo é denominado *dialeto*;
- as variações decorrentes de ajustes em função da situação contextual e do destinatário. Como consequência, podemos separar várias modalidades e níveis de língua: escrita, falada, do jurídico, dos economistas, dos internautas etc. A essas variações dá-se o nome de *registros*.

É importante ressaltar que as variações de dialeto e registro são usadas para distinção social, qualificando os usuários de acordo com seu lugar de origem, grau de escolaridade, grupo profissional etc.

Aqui já começamos a perceber a questão da formação da imagem ligada à utilização de uma das variantes.

Acompanhe no Quadro 1.3 uma esquematização ampla das diferentes modalidades e níveis da língua, para que possamos operar com esses conceitos.

QUADRO 1.3 **Diferentes modalidades e níveis de língua**

Língua falada	Língua escrita
VULGAR Não existe preocupação com a norma gramatical. É geralmente usada por pessoas iletradas, isto é, que não tiveram qualquer tipo de alfabetização.	VULGAR É utilizada por pessoas sem escolaridade e apresenta vários erros.
COLOQUIAL DESPREOCUPADA É a língua usada na conversação corrente, com algumas intromissões de gírias e expressões familiares, e tem um policiamento gramatical pequeno.	DESPREOCUPADA Tem caráter híbrido, pois é utilizada por pessoas escolarizadas mas em situações que não exigem cuidado com a gramática, como nos e-mails pessoais.
COLOQUIAL CULTA É uma linguagem fiscalizada gramaticalmente, utilizada em salas de aula, reuniões, palestras, e não foge a uma naturalidade de expressão.	FORMAL Tem a preocupação de seguir a norma gramatical vigente, sendo utilizada na correspondência empresarial, em apresentações, palestras e livros.
FORMAL Imita em tudo a escrita e, por isso mesmo, soa artificial.	LITERÁRIA Embora respeite as normas gramaticais, pode quebrar padronizações para obter o efeito de estilo desejado, unindo o conteúdo a uma forma inovadora.

Fonte: elaborado pela autora.

PARTE I • ELABORAÇÃO DO TEXTO EMPRESARIAL

Como se pode verificar há várias maneiras de expressar as ideias, e o uso de cada variante depende da situação. Por que então o texto empresarial deve privilegiar a linguagem formal? Porque, ao contrário de todas as variantes, somente ela evitará:

- o uso de termos compreendidos apenas por uma das partes envolvidas na comunicação;
- o uso de expressões informais, pois, como tudo que nos é mais próximo tende a evocar mais intensamente nossas situações emocionais, essas expressões, por serem próprias de grupos de amigos ou familiares, determinariam a quebra de uma imparcialidade na transmissão da informação e, como consequência, a possibilidade de descrédito da mensagem;
- a quebra dos procedimentos gramaticais que constroem a imagem de letramento, isto é, de um grau de escolaridade propiciador de credibilidade.

☰ TESTE O QUE VOCÊ APRENDEU

1. A modernização de estilo e linguagem do texto empresarial ocorreu a partir da década de 1970. Por quê?

2. Cite pelo menos dois exemplos do que pode ocorrer em uma organização com a circulação de textos mal escritos.

3. Qual é a diferença fundamental entre o texto empresarial e o jornalístico?

4. Cite cinco características do texto empresarial moderno.

5. Cite duas características do texto empresarial moderno que também se referem ao estilo de linguagem utilizado antes de 1970.

REDAÇÃO EMPRESARIAL

III   APLIQUE O QUE VOCÊ APRENDEU

1. Assinale a alternativa falsa.

   ☐ a) As organizações devem modernizar o estilo de seus textos a fim de se tornarem mais competitivas.

   ☐ b) As pessoas dentro das organizações estão desmotivadas para ler textos complexos.

   ☐ c) Mensagens com falta de clareza produzem retrabalho para o emissor e para o destinatário.

   ☐ d) Mensagens mal escritas são resultado exclusivo do predomínio da troca oral de informações.

2. Coloque C (certo) ou E (errado) nas afirmativas abaixo.

   ☐ a) O texto empresarial pode ser considerado instrumento de endomarketing.

   ☐ b) Objetividade e frases rebuscadas não são características opostas.

   ☐ c) A eficácia de um texto não depende da correção gramatical.

   ☐ d) O vocabulário utilizado no texto empresarial depende do destinatário da mensagem e de seu assunto.

3. Relacione a característica da coluna A com o conceito na coluna B.

Coluna A		Coluna B
1 Concisão	☐	Relaciona-se com a harmonia entre os termos.
2 Objetividade	☐	Relaciona-se com a organização mental.
3 Clareza	☐	Não perde o foco do assunto tratado.
4 Coerência	☐	Não há clichês e redundâncias.

4. Sobre a linguagem empregada no texto empresarial, é correto afirmar que:

   ☐ a) em um relatório de diretoria convém utilizar uma linguagem escrita mais culta, como a literária.

   ☐ b) no e-mail entre colegas de setor ou departamento pode-se usar uma linguagem bem informal, abreviando as palavras conhecidas entre as partes.

   ☐ c) em uma carta de marketing é preciso se preocupar com a correção gramatical, mas ela não é tão importante quanto a mensagem.

☐ d) em qualquer texto empresarial, seja um relatório ou um e-mail inter-departamental, deve-se seguir a norma gramatical vigente.

5. Assinale o texto que apresenta todas as características de estilo e linguagem do texto empresarial moderno.

☐ a) Comunicamos, através deste, que clientes não gostam de esperar. Estão partindo em busca dos concorrentes. O país está passando por momento difícil e nós também. O almoço será às 11h e às 12h, pois estamos perdendo clientes. Uns irão às 11h, os outros às 12h. Isso começará no próximo mês. Frisamos: não podemos continuar perdendo clientes.

☐ b) A fim de evitar que ocorra prejuízo no atendimento, comunicamos a todos os funcionários que, a partir do próximo dia 12, teremos apenas dois horários para almoço: o primeiro das 11h às 12h e o segundo das 12h às 13h. Os funcionários poderão escolher seu horário, mantendo o cuidado de não deixar o departamento desfalcado em horário de grande movimento.

☐ c) Comunicamos a todos os funcionários que, a partir do primeiro dia do próximo mês, por motivo de produtividade e obedecendo à nossa política de qualidade, teremos dois horários de almoço, não podendo mais os setores ficarem vazios, como vem ocorrendo, pois muitas vezes os clientes que chegam no horário do almoço não esperam, partindo em busca do serviço dos concorrentes. Assim, um grupo irá almoçar às 11h e o outro, às 12h.

CAPÍTULO 2

Principais ruídos presentes na comunicação escrita moderna

2.1 Os ruídos e suas consequências

Na redação empresarial há ruídos que prejudicam muito a clareza e a objetividade dos textos. Os efeitos deles são vários: retrabalho, estresse, delegação falha, desmotivação, entre outros. Os ruídos provocados por hábitos da escrita antiquada geram, na correspondência, um texto pesado e ultrapassado. Por outro lado, alguns textos provenientes do mau uso do e-mail são tão simplificados que prejudicam a clareza, ferem as normas da língua portuguesa e, muitas vezes, pecam contra a elegância necessária às comunicações.

A Figura 2.1 mostra os principais ruídos presentes nos textos corporativos: verbosidade, chavão, uso desnecessário de jargão técnico e excesso de coloquialismo.

Neste capítulo, vamos conhecer cada um desses ruídos e a melhor maneira de evitá-los.

FIGURA 2.1 **Principais ruídos do texto empresarial**

Fonte: elaborada pela autora.

2.1.1 Verbosidade

A verbosidade ocorre quando se diz de forma complexa o que pode ser dito de maneira mais simples. Você já deve ter lido várias vezes textos que apresentam

PARTE I • ELABORAÇÃO DO TEXTO EMPRESARIAL

informações simples escritas de modo rebuscado, dando a impressão de uma pretensa ostentação da linguagem culta.

Leia a seguir um e-mail com verbosidade, elaborado pelo setor de material de uma empresa.

> Como resultante de *persistente e continuado* suprimento insatisfatório do componente J-7 (arruela de equilíbrio do rotor interno), foi determinado pela *autoridade competente* que *adicionais e/ou novos* fornecedores do componente acima mencionado deveriam ser procurados com vistas a aumentar o número de peças *que deveriam ser mantidas disponíveis* no *armazém de depósito*.

Esse parágrafo é um exemplo típico do estilo floreado. Veja por quê:

- *Repetição desnecessária*: persistente e continuado.
- *Prolixidade*: autoridade competente.
- *Imprecisão*: adicionais e/ou novos.
- *Prolixidade*: que deveriam ser mantidas disponíveis.
- *Redundância*: armazém de depósito.

Como o leitor/destinatário precisa entender o texto para poder agir adequadamente ao que lhe é solicitado, a forma rebuscada e artificial não atende à necessidade empresarial moderna de rapidez nas ações e decisões.

Mas por que se valorizou esse tipo de linguagem por tanto tempo? Porque a verbosidade significava *status*!

Em nossa sociedade, a linguagem excessivamente rebuscada foi valorizada devido a razões históricas e culturais. No início da colonização, as mensagens escritas entre Portugal e Brasil foram muito influenciadas pelo estilo literário denominado Barroco, caracterizado pelo rebuscamento do vocabulário e da sintaxe da frase. Durante séculos, a utilização de um estilo semelhante vigorou em nossa cultura, servindo para demonstrar o *status* elevado de quem o utilizava.

Contudo, na era da informática e da rapidez da informação, quando muitas vezes mal há tempo para compreender as mensagens, tal o volume que recebemos, a verbosidade só funciona como obstáculo ao entendimento.

Portanto, o rebuscamento deve ser suprimido, em razão de um contexto mercadológico que exige informação de rápido entendimento e maior agilidade de resposta. Pelo mesmo motivo, também não convém o uso do vocabulário

REDAÇÃO EMPRESARIAL

sofisticado, pretensamente culto, que cria uma linguagem artificial aos padrões do texto empresarial.

É necessário que você identifique a verbosidade e saiba como evitá-la, tornando sua comunicação mais clara e eficiente.

2.1.1.1 Verbosidade por vocabulário sofisticado

Observe a seguir o trecho de uma carta com verbosidade.

> Solicitamos o pagamento das mensalidades nas datas *aprazadas* no dito carnê, colaborando *destarte* para a manutenção *precípua* deste *sodalício* na orientação e assistência de seus associados.

O trecho citado é parte de uma carta emitida por uma associação de classe. Agora, pensemos juntos:

- Será que um órgão que tem por objetivo congregar colegas de uma mesma profissão deve se dirigir a seus pares com uma linguagem tão erudita?
- A reação imediata de quem recebe essa correspondência será positiva ou negativa?
- O objetivo da associação de classe – o pagamento das mensalidades – terá o retorno esperado?

As respostas negativas a essas interrogações comprovam a ineficácia do uso de um vocabulário sofisticado nos textos empresariais modernos, quaisquer sejam eles.

Para corrigir um texto desse tipo há necessidade de expressar em vocabulário simples aquilo que se considera importante para o destinatário, como no exemplo a seguir.

EXEMPLO COM LINGUAGEM ADEQUADA

> Solicitamos o pagamento das mensalidades até as datas de vencimento indicadas no carnê.

2.1.1.2 Verbosidade por frases e parágrafos longos

Antigamente, além de ter um vocabulário sofisticado, os parágrafos eram bastante longos. É óbvio que teoricamente não há limite de linhas para um parágrafo bem escrito. Entretanto, deve haver nos dias atuais bom senso na busca pela clareza. E se a frase for longa demais, a ideia principal poderá não ter destaque e submergir entre as outras, provocando muitas vezes vários equívocos de interpretação.

O fator fundamental para a identificação das ideias mais importantes de um texto é a construção de parágrafos curtos e com frases não muito longas. Compare as duas construções a seguir, baseadas em um relatório.

TRECHO DE UM RELATÓRIO COM PARÁGRAFO LONGO E VERBOSIDADE

A média de produção para o último ano fiscal é maior do que a do ano anterior, porque aquele foi o ano em que se instalaram as novas prensas de estamparia, automáticas e hidráulicas, portanto aumentando o número de peças estampadas durante o período, assim como também foi o ano em que se introduziram novos métodos de economia de tempo e economia de mão de obra, e que também contribuíram para uma média maior de produção.

TRECHO CORRIGIDO

A média de produção do último ano fiscal foi maior do que a do ano anterior. Foram instaladas novas máquinas hidráulicas para a estamparia, automáticas e de alta velocidade, aumentando o número de peças, e foi introduzida nova metodologia, a fim de gerar economia de tempo e mão de obra.

A seguir, outro exemplo típico de verbosidade.

TEXTO COM VOCABULÁRIO INADEQUADO E PARÁGRAFO LONGO

Inolvidável consignar-se que o tema eleito para a disciplina legislativa também se apresenta *insurgente* ao interesse público, nos moldes em que foi vazado, *eis que presentemente cometidas as atribuições de planejamento dos serviços de informática, e seus consectários mediatos e imediatos, ao Centro de Processamento de Dados do Rio de Janeiro (Proderj)*, circunstância esta que empresta ao projeto em pauta a nota de indesejável paralelismo organizacional.

TEXTO CORRIGIDO

Registre-se que o projeto em pauta sugere a criação de uma organização nos mesmos moldes do Centro de Processamento de Dados do Rio de Janeiro (Proderj). Assim, ele propõe a duplicação de uma instituição que já existe e, por esse motivo, não pode ser considerado de interesse público.

REDAÇÃO EMPRESARIAL

Se você verificar em seu texto tendência a parágrafos longos, siga estas duas orientações:

- Escreva frases mais curtas, relacionando as ideias. Embora possam ser dadas explicações que envolvam vários argumentos, causas e consequências, jamais deixe as frases longas demais a ponto de prejudicarem a clareza.
- Escreva cada conjunto de ideias em parágrafos distintos. A restrição ou delimitação de cada parágrafo é fundamental para a clareza da informação transmitida. Você poderá desenvolver melhor esse estudo nos capítulos sobre a objetividade e a clareza.

2.1.1.3 Verbosidade por construções intercaladas e/ou invertidas

É muito comum observarmos textos empresariais, principalmente relatórios, que transmitem informações como se fossem uma grande equação matemática:

$$a + \left\{ e \div f \left[\left(\frac{3}{4} b.\, c \right) - \frac{a+c}{d} \right] \right\} - e$$

Nesses textos, supõe-se que o leitor tenha uma capacidade inesgotável de destrinchar ideias, como se elas fizessem parte de uma equação. O grande problema, entretanto, é que a mente humana não interpreta com facilidade todos esses encaixes de ideias.

O exemplo que se segue foi retirado de uma carta comercial e ilustra a situação.

Queremos, neste momento, observar que o aceite àquela condição não deve ser entendido como uma aprovação dela, não no que diz respeito ao valor, que, apesar de ter ultrapassado a importância de R$ 350,00, que achávamos justa, dela não se afastou em demasia, mas sim quanto ao prazo de reajuste, qual seja, semestral, contrariando o relacionamento comercial passado, calcado no prazo de um ano, não nos dando sequer a chance da contra-argumentação.

Observe a profusão de ideias, todas no mesmo parágrafo:

PARTE I • ELABORAÇÃO DO TEXTO EMPRESARIAL

> **IDEIA 1**   **IDEIA 2**
> Queremos observar que aceitamos aquela condição, embora não tenhamos
> **IDEIA 3**
> a aprovado inteiramente, aceitamos e aprovamos o valor, mesmo este ten-
> **IDEIA 4**   **IDEIA 5**
> do ultrapassado R$350,00, o valor justo era de R$350,00, não aprovamos o
> prazo de reajuste, pois este contrariou o relacionamento comercial passa-
> **IDEIA 6**
> do, calcado no prazo de um ano. Não nos foi concedida a oportunidade de
> contra-argumentação.

O acúmulo de ideias apresentadas simultaneamente, ou seja, a presença de várias frases intercaladas, determinou a má construção do parágrafo.

As diversas ideias de um mesmo assunto não podem ser expressas dessa forma imbricada, pois dificultam o entendimento da mensagem. É preciso catalogá-las e ordená-las para que formem um conjunto lógico e simples, a fim de que o leitor as compreenda com o mínimo desgaste mental possível.

EXEMPLO CORRIGIDO

> Gostaríamos de registrar, entretanto, nossa insatisfação com a mudança do prazo de reajuste que, sem a possibilidade de negociação, contraria nosso relacionamento comercial passado, calcado no prazo de um ano.

Concluindo: a verbosidade, antes considerada um valor positivo por demonstrar cultura e *status*, passa a desempenhar o papel de empecilho, ou ruído, na comunicação.

QUADRO 2.1 **Exemplos de verbosidades a ser evitadas**

Expressões evitáveis	Substituir por
supracitado	citado
acima citado	citado
encarecemos a V.S.ª	solicitamos
somos de opinião que	acreditamos, consideramos
temos em nosso poder	recebemos
temos a informar que	informamos

REDAÇÃO EMPRESARIAL

o assunto em epígrafe	o assunto citado
levamos a seu conhecimento	informamos
causou-nos espécie a decisão	causou-nos estranheza
consternou-nos profundamente	lamentamos profundamente
devido ao fato de que	devido a, por causa de
para dirimir dúvidas	para esclarecer dúvidas
precípua	principal
destarte	desta forma, desta maneira
aprazada	dentro do prazo, limite
desiderato colimado	objetivo
aproveitando o ensejo, anexamos	anexamos
via de regra, os procedimentos	geralmente, os procedimentos
antecipadamente somos gratos	agradecemos

Fonte: elaborado pela autora.

2.1.2 Chavão

Expressões antiquadas, porém já condicionadas ao texto empresarial, denominam-se chavões. Em muitos casos, trata-se de um vício de estilo já incorporado como linguagem do texto empresarial. Alguns chavões contêm erros gramaticais ou semânticos, outros tornaram-se muletas que convém evitar, uma vez que não conferem ao texto a necessária autenticidade.

Você já imaginou receber um e-mail, um dos mais modernos canais de comunicação, contendo expressões da década de 1960?

E uma exposição de motivos, defendendo a implantação de um novo sistema de informatização, que termine em "Renovando nossos votos de estima e consideração"?

2.1.2.1 Chavão e eficácia do texto

A principal razão para eliminar os chavões diz respeito à eficácia textual. Estudos linguísticos comprovam que um texto deve conter apenas algum nível de redundância (repetições), como os pronomes e as palavras de um mesmo campo semântico, denominadas redundâncias positivas.

Para o leitor, um texto com chavões traz informações já conhecidas e isso faz com que ele suponha uma familiaridade excessiva com o tema, levando-o a dar – como consequência imediata, embora subliminar – menos atenção e importância às informações.

Assim, os chavões assumem papel negativo não só ao caracterizar o texto como antiquado mas também ao reduzir o poder de ele mobilizar o leitor.

PARTE I • ELABORAÇÃO DO TEXTO EMPRESARIAL

Exemplos de chavões

Os chavões podem constituir-se de uma ou mais palavras. Podemos citar os famosos vocábulos *outrossim, debalde* e *destarte*. Observe os exemplos.

- Outrossim, anexamos a este ofício a cópia do comprovante de vencimentos.
- Debalde nossos esforços, esclarecemos que não nos será possível efetuar a retificação nos relatórios já assinados.

A palavra *outrossim*, embora seja de fato muito expressiva, já que pode ser empregada em vários sentidos, não deve mais fazer parte dos textos empresariais, pois estes visam refletir uma imagem de modernidade. Esse vocábulo é, hoje em dia, absolutamente inadequado. Evite usá-lo.

Nesse mesmo contexto incluem-se as palavras *debalde* e *destarte*, que, embora expressivas, denotam um padrão de linguagem excessivamente culto e de pouca compreensão pelo grande público.

Para poder atingir um público diversificado, a simplicidade é mais valiosa nos dias atuais.

Você pode identificar alguns chavões mais usados em introduções e conclusões de documentos e substituí-los em seu texto.

Chavões em introduções

Vejamos a seguir alguns exemplos recorrentes de chavões na abertura de textos empresariais.

a] *Vimos, através desta, solicitar...*
   A palavra *através* significa *atravessar, fazer travessia*. Pode-se ver *através da vidraça*, pode-se enriquecer *através dos anos*, mas não se pode, por exemplo, "aprovar o aumento através do decreto nº 33", pois o decreto não é "atravessado" para que o aumento aconteça; pode-se somente "aprovar o aumento por meio do decreto".

b] *Venho, pela presente, solicitar...*
   Já que *pela ausente* não se solicita nada, a expressão *pela presente* torna-se óbvia e absolutamente dispensável.

c] *Solicitamos a V.S.ª inclusão de...*
   O pronome de tratamento *V.S.ª* deve ser utilizado apenas quando o destinatário exigir tal formalidade, quando ele for de hierarquia superior dentro

REDAÇÃO EMPRESARIAL

da empresa e houver tal orientação, ou quando for um destinatário externo com o qual se deseja manter formalidade. No caso de colegas do mesmo nível hierárquico, esse pronome pode ser suprimido, resultando em um texto com maior empatia e, consequentemente, maior eficácia simbólica.

d] *Acusamos o recebimento de...*
Atualmente, não se utiliza mais nos textos empresariais o verbo *acusar*.

Chavões em conclusões

Agora, vejamos alguns chavões frequentemente empregados nos fechamentos dos textos empresariais.

a] *Reiteramos os protestos de elevada estima e consideração.*
Essa conclusão, exemplo clássico de chavão utilizado em ofícios e, insistentemente, por setores do judiciário, passou a ser considerada anacrônica em 1982, quando a Instrução Normativa nº 133,[1] do Departamento de Administração do Serviço Público, recomendou sua substituição por outras mais simples.[2]

b] *Sem mais para o momento.*
Quando se analisa o significado dessa frase, percebe-se que ela indica de maneira rude que não se tem mais nada a acrescentar. Portanto, só deve ser usada em comunicações em que *não* se pretenda encerrar de forma polida, como em cartas de cobrança ou similares.

Tautologias ou repetições viciadas

A tautologia é uma espécie de chavão. Consiste em repetir uma ideia, de forma viciada, usando palavras diferentes que, entretanto, têm o mesmo sentido. O exemplo clássico é o famoso *subir para cima* ou *descer para baixo.* Mas há outros, como demonstra o Quadro 2.2.

---

[1] BRASIL. Ministério da Justiça. *Manual de redação e correspondência oficial.* Brasília: Secretaria de Modernização Administrativa, 1982.
[2] A IN 133/82 foi a primeira, depois de muitos anos, a demonstrar preocupação com a modernização das correspondências públicas. Depois dela, houve a IN nº 4/92 da Presidência da República, que regulamenta as conclusões das correspondências.

PARTE I • ELABORAÇÃO DO TEXTO EMPRESARIAL

QUADRO 2.2 **Tautologias**

1- elo de ligação	21- fato real
2- acabamento final	22- encarar de frente
3- certeza absoluta	23- multidão de pessoas
4- quantia exata	24- amanhecer o dia
5- nos dias 8, 9 e 10, inclusive	25- criação nova
6- como prêmio extra	26- retornar de novo
7- juntamente com	27- empréstimo temporário
8- expressamente proibido	28- surpresa inesperada
9- em duas metades iguais	29- escolha opcional
10- sintomas indicativos	30- planejar antecipadamente
11- há anos atrás	31- abertura inaugural
12- vereador da cidade	32- continua a permanecer
13- outra alternativa	33- a última versão definitiva
14- detalhes minuciosos	34- possivelmente poderá ocorrer
15- a razão é porque	35- comparecer em pessoa
16- anexo junto à carta	36- gritar bem alto
17- de sua livre escolha	37- propriedade característica
18- superávit positivo	38- demasiadamente excessivo
19- todos foram unânimes	39- a seu critério pessoal
20- conviver junto	40- exceder em muito

Fonte: elaborado pela autora.

2.1.3 Jargão técnico

Dá-se o nome de jargão à maneira característica e específica de determinado grupo se comunicar. Os advogados, por exemplo, têm uma linguagem própria, assim como os economistas, os analistas de sistema, os membros da Academia Brasileira de Letras, os engenheiros e vários outros grupos sociais ou profissionais.

Essa linguagem específica do grupo deve, entretanto, sofrer modificações quando o número de destinatários se amplia, uma vez que as informações precisam ser entendidas por todos. Por exemplo: o setor de informática de uma empresa de grande porte que precisa elaborar um manual para a utilização de um novo programa. Como esse manual será usado pelos demais setores da empresa, as instruções têm de ser expressas de maneira que possam ser entendidas até mesmo por quem não é especialista no uso do sistema.

É importante ressaltar que um relatório enviado apenas para sua chefia imediata pode ser redigido com uma linguagem comum ao setor; porém, se o

REDAÇÃO EMPRESARIAL

destinatário for múltiplo, ou seja, se o relatório participar de um fluxo de informação mais amplo, a linguagem empregada deverá ser outra.

Outros exemplos se sucedem no campo empresarial. Vamos analisar a seguir o caso de um memorando enviado pelo setor jurídico de uma empresa a chefes de diversos setores.

TEXTO COM ERRO

Visando ajudar os órgãos no entendimento da circular 4.522/95, esclarecemos que, no âmbito interno, há uma delegação subentendida da direção da Companhia aos superintendentes de órgãos e chefes de serviço, pela tabela de limite de competência, para definirem que contratos devem ter prosseguimento nas bases pactuadas e quais deverão ser objeto de reavaliação.

Está claro que o objetivo pretendido – esclarecer a circular citada – não foi atingido. Mas por quê? Porque o emissor, habituado ao jargão jurídico, não transmitiu as informações na ordem direta e utilizou vocabulário muito abstrato.

As ideias são apresentadas de maneira entrecortada: *Visando ajudar os órgãos no entendimento da circular 4.522/95*, esclarecemos que, no âmbito interno, *há uma delegação subentendida da direção da Companhia aos superintendentes de órgãos e chefes de serviço*, pela tabela de limite de competência, *para definirem que contratos devem ter prosseguimento nas bases pactuadas e quais deverão ser objeto de reavaliação.*

Observe a seguir as mesmas ideias construídas de outra forma.

TEXTO ADEQUADO

Visando ajudar os órgãos no entendimento da circular 4.522/95, informamos que a tabela de limite de competência em vigor na Companhia é válida para estabelecer quais contratos devem prosseguir nas bases pactuadas e quais deverão ser objeto de reavaliação.

O hábito de uso da linguagem específica do grupo prejudica quando as informações devem servir a outra finalidade. Toda linguagem de um grupo fechado precisa sofrer adequação quando o grupo de destinatários se amplia, pois a informação deve ser acessível a todos.

Evite, portanto, os jargões técnicos, buscando a maior clareza possível. A linguagem técnica e os jargões devem ser usados apenas em situações específicas.

2.1.4 Coloquialismo excessivo

Coloquialismo é o nome dado à maneira informal de nos comunicarmos. É a linguagem que usamos em família e nos grupos de amigos.

Como cada padrão de linguagem deve atender a determinada finalidade, podemos concluir que o coloquialismo não é a forma adequada para a comunicação empresarial escrita – mesmo por e-mail –, porque o excesso de informalidade pode implicar vários ruídos de comunicação, como veremos adiante.

A informatização dos escritórios e a troca de informações por meio de computador trouxeram uma mudança significativa à linguagem empregada no dia a dia das empresas. O padrão formal da linguagem empresarial cedeu lugar a uma linguagem mais ágil, próxima do coloquialismo.

Não somos contrários ao dinamismo da linguagem coloquial, em que muitas vezes um simples *OK* demonstra a leitura e o conhecimento do teor da informação transmitida por e-mail.

Devemos, entretanto, chamar a atenção para o fato de que essas mesmas informações constituem documentos empresariais, servindo como respaldo a ações e decisões relativas ao mundo corporativo.

Podemos concluir então que, na tramitação das informações empresariais internas por e-mail, é válida a simplicidade na linguagem; porém, não é adequado o excesso de informalidade!

Entre os problemas gerados pelo coloquialismo excessivo na redação empresarial, podemos citar como os mais significativos:

- falta de credibilidade da informação;
- ruído quanto à responsabilidade das ações;
- imagem negativa em relação ao emissor da mensagem e à empresa.

EXEMPLO DE COLOQUIALISMO EXCESSIVO QUE GERA FALTA DE CREDIBILIDADE

> **Fonseca,**
> **Falei com o pessoal... mas a aprovação pra valer só deve rolar semana que vem.**

EXEMPLO DE COLOQUIALISMO EXCESSIVO QUE GERA RUÍDO NA RESPONSABILIDADE SOBRE A INFORMAÇÃO

> **Adelaide,**
> **E as passagens pra sexta-feira? A Sônia deve saber quantas são... Me avise quando estiver td certo.**

REDAÇÃO EMPRESARIAL

EXEMPLO DE COLOQUIALISMO EXCESSIVO QUE GERA IMAGEM NEGATIVA DO
EMISSOR E DA EMPRESA

André,
Qdo vc terminar aquela encrenca, me fale. Tô aguardando pra fazer o teste.

APLICANDO A TEORIA NA PRÁTICA

Veja a seguir como podem ser construídos os textos da comunicação empresarial
moderna, ao eliminarmos os vícios de estilo e linguagem.

TEXTO COM VERBOSIDADE (ULTRAPASSADO)

Senhores,
Apraz-nos imensamente vir por meio desta apresentar nossas felicitações pelo
transcurso do trigésimo aniversário desta conceituada empresa e agradecer o
envio de seus maravilhosos e bem conceituados produtos promocionais.

TEXTO ATUAL E ELEGANTE

Prezados senhores,
Vimos apresentar nossas felicitações pelo transcurso do trigésimo aniversá-
rio de sua empresa, desejando pleno sucesso nos anos vindouros.
Por oportuno, agradecemos o envio de seus produtos promocionais.

TEXTO INADEQUADO COM EXCESSO DE JARGÃO TÉCNICO

Joana,
Belmiro entrou em contato, informando que na rotina PLOB1 tinha ocorrido
um abend 0C7, step PGT 2552.

TEXTO COM USO CORRETO DE JARGÃO TÉCNICO

Joana,
Belmiro entrou em contato, informando que ocorreu uma falha, código 0C7,
no momento PGT 2552 da rotina PLOB1.

TEXTO INADEQUADO, COM EXCESSO DE COLOQUIALISMO

Luís,
É que sempre que um programa é alterado em produção, na primeira vez que
ele é acessado no sistema infelizmente aparece essa tela.

PARTE I • ELABORAÇÃO DO TEXTO EMPRESARIAL

TEXTO ADEQUADO

> **Luís,**
> **Sempre que um programa em produção é alterado, aparece essa tela quando a nova versão é acessada pela primeira vez.**

PARA AMPLIAR SEU CONHECIMENTO

A gramática de uma língua é o sistema de regras pelas quais os falantes identificam um sentido ao relacionar um conjunto de sons a significados. Em toda língua há um sistema estrutural que lhe confere identidade.

A esse sistema linguístico que subjaz às produções verbais, tanto orais quanto escritas, denomina-se "gramática".

De acordo com Ronald Langacker: "A estrutura de uma língua não é afetada quando seus falantes fazem erros ao falar, assim como uma sinfonia não é afetada quando não é bem executada".[3] Ao que acrescentamos: o que pode ocorrer é um estranhamento aos ouvidos por parte dos que conhecem as notas musicais daquela sinfonia.

Na perspectiva linguística, todo texto deve ser entendido como um contrato de comunicabilidade, ou seja, todo texto é uma situação de interação comunicativa entre o emissor e o destinatário. Nesse sentido, não há problema algum na utilização de uma linguagem mais coloquial nos e-mails, em função do dinamismo presente nas organizações.

Não se pode, entretanto, confundir a gramática da língua escrita com a "gramática" da língua falada, pois esta apresenta características próprias: retomadas, cortes, pausas, retificações, hesitações e reforços.

Observe agora algumas características da língua oral e tome cuidado para que elas não ocorram em seus e-mails.

- Na língua falada é abundante a repetição de palavras.
- Na língua falada é grande a ocorrência de anacolutos ou rupturas de construção: a frase desvia-se de sua trajetória, o complemento esperado não aparece, a frase parte em outra direção.
- Na língua falada são muitas as frases inacabadas.
- Na língua falada empregam-se formas contraídas ou omitem-se termos das frases, porque o receptor poderá deduzir seu conteúdo.

---

[3] LANGACKER, R. W. *A linguagem e sua estrutura*. Rio de Janeiro: Vozes, 1972.

REDAÇÃO EMPRESARIAL

☰ TESTE O QUE VOCÊ APRENDEU

1. Os textos empresariais apresentam quatro tipos principais de vícios. Quais são eles?

_____

2. Complete as frases a seguir com o nome do vício mais apropriado.
   a) Na era da rapidez da informação, quando muitas vezes não há tempo para se compreender as mensagens, a _____ só funciona como obstáculo ao entendimento.
   b) O hábito de uso da linguagem específica do grupo, ou seja, de _____, prejudica quando as informações devem servir a vários destinatários.
   c) "Vimos, através desta" e "Sem mais para o momento" são exemplos de _____.

3. Com a informatização dos escritórios, a comunicação por computadores tornou-se fato corriqueiro. Qual é o vício que mais ocorre na linguagem dos e-mails?

_____

4. Tautologias são repetições viciadas. Cite três exemplos de tautologias que devem ser evitadas no texto empresarial.

_____

III APLIQUE O QUE VOCÊ APRENDEU

1. Assinale a única afirmativa incorreta.
   ☐ a) Na comunicação empresarial, a linguagem rebuscada e artificial não atende à necessidade moderna de rapidez nas decisões.
   ☐ b) Deve haver uma adequação da linguagem empregada em cada situação, por isso a verbosidade é válida nos relatórios empresariais, pois eles fornecem subsídios para a tomada de decisão.
   ☐ c) Estudos comprovam que quando um texto tem algum nível de redundância, por meio de pronomes e palavras do mesmo campo semântico, ele é mais facilmente compreendido.
   ☐ d) Mensagens com muitos chavões levam o leitor a desprezar a informação nova.

32

PARTE I • ELABORAÇÃO DO TEXTO EMPRESARIAL

2. Assinale a opção correta sobre as afirmações abaixo.
   a) A palavra *outrossim* revela um estilo mais antiquado.
   b) A palavra *supracitado* significa *citado acima* e é uma redundância.
   c) A expressão "reunião inaugural" é redundância.

   ☐ A afirmativa A é a única correta.
   ☐ A afirmativa C é a única errada.
   ☐ As afirmativas A e B estão corretas.
   ☐ As afirmativas A e C estão erradas.

3. Relacione a característica da coluna A com o exemplo da coluna B.

Coluna A		Coluna B	
1	Frase com intercalações e verbosidade	☐	Ela trouxe a documentação, mas não deu pra fazer a carteirinha porque a impressora estragou.
2	Frase adequada para um relatório	☐	A liderança nacional em nosso setor, para a qual estamos nos preparando, certamente depende de nova estratégia, a partir de onde poder-se-á vislumbrar crescimentos.
3	Frase com coloquialismo excessivo	☐	Fui pra lá treinar oito colegas, chegando lá tinha quatro micros e não deu pra fazer o trabalho e marcamos pra outra semana.
4	Frase com coloquialismo adequado para e-mail interdepartamental	☐	Vamos apresentar a seguir a nova posição estratégica da empresa, com a qual pretendemos ocupar a liderança nacional em nosso setor.

4. Sobre o texto a seguir, coloque V (verdadeiro) ou F (falso) nas afirmativas.

"O objetivo da minha ida a Salvador era treinar 11 colaboradores. Das 16 horas que eu fiquei no local para cumprir a minha obrigação, lógico que era uma obrigação, treinei somente três colegas, lá o sistema é deficiente para a procura."

   ☐ a) Falta necessariamente um elemento entre "três colegas" e "lá, o sistema é deficiente".
   ☐ b) A palavra "obrigação" não deveria constar do texto.
   ☐ c) O texto apresenta como vício predominante o jargão técnico.
   ☐ d) A oração "lógico que era uma obrigação" deveria estar iniciando a frase.

33

REDAÇÃO EMPRESARIAL

5. Assinale o texto que não apresenta nenhum vício.

☐ a) Solicitamos efetuar o pagamento programado para a data de 24/7 no banco, enviando-nos o comprovante.

☐ b) A subserviência observada quando da prescrição da conduta agrega-se positivamente ao comportamento posterior.

☐ c) Ficou combinado que a gente ia fazer a nova prog. a partir do próximo mês.

☐ d) A fim de agilizar as decisões, pedimos diferenciar três cenários.

CAPÍTULO 3

Trabalhando as ideias

3.1 Pensamentos e ideias

O que desenvolveremos neste capítulo importa a todos os que escrevem: de folhetos a monografias, de memorandos a relatórios, de cartas a contratos.

Todos os instrumentos de informação da Figura 3.1 têm em comum a relação entre o pensamento e as ideias. Por isso, centraremos nossa atenção no estudo da expressão adequada desses elementos, verificando como encontrar as ideias nucleares, encadeá-las e elaborá-las de maneira eficaz.

FIGURA 3.1 **Características dos instrumentos de informação**

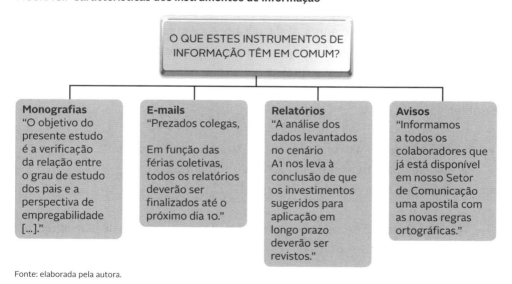

Fonte: elaborada pela autora.

REDAÇÃO EMPRESARIAL

Veja se consegue responder à seguinte questão:

- Será que podemos encontrar técnicas para redigir e expressar as ideias ou isso é uma arte e poucos nascem com esse dom?

A resposta é que realmente podemos seguir determinadas técnicas para expressar com clareza nossos pensamentos. Deve-se ressaltar, entretanto, que é necessária disciplina para a apresentação das ideias.

3.2 Técnicas para ordenação do pensamento

A elaboração de um texto que exponha de maneira clara e coerente aquilo que queremos dizer pode ser feita por meio de três técnicas básicas: fixação do objetivo, identificação de uma ideia-núcleo e escolha do vocabulário.

3.2.1 Primeira técnica – fixação do objetivo

Fixar o objetivo para orientar o que se vai escrever sobre determinado assunto nada mais é que selecionar a linha de pensamento que estará presente em todo o texto. Esse procedimento será fundamental para selecionar – consciente ou inconscientemente – as ideias que serão apresentadas.

Simulando uma situação, vamos imaginar que se tenha de escrever um texto sobre a preservação ambiental e a Floresta Amazônica. As possibilidades para elaborá-lo são várias. Porém, a construção de um texto claro exige que se estabeleça um objetivo, sem o qual as ideias são apresentadas de maneira dispersa. Portanto, podemos estabelecer, por exemplo, três possíveis delimitações de objetivo:

- a importância de instrumentos legais para o controle ambiental;
- as reservas extrativistas e a preservação ambiental; ou
- as empresas e a preservação ambiental.

Veja na Figura 3.2 exemplos de possibilidade em cada linha de pensamento.

FIGURA 3.2 **Exemplos de possiblidade em cada linha de pensamento**

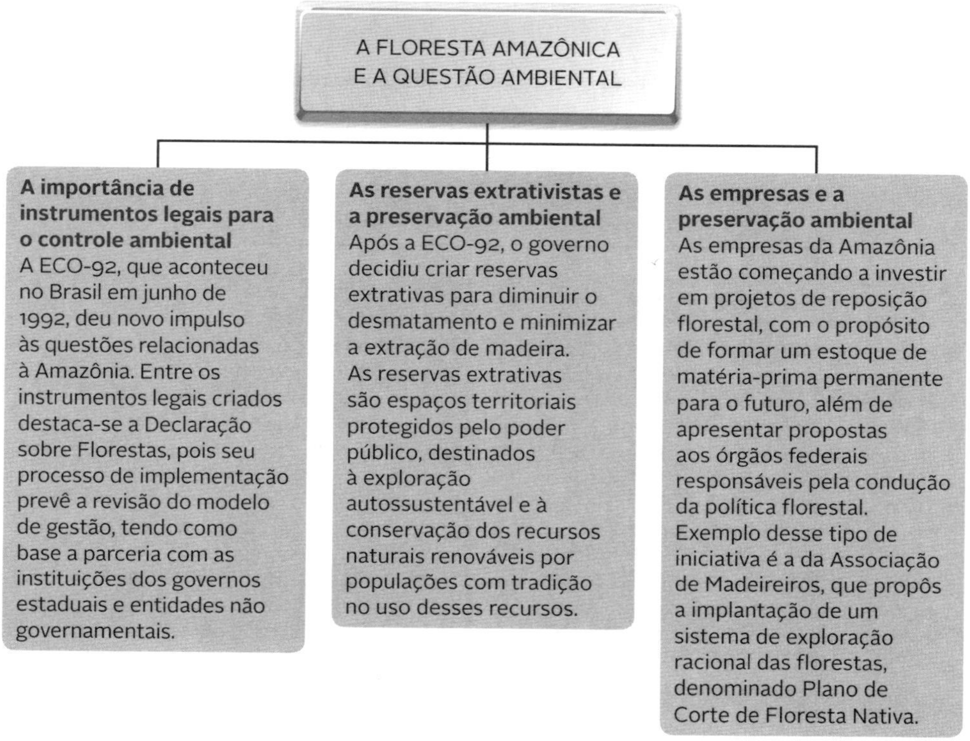

A FLORESTA AMAZÔNICA
E A QUESTÃO AMBIENTAL

A importância de instrumentos legais para o controle ambiental
A ECO-92, que aconteceu no Brasil em junho de 1992, deu novo impulso às questões relacionadas à Amazônia. Entre os instrumentos legais criados destaca-se a Declaração sobre Florestas, pois seu processo de implementação prevê a revisão do modelo de gestão, tendo como base a parceria com as instituições dos governos estaduais e entidades não governamentais.

As reservas extrativistas e a preservação ambiental
Após a ECO-92, o governo decidiu criar reservas extrativas para diminuir o desmatamento e minimizar a extração de madeira. As reservas extrativas são espaços territoriais protegidos pelo poder público, destinados à exploração autossustentável e à conservação dos recursos naturais renováveis por populações com tradição no uso desses recursos.

As empresas e a preservação ambiental
As empresas da Amazônia estão começando a investir em projetos de reposição florestal, com o propósito de formar um estoque de matéria-prima permanente para o futuro, além de apresentar propostas aos órgãos federais responsáveis pela condução da política florestal. Exemplo desse tipo de iniciativa é a da Associação de Madeireiros, que propôs a implantação de um sistema de exploração racional das florestas, denominado Plano de Corte de Floresta Nativa.

Fonte: adaptado de BRASIL. Ministério das Relações Exteriores. *A Floresta Amazônica e a questão ambiental*. Brasília: [s.n., s.d.]. Disponível em: <www.dominiopublico.gov.br/pesquisa/DetalheObraForm.do?select_action=&co_obra=84438>. Acesso em: out. 2016.

3.2.1.1 Fixar o objetivo é selecionar a linha de pensamento

Observe que para cada um dos objetivos fixados haverá um texto completamente diferente, uma vez que as ideias estarão relacionadas à delimitação que se pretende para o assunto. Por isso, embora o tema geral seja o mesmo, podemos desenvolver várias linhas de raciocínio. E o encadeamento das informações deverá sempre convergir para o objetivo delimitado.

Essa convergência pode ser simples na teoria, mas não é tão fácil de ser aplicada na prática, pois nosso pensamento segue caminhos variados e, por vezes, divergentes. Caberá à disciplina mental e à lógica de encadeamento entre as ideias o resultado de coerência esperado.

A fixação do objetivo auxilia na seleção de ideias afins, assim como se encarrega de exercer um controle do pensamento, mantendo sua exploração dentro dos limites da linha escolhida.

Observe outro exemplo, na Figura 3.3, de como a fixação do objetivo orienta a redação do texto.

FIGURA 3.3 **Fixação do objetivo para orientação da redação do texto**

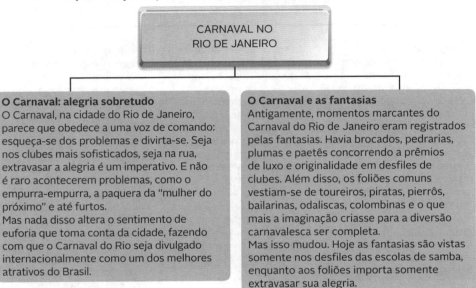

Fonte: elaborada pela autora.

Perceba que nenhum dos dois textos tratou de caracterizar os lugares em que se brinca no Carnaval, descrever os bailes do Rio de Janeiro ou, ainda, analisar o Carnaval sob uma ótica moral. Com base em objetivos bem definidos, os parágrafos têm sua construção e linguagem compatíveis com o que se propôs.

Na elaboração de um texto empresarial, o mesmo procedimento será necessário: selecionar a linha de pensamento a seguir no tema que se deseja apresentar.

Na Figura 3.4 vamos considerar uma situação na qual o gestor divulga novas orientações sobre um projeto em andamento. Em um dos e-mails, o objetivo é o prazo de entrega, que se mantém o mesmo, embora haja mais dados a compilar. No outro, o gestor esclarece a necessidade de inclusão dos dados de mais duas áreas.

Como pode ser observado, a fixação do objetivo orienta a construção de dois textos diferentes.

Agora que já vimos a importância da determinação de um objetivo, vamos à segunda técnica.

PARTE I • ELABORAÇÃO DO TEXTO EMPRESARIAL

FIGURA 3.4 **Exemplos de orientação para um projeto em andamento**

NOVAS ORIENTAÇÕES SOBRE
PROJETO EM ANDAMENTO

Objetivo: definir prazos de entrega
Pessoal,
Estive com o gerente de Novos Negócios
hoje de manhã e conversamos sobre o
desenvolvimento do projeto e suas interfaces
com outras áreas.
Como a previsão inicial era unificarmos o
canal de dados de apenas três setores e
agora serão cinco, o prazo ficou apertado.
Assim, devemos fechar a etapa 2 até a
próxima sexta-feira, para que possamos dar
conta das seguintes e terminarmos o sistema
na data combinada.

Objetivo: esclarecer o aumento de interfaces
Estive com o gerente de Novos Negócios
hoje de manhã e conversamos sobre o
desenvolvimento do projeto.
Verificamos a necessidade de realizar
interfaces com mais duas áreas, a fim
de não corrermos o risco de alimentar
o sistema com dados parciais e gerar
informações falsas.
Como a unificação do canal de dados possui
agora cinco áreas, e não mais três, conto
com a colaboração de vocês.
Um abraço.

Fonte: elaborada pela autora.

3.2.2 Segunda técnica – identificação da ideia-núcleo

Para escrever bem qualquer tipo de texto é preciso definir com muita precisão as ideias que constarão nele. A mistura de ideias diversas, e muitas vezes desnecessárias, causa a falta de eficácia de muitos textos. A utilização de uma ideia-núcleo, encarregada de organizar e orientar o desenvolvimento do parágrafo, é a solução para esse tipo problema.

Observe os exemplos a seguir.

EXEMPLO DE IDEIA-NÚCLEO BEM DEFINIDA

Ensino primário eficiente e abrangente é fator decisivo do progresso na Tailândia. Apesar das deficiências na infraestrutura básica, como as carências em saneamento e transporte, as autoridades que ocuparam o poder nos últimos anos não descuidaram da educação. Os gastos com ensino somam 19% do orçamento do governo. E a taxa de alfabetização é de 91%, uma das mais altas entre países em desenvolvimento.

EXEMPLO DE IDEIA-NÚCLEO MAL DEFINIDA

O carro, violento e poluidor, capaz de conduzir a sentimentos baixos, como o egoísmo, quando não a pecados capitais, como a soberba, *apresenta* não só ao Brasil mas às sociedades contemporâneas em geral *um desafio tão grande quanto o desemprego,* tão complexo quanto o comércio internacional.

39

REDAÇÃO EMPRESARIAL

No primeiro texto todas as ideias apresentam uma relação, capitaneadas pela primeira frase. No segundo, ao contrário, o entendimento fica prejudicado pela intercalação de várias ideias que prejudicam a clareza da ideia-núcleo.

A mensagem de um parágrafo no qual a ideia-núcleo não esteja clara será entendida com maior dificuldade. Nesses casos, o que ocorre com mais frequência é o leitor "imaginar" uma ideia a ser entendida com base em suas próprias convicções e parâmetros.

Observe a seguir o trecho de um parecer.

EXEMPLO COM ERRO

A Lei 5.772/71, que instituiu o Código de Propriedade Industrial, trata do assunto ora discutido, dando nova redação ao já aludido art. 454 da CLT (revogado), ressaltando que a invenção pertence exclusivamente ao empregado, pois foi este que forneceu o equipamento e deu condições à descoberta, ainda que esta esteja prevista na atuação profissional, na atividade de rotina poderá ocorrer uma descoberta ou invenção patenteável.

Provavelmente, você não conseguiu entender com clareza o que determinava a Lei n. 5.772/71, tampouco o que se relaciona à descoberta ou invenção patenteável.

Poderíamos dizer que a falta de identificação da ideia-núcleo é a razão fundamental de mal-entendidos, desperdício de tempo e retrabalho. Inúmeros relatórios são feitos com dezenas de parágrafos que circundam a ideia principal antes de expressá-la. Da mesma maneira, muitas cartas apresentam ideias desnecessárias a seu propósito, entremeadas à ideia-núcleo. Todos esses excessos causam prejuízos à inteligibilidade do texto.

Portanto, para que o parágrafo esteja bem escrito é necessário que ele transmita claramente sua ideia-núcleo.

Observe as ideias-núcleo de dois tipos de texto.

EXEMPLOS DE EXPOSIÇÃO CORRETA DE IDEIA-NÚCLEO

Não precisamos saber tudo sobre uma coisa para entendê-la; muitas vezes, o excesso de fatos representa para o entendimento um obstáculo tão árduo quanto a escassez deles. Em certo sentido, nós estamos abarrotados de fatos em prejuízo do entendimento.

De acordo com o projeto apresentado pela Associação, a empresa financiará 50% dos custos da impressão do jornal. Os 50% restantes serão cobertos por anunciantes e pela receita obtida com a venda.

Como você pôde observar, o parágrafo tenderá a ficar mais claro, objetivo e bem escrito se a ideia geral do que se pretende desenvolver for expressa de maneira direta em uma frase.

Uma vez que a ideia-núcleo de cada parágrafo esteja bem definida, será mais fácil conferir se as demais informações que você deseja acrescentar a ele estão presentes.

Dessa forma, procure evitar, em qualquer tipo de texto, misturar ideias muito alheias umas às outras.

Busque também estabelecer a ideia-núcleo do parágrafo, que pode assumir diversas formas: uma afirmação genérica, uma pergunta, uma citação etc. O fundamental é que seu conteúdo venha desenvolvido no mesmo parágrafo, sem que haja intercalações de outras ideias.

3.2.3 Terceira técnica – escolha do vocabulário

Mesmo o texto teoricamente mais neutro, com propósito de somente informar algo ao destinatário, tem um segundo plano de informação, pautado pela escolha vocabular.

Lendo os trechos a seguir de um relatório financeiro, você poderá verificar que, embora a informação relativa aos números de produção e faturamento seja a mesma, a escolha vocabular gera uma significativa diferença entre ambos.

TRECHO DE RELATÓRIO FINANCEIRO COM VOCABULÁRIO QUE RESSALTA ASPECTOS NEGATIVOS

A Companhia, esforçando-se por corresponder às demandas para os investimentos programados pelo Plano Nacional de Saneamento, produziu e expediu neste ano 88.947 toneladas, significando um acréscimo de 19% sobre o ano anterior, deixando de alcançar a meta de 20% por apenas um ponto percentual. O faturamento líquido foi de R$ 564.987,00.

Para o ano de 2010 está previsto um aumento na produção e nas vendas de aproximadamente 7%, na expectativa de que o mercado permita atingir esse objetivo. Estima-se que o faturamento líquido projetado possa atingir aproximadamente R$ 680.000,00.

TRECHO DE RELATÓRIO FINANCEIRO COM VOCABULÁRIO QUE RESSALTA ASPECTOS POSITIVOS

A Companhia, correspondendo às demandas para os investimentos programados pelo Plano Nacional de Saneamento, produziu e expediu neste ano 88.947 toneladas, refletindo um acréscimo de 19% sobre o ano anterior, sem aumento do contingente de trabalho. O faturamento líquido foi de R$ 564.987,00.

REDAÇÃO EMPRESARIAL

Para o ano de 2010 está previsto um aumento na produção e nas vendas de aproximadamente 7%, em caso de manutenção do cenário. Estima-se que o faturamento líquido projetado possa atingir aproximadamente R$ 680.000,00.

Embora contenha informações estritamente financeiras, observa-se que o primeiro texto traz uma abordagem negativa, revelando o não cumprimento de metas e uma visão pessimista em relação ao futuro. O segundo texto, ao contrário, procura impressionar de maneira positiva os acionistas, informando que houve crescimento sem aumento de contingente e trazendo uma projeção positiva para o ano seguinte.

APLICANDO A TEORIA NA PRÁTICA

Compare os dois textos a seguir e verifique a importância de se destacar a ideia--núcleo.

TEXTO SEM DESTAQUE DA IDEIA-NÚCLEO

A extensiva e cuidadosa leitura empreendida pelo comitê, em relação aos fatores envolvidos no precipitado aumento de autodemissões, revela que a preponderância de demissões possivelmente seja atribuída à insatisfação com a escala de salários, que é 13% menor que a média paga por outras empresas congêneres, e, de modo semelhante, é 19% menor que a de nosso principal competidor local. É nossa recomendação que as escalas de salários sejam revistas, aumentadas e realinhadas verticalmente a um nível de, no mínimo, 13% acima da que está em vigor, de preferência em 19% ou mais.

TEXTO CORRETO E ELEGANTE

O comitê investigou o recente e vertiginoso aumento no número de empregados que se demitiram da companhia. Concluiu-se que a principal razão é o fato de a escala de salário ser muito baixa. Nossa empresa paga, em média, 13% menos que as indústrias congêneres e 19% menos que nosso principal competidor local. A fim de melhorar a situação, recomendamos um aumento mínimo de 13%. Se for possível chegar a 19%, temos a certeza de que a situação se reverterá.

PARA AMPLIAR SEU CONHECIMENTO

Muitas vezes, pessoas objetivas, confiantes, boas gestoras e com ótimo relacionamento interpessoal transformam-se ao escrever. Seus textos não expressam o

PARTE I • ELABORAÇÃO DO TEXTO EMPRESARIAL

que elas são no cotidiano profissional: elas perdem a confiança em suas ideias, buscam sinônimos e explicações desnecessárias, tentando abrilhantá-las um pouco mais. Surge, assim, o efeito denominado "compensação".

Compensação é a relação profusa de ideias que gera uma mensagem pouco clara.

Explica-se: na língua falada, contamos com uma série de reforços que não temos na escrita, como os gestos, as expressões fisionômicas, a maneira de olhar, a entonação, além de um sem-número de outros sinais que cooperam para facilitar a compreensão do significado.

Na escrita, por outro lado, dispomos apenas das palavras, e achamos natural agarrarmo-nos a elas, com a esperança de sermos mais bem compreendidos. Muitas vezes, não confiamos na expressividade de um único vocábulo e acabamos criando uma rede de palavras que repetem o mesmo sentido, tornando a leitura cansativa ou mesmo obscurecendo a mensagem.

Para evitar esses transtornos, basta seguir uma regra simples: dizer uma coisa de cada vez. Chegamos, assim, ao conceito de ideia-núcleo, ou seja, aquela ideia essencial da qual as outras advirão. A ideia-núcleo pode vir expressa no início do parágrafo, no meio ou no final. O fundamental é que a pessoa escreva as informações destacando o que pretende informar. Quanto mais nitidamente alguém souber o que deseja transmitir, mais eficiente será a linguagem.

Outro fator vital em qualquer tipo de texto é o modo de organização e desenvolvimento das ideias. Muitos textos são considerados mal escritos por não apresentarem um sequenciamento adequado. Como resultado, o leitor passa de uma frase a outra como se estivesse saltando obstáculos.

A disposição coerente das ideias é fator indispensável para que o texto possa ser entendido facilmente. Assim, o melhor, quando o assunto é mais complexo ou delicado do que as comunicações rotineiras, é traçar previamente um plano ou roteiro, redigindo as várias ideias que se deseja transmitir e depois relacionando-as por afinidade em pequenos grupos.

≡ TESTE O QUE VOCÊ APRENDEU

1. Pode-se afirmar que a disciplina é necessária para ordenar os pensamentos e expressar adequadamente as ideias em vários tipos de texto. Cite pelo menos três tipos de comunicação escrita em que essa disciplina é necessária.

REDAÇÃO EMPRESARIAL

2. Complete as frases a seguir.
   a) Para que a expressão da ideia ocorra com clareza, duas técnicas são fundamentais: a fixação do _____ e a identificação da _____.
   b) Até mesmo um texto meramente técnico pode ser prejudicado pelas palavras. A _____ pode gerar interpretações positivas ou negativas.
   c) Para escrever bem qualquer tipo de texto é preciso saber definir com muita precisão as ideias. A _____ de ideias tem sido a causa da falta de eficácia de muitos textos.
   d) Fixar o objetivo para orientar o que se vai escrever sobre um assunto é selecionar a _____ que estará presente em todo o texto.
   e) A convergência de ideias não é fácil de ser obtida, pois nosso pensamento segue às vezes por caminhos _____.

3. Assinale qual dos dois parágrafos abaixo apresenta a ideia-núcleo de forma clara.
   ☐ a) Estivemos considerando, embora ainda sem a preocupação de sistematizar as ideias para apresentá-las ao comitê, e de acordo com as auditorias realizadas no segundo trimestre, que para evitar ruído nas orientações emitidas pelo pessoal da Central de Atendimento deverão ser realizadas reuniões quinzenais com apresentações de casos a serem debatidos.
   ☐ b) Estivemos considerando a possibilidade de realizar, a cada 15 dias, reuniões com a equipe da Central de Atendimento para a apresentação de casos e o alinhamento das orientações. Embora essa ideia ainda seja embrionária, o intuito é diminuir os ruídos de comunicação constatados na auditoria realizada no segundo trimestre.

III   APLIQUE O QUE VOCÊ APRENDEU

1. Identifique a única afirmativa incorreta.
   ☐ a) Na comunicação empresarial, a linguagem objetiva pode ser conseguida por meio da definição do objetivo e da clareza da ideia-núcleo.
   ☐ b) Na comunicação empresarial, deve-se cuidar para que os relatórios não tenham um vocabulário que dê margem a interpretações inesperadas.
   ☐ c) Nos e-mails do dia a dia, mesmo quando os assuntos já estão contextualizados, é preciso se preocupar com a ideia-núcleo.

44

PARTE I • ELABORAÇÃO DO TEXTO EMPRESARIAL

☐ d) Tanto nos relatórios empresariais quanto nos e-mails, pode-se afirmar que o cuidado com o vocabulário é o principal meio para que a linguagem objetiva possa ser atingida.

2. Assinale a única opção correta sobre os textos a seguir.

a) Por orientação do gerente de Novos Negócios, até 31/3/09, as contas criadas no final do ano de 2008 poderão ter, caso sejam ratificadas, um desconto de 20% a partir da mensalidade de abril.

b) Devemos esclarecer que, por orientação do gerente de Novos Negócios, as contas criadas no final do ano de 2008 poderão ter, caso sejam ratificadas até 31/3/09, um desconto de 20% a partir da mensalidade de abril.

c) Devemos esclarecer que as contas criadas em dezembro de 2008 poderão ter, caso sejam ratificadas até 31/3/09, um desconto de 20% a partir da mensalidade de abril.

☐ O texto A tem a ideia-núcleo precisa e clara.
☐ Os textos A e C não têm a ideia-núcleo claramente definida.
☐ O texto C é o único adequado.
☐ O texto B não está correto, pois apresenta verbosidade.

3. Sobre o texto a seguir, analise as afirmativas e depois assinale a opção correta.

"Em atenção à sua correspondência supracitada, vimos pela presente informar que foi providenciado o parcelamento na forma acordada, ou seja, em oito parcelas de R$ 20,14 sem juros que totalizam R$ 161,12, sendo que a primeira parcela foi devidamente quitada, restando ainda sete parcelas a vencer."

a) O texto não apresenta fixação de objetivo, refletindo a falta de clareza na forma de expressão da linguagem.

b) O texto não apresenta indícios de verbosidade.

c) Há uma ideia-núcleo do texto, que é a informação do parcelamento.

☐ A afirmativa A está correta.
☐ A afirmativa C está correta.
☐ As afirmativas A e C estão corretas.
☐ As afirmativas B e C estão corretas.

REDAÇÃO EMPRESARIAL

4. Identifique o único texto correto, tendo em vista a expressão adequada da linguagem em função da fixação do objetivo.

☐ a) Esclarecemos, ainda, que uma nova fatura no valor de R$ 48,00 foi enviada, apresentando a data de 29/8/09.

☐ b) Esclarecemos, ainda, que foi enviada uma nova fatura, no valor de R$ 48,00 com data de vencimento para 29/8/09.

☐ c) Na oportunidade, aproveitamos para esclarecer que a nova fatura avulsa enviada para 29/8/09 deverá ser paga em qualquer banco.

☐ d) Esclarecemos, ainda, que uma nova fatura avulsa, emitida no dia 20/8/09, com uma nova data de vencimento para 29/08/09, foi enviada com o valor de R$ 48,00.

5. Escreva C (certo) ou E (errado) nas ideias-núcleo definidas em cada parágrafo.

☐ a) Os gerentes de venda informaram que o cliente está com a mensalidade em dia e, por isso, participa dos sorteios. *Explicação do porquê de o cliente participar dos sorteios.*

☐ b) Os gerentes de venda questionaram por que o cliente estava participando dos sorteios se sua mensalidade não estava em dia. *Questionamento do porquê de o cliente participar dos sorteios.*

☐ c) Os gerentes de venda explicaram que o cliente não poderia participar do sorteio por não estar com a mensalidade em dia. *Explicação do porquê de o cliente participar dos sorteios.*

☐ d) Os gerentes de venda questionaram por que o cliente, que não estava com a mensalidade em dia, participava dos sorteios. *Questionamento do porquê de o cliente participar dos sorteios.*

| CAPÍTULO 4 |

Objetividade

4.1 A objetividade e o texto empresarial

Neste capítulo, veremos quais procedimentos devemos seguir para tornar o texto empresarial mais direto e objetivo. Antes disso, no entanto, vamos conhecer a mudança pela qual esse tipo de texto começou a passar na década de 1980.

4.2 O texto empresarial até 1980

Na cultura brasileira, até meados da década de 1980, o texto empresarial sofria influência do discurso político, valorizando as construções mais prolixas, com vocabulário sofisticado e frases rebuscadas.

EXEMPLO DE TEXTO ANTIQUADO

> **Prezados senhores,**
>
> Pedimos gentilmente, por meio desta, a fineza de nos fornecer informações relativas à idoneidade moral e capacidade profissional do sr. Péricles Gordinho, candidato a fazer parte do nosso quadro de empregados e que forneceu sua empresa como fonte de referências, por já haver sido funcionário dessa tradicional organização.
>
> Sendo só o que se apresenta para o momento, renovamos nossos votos de estima e consideração.

Esse modo de comunicação oferece a imagem de uma empresa antiquada, que não modernizou seus serviços ou produtos e cuja tendência é não sobreviver, uma vez que a linguagem empregada é mero reflexo de procedimentos administrativos também ultrapassados e incapazes de encontrar espaço em um mercado tão competitivo como o atual.

Imagine a divulgação de um serviço ou de um produto nas páginas da internet com esse tipo de mensagem. Seria como ressuscitar o uso dos bondes nos grandes centros urbanos!

4.3 O texto empresarial depois de 1980

A partir de 1985, já com os ventos da globalização de mercado soprando, os textos sofreram influência do estilo norte-americano, com sua praticidade expressa por vocabulário simples e pela preferência por frases curtas e diretas, conforme observado na Figura 4.1. A objetividade passa a ser, então, valorizada por um contexto histórico que privilegia a rapidez de decisão, a dinamicidade, a ação. Assim, a carta anterior seria redigida no estilo a seguir.

EXEMPLO DE TEXTO CONTEMPORÂNEO

> Prezados senhores,
>
> Em virtude de o sr. Péricles Gordinho nos ter fornecido sua empresa como referência, solicitamos a gentileza de nos remeter informações quanto à idoneidade moral e capacidade profissional de seu ex-funcionário.
>
> Esclarecemos ainda que, obviamente, sua informação será revestida do mais absoluto cuidado e sigilo.

FIGURA 4.1 **Dinâmica do texto empresarial moderno**

Fonte: elaborada pela autora.

4.4 A diretriz contemporânea

Para fazermos justiça, devemos admitir que, embora inadequados para os tempos modernos, muitos daqueles textos antigos eram extremamente bem construídos, sendo peças exemplares de organização lógica e riqueza vocabular. Outros, porém, poderiam ser considerados verdadeiros dinossauros linguísticos, por não resistirem à mais simples análise lógica.

Ainda hoje é muito fácil encontrarmos exemplos de mensagens prolixas, em que a forma esconde o que realmente importa – o conteúdo. Com muita frequência, observamos textos em que assuntos diversos "vêm e vão", revelando a dificuldade do emissor em focalizar a informação principal. É como se ele não conseguisse encontrar o rumo a ser trilhado e, dessa maneira, ficasse andando em círculos.

De qualquer modo, mesmo no caso de textos prolixos bem construídos, a diretriz contemporânea é a simplicidade.

Mas atenção! A simplicidade textual moderna não é pobreza de vocabulário nem supressão de informações que auxiliem análises complexas. Simplicidade como conceito do texto contemporâneo significa uma expressão linguística em que o conteúdo da informação pode emergir sem dificuldades para o destinatário.

4.5 Conceituando "objetividade"

Na objetividade, o texto se articula em função das informações apresentadas, sem acréscimo de elementos que distraiam o leitor daquilo que se deseja transmitir.

Você percebeu, no exemplo que demos anteriormente, que ela conduz o leitor a um contato mais direto com o assunto. Ela é, então, atingida com um texto sem subterfúgios, sem excesso de palavras ou de ideias.

Confira a análise dos elementos objetivos na carta a seguir.

Prezados senhores,

APRESENTAÇÃO EXPLICATIVA
Em virtude de o sr. Péricles Gordinho nos ter fornecido sua empresa como
IDEIA-NÚCLEO 1: BEM DEFINIDA E ESPECÍFICA
referência, solicitamos a gentileza de nos remeter informações quanto à
IDEIA-NÚCLEO 2
idoneidade moral e capacidade profissional de seu ex-funcionário.

4.5.1 Técnicas para obtenção da objetividade

Veja na Figura 4.2 algumas técnicas simples para a construção de um texto objetivo, sem, porém, ser grosseiro ou indelicado.

FIGURA 4.2 **Técnicas para construir um texto objetivo**

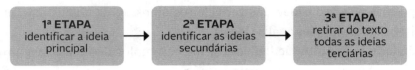

Fonte: elaborada pela autora.

A "fórmula mágica" para adquirir objetividade é nunca se esquecer de que o texto empresarial tem um destinatário. Isso significa afirmar que a mensagem nunca deve ser uma informação ou solicitação sem função específica.

Temos, portanto, as seguintes etapas para redigir um texto empresarial com objetividade.

4.5.1.1 Primeira etapa – identificar a ideia principal

A ideia principal precisa estar muito bem definida para que o texto consiga expressar sua mensagem. Por isso, ela não pode deixar de ser transmitida, sob pena de não conduzir à resposta esperada.

Mas como identificamos a ideia principal? Para identificar uma ou várias ideias principais da mensagem que se deseja transmitir, formule a seguinte pergunta:

O que eu preciso dizer ao destinatário?

A resposta a essa pergunta indicará a ideia principal da mensagem.

Esta primeira orientação é fundamental para que o texto seja redigido com objetividade e atenda tanto à necessidade do destinatário quanto à eficácia do emissor. Na verdade, ela é a bússola que norteará todo o desenrolar da mensagem.

4.5.1.2 Segunda etapa – identificar as ideias secundárias

Ideia secundária é aquela que auxilia no entendimento da mensagem, explicando o motivo do comunicado ou, ainda, conferindo delicadeza a ela. Vale ressaltar que, caso a ideia secundária não esteja presente, o entendimento e a eficácia da mensagem não ficam comprometidos.

Para identificar quais ideias podem ajudar o leitor na assimilação da mensagem, formule a seguinte pergunta:

Quais informações podem ajudar o destinatário na boa assimilação da minha mensagem?

Repare que, ao utilizar as respostas a essa pergunta, você trará elementos de persuasão para obter eficácia em sua mensagem.

4.5.1.3 Terceira etapa – retirar do texto todas as ideias terciárias

Ideia terciária é aquela que atrapalha a assimilação das ideias principais.

Muitas vezes, por estarmos envolvidos pelo contexto, somos contaminados por várias ideias-satélites que julgamos interessantes. Entretanto, elas podem atrapalhar o leitor na assimilação da ideia principal, em vez de auxiliá-lo.

4.5.1.4 Aplicando as informações das três etapas

Você verá agora a aplicação das três etapas, o que auxiliará a esclarecer os conceitos abordados.

A carta que se segue foi enviada a clínicas e médicos conveniados a uma grande empresa.

TEXTO COM ERRO

Sr. credenciado,

Foi elaborado Convênio entre o Ciefas e a Associação Médica Brasileira, em 23/6/03, objetivando a implantação de nova Tabela de Honorários Médicos consensual, para remuneração de serviços médicos prestados em regime conveniado, comportando inúmeras alterações nas Instruções Gerais e nos quantitativos de Coeficiente de Honorários (CH) dos procedimentos médicos constantes da THM/ AMB – 02.

O referido Convênio representa marco histórico nas relações entre tomadores e prestadores de serviços de assistência à saúde, sendo resultado de longo processo de negociação entre as partes convenentes, transcorrido no período de outubro de 2002 a junho de 2003.

Concluídas as medidas necessárias à operacionalização do Convênio, estamos encaminhando, em anexo, a V.S.ª, o Comunicado Ciefas nº 7/03, que contém a nova Tabela de Honorários Médicos decorrente da celebração do Convênio Ciefas/AMB.

A Companhia implantou a nova tabela em 1/8/2003, cumprindo o prazo fixado no Convênio Ciefas/AMB.

REDAÇÃO EMPRESARIAL

Vamos, então, reelaborar o texto em função de nossas técnicas. Acompanhe a análise, etapa por etapa.

Primeira etapa – ideias principais

Para identificar a ideia principal, perguntamos: O que "eu" (ou seja, o emissor) preciso informar ao destinatário?

Temos duas possíveis respostas:

a] o convênio é um importante marco histórico; ou
b] a nova tabela de honorários médicos.

Pode-se perceber aqui como a definição da ideia principal orientará toda a construção do texto. Ao analisar as ideias, percebemos que a informação principal a ser transmitida refere-se à tabela, e não ao convênio. O convênio será uma ideia secundária, que auxiliará na compreensão global da mensagem, mas não uma ideia imprescindível, pois poderia nem ser mencionada.

- *Ideia principal 1* – Neste momento, a ideia que importa operacionalmente à empresa transmitir é: *existe uma nova tabela de honorários médicos*. Essa é a ideia principal. A partir dela, haverá outras, necessárias à eficácia da mensagem.
- *Ideia principal 2* – Também será imprescindível informar a *data de início de vigência* da tabela, para que não haja dúvidas. Lembre-se que, se estas existirem, o telefone tocará solicitando informações, o que representa desperdício de tempo.
- *Ideia principal 3* – Analisando com mais cuidado a situação expressa no texto e seus desdobramentos práticos, ou seja, sua eficácia, percebe-se, aplicando a pergunta-chave ("O que eu quero dizer ao destinatário?"), que é preciso também informar outra ideia: a de que *houve várias alterações nas Instruções Gerais*.

Sem esta última informação, as clínicas e os médicos credenciados continuariam funcionando como antes, porque evidentemente nem leriam de novo as Instruções Gerais, provocando desgastes operacionais, financeiros e motivacionais para todos os envolvidos.

Então, nossa identificação de ideias principais ficou assim:

- nova tabela de honorários médicos;
- data de início de vigência da nova tabela;
- alterações nas Instruções Gerais.

PARTE I • ELABORAÇÃO DO TEXTO EMPRESARIAL

Segunda etapa – ideias secundárias

Para identificar as ideias secundárias, perguntamos: Quais informações podem ajudar o destinatário a assimilar minha mensagem adequadamente?

As ideias secundárias acrescentam valor, isto é, têm um propósito ou uma função determinada no texto. Assim, aquilo que não preencher esse requisito deverá ser eliminado.

Em outras palavras, a ideia secundária é aquela que pode estar presente no texto, mas, se não estiver, não prejudicará o resultado final, isto é, a eficácia.

No texto que estamos analisando, a única ideia que auxilia a compreensão da mensagem é: o convênio firmado entre o Ciefas (órgão associativo das empresas que prestam assistência à saúde) e a AMB.

Agora, só falta a última etapa.

Terceira etapa – ideias terciárias

Nesta fase é fundamental perceber que tudo o que for expresso no texto deverá ter uma função! Nada poderá ser escrito só pela sonoridade ou por se "achar que é bom".

Na análise das ideias do texto trabalhado, temos o convênio como a única ideia agregadora de valor, com a função de esclarecimento adicional ao leitor. Como consequência, concluímos que todas as outras ideias trarão excesso de informação e poderão comprometer o impulso à ação desejada.

No texto, as ideias terciárias são:

- data do convênio;
- longo processo de negociação, transcorrido entre out./02 e jun./03.

Assim, veja o esquema completo, mostrado no Quadro 4.1.

QUADRO 4.1 **Esquema para obtenção de objetividade**

Ideias principais	Ideias secundárias	Ideias terciárias
Nova tabela de honorários médicos	Convênio firmado entre o Ciefas e a AMB	Data do convênio
Alterações nas Instruções Gerais		Longo processo de negociação, transcorrido entre out./02 e jun./03
Data de início de vigência da nova tabela		

Fonte: elaborado pela autora.

REDAÇÃO EMPRESARIAL

Veja como fica fácil redigir dessa maneira. Dificilmente você terá excessos, deixará a ideia principal submergir entre as secundárias ou deixará de focar uma informação relevante.

Depois de seguir esse esquema e você mesmo reescrever o texto, veja a seguir algumas possibilidades.

TEXTOS SEM ERRO

Sr. credenciado,

Estamos enviando anexo o Comunicado Ciefas nº 7/03, que contém alterações nas Instruções Gerais e a nova Tabela de Honorários Médicos, decorrente do convênio Ciefas/AMB.

Informamos, ainda, que os novos procedimentos, assim como a nova tabela, estão em vigor em nossa empresa desde 1/3/03.

Atenciosamente,

ou

Sr. credenciado,

Em decorrência do convênio firmado entre o Ciefas e a AMB, estamos encaminhando anexo o Comunicado Ciefas nº 7/03, com a nova Tabela de Honorários Médicos implantada em nossa empresa em 1/3/03.

Esclarecemos ainda que resultaram do convênio inúmeras alterações nas Instruções Gerais, assinaladas nas páginas anexas, que deverão ser cuidadosamente lidas e observadas.

Atenciosamente,

PARA AMPLIAR SEU CONHECIMENTO

Vamos verificar a aplicação da técnica de objetividade na carta enviada por um Conselho Regional a seus associados. Apresentaremos, primeiro, a carta inadequada, onde não há objetividade na informação, depois o esquema de ideias e, por fim, a carta objetiva.

PARTE I • ELABORAÇÃO DO TEXTO EMPRESARIAL

CARTA INADEQUADA

Prezado colega,

Como é de seu conhecimento, esta instituição existe e atua para preservar o interesse de seus profissionais, pela defesa do espaço profissional, pela ampliação do mercado de trabalho e pelo zelo em relação à imagem pública da profissão e dos que a exercem.

Como o Conselho efetua o registro daqueles que estão habilitados ao exercício da profissão, precisamos manter os respectivos dados cadastrais sempre atualizados.

Examinando o nosso cadastro, verificamos que o prazo de validade de sua carteira está para expirar (observe a data de validade dela).

Sendo obrigatória a transformação de Registro Provisório em Registro Definitivo dentro dos prazos estabelecidos, orientamos V.S.ª no sentido de envidar os esforços necessários para a obtenção do diploma na Faculdade o mais breve possível, caso ainda não o tenha feito, encaminhando a esta instituição o comprovante dessa providência e uma foto 2x2 para renovação de sua Carteira Provisória.

Entretanto, se já estiver de posse do diploma, solicitamos seu comparecimento ao Setor de Registro, munido do original e de uma cópia desse documento e de uma foto 2x2 para expedição da Carteira Definitiva de seu registro profissional.

Os registros que forem transformados até o prazo de validade que consta da carteira estão isentos de pagamento da taxa de transformação, pagando somente a taxa relativa à nova carteira.

Gratos pela atenção, subscrevemo-nos.

Veja, agora, o esquema das ideias do texto.
Ideias principais:

- solicitar o comparecimento do associado para a troca da carteira provisória pela definitiva, munido dos seguintes documentos: diploma original e cópia, uma foto 2x2;
- a troca deve ser efetuada dentro do prazo;
- pagamento da taxa relativa à nova carteira;
- se o associado não estiver de posse do diploma, mesmo assim deve comparecer para prorrogar sua Carteira Provisória, munido de protocolo de solicitação do diploma e de uma foto 2x2.

REDAÇÃO EMPRESARIAL

Ideia secundária:

- isenção da taxa de troca, quando dentro do prazo.

Ideias terciárias:

- a instituição como espaço de defesa profissional;
- atualização de dados cadastrais.

Dentre as ideias secundárias e terciárias, a única que deve vir no texto é a isenção da taxa de transformação, pois as outras dispersam o leitor e funcionam como um "antimarketing".

CARTA OBJETIVA

Prezado colega,

Examinando nosso cadastro, verificamos, pela data de validade de sua carteira, a necessidade de atualizar seu Registro Provisório. Ele deverá ser transformado em Definitivo, caso você já esteja de posse do Diploma, ou prorrogado por meio de nova Carteira Provisória.

Para realizar a transformação em Registro Definitivo, compareça ao nosso Conselho munido dos seguintes documentos:

- Diploma (o original e uma cópia)
- 1 foto 2x2

Lembramos que será cobrada uma taxa referente à Carteira Definitiva e você poderá estar isento da taxa de mudança, caso esta se realize até a data de validade da Carteira Provisória.

Se você ainda não estiver com seu Diploma, compareça ao Conselho para solicitar a prorrogação por mais um ano de sua Carteira Provisória. São necessários os seguintes documentos:

- Declaração atualizada sobre o andamento do Diploma;
- 1 foto 2x2.

Lembramos a todos que esses procedimentos são obrigatórios, e devem ser realizados dentro dos prazos legais estabelecidos.

Aguardamos sua presença.

Atenciosamente,

PARTE I • ELABORAÇÃO DO TEXTO EMPRESARIAL

☰ TESTE O QUE VOCÊ APRENDEU

1. Os textos empresariais contemporâneos devem sua diferença à globalização dos mercados. Cite duas características na definição da linguagem que auxiliam a objetividade.

    _____

2. Por meio da objetividade, torna-se mais fácil a tomada de decisão. Certo ou errado? Explique.

    _____

3. A construção de mensagens prolixas revela que o emissor não domina adequadamente a língua portuguesa. Certo ou errado? Explique.

    _____

4. Um texto objetivo contém necessariamente uma ideia principal. Certo ou errado? Explique.

    _____

5. No texto objetivo, começa-se o assunto pela ideia principal. Certo ou errado? Explique.

    _____

☰ APLIQUE O QUE VOCÊ APRENDEU

1. Assinale a única afirmativa correta.
    - ☐ a) As ideias principais de uma comunicação empresarial são aquelas consideradas importantes para o emissor e o receptor.
    - ☐ b) As ideias principais de uma comunicação empresarial são obtidas por meio da resposta à pergunta: "O que eu preciso dizer ao destinatário?".
    - ☐ c) Em uma comunicação empresarial, todas as ideias que forem secundárias deverão ser eliminadas.
    - ☐ d) As ideias terciárias não acrescentam valor à informação, mas podem facilitar a leitura da mensagem.

REDAÇÃO EMPRESARIAL

2. Com base na análise do texto a seguir, identifique a única opção incorreta.

"Após concluídas as negociações, foi decidido, por maioria absoluta dos votos, que o aumento a ser concedido será de 2%, percentual que vigorará a partir do mês de abril."

☐ a) Ideia secundária: "Após concluídas as negociações".
☐ b) Ideia principal: "foi decidido, por maioria absoluta dos votos, que o aumento a ser concedido será de 2%".
☐ c) Ideia secundária: "percentual que vigorará a partir do mês de abril".
☐ d) Ideia principal: "foi decidido que o aumento a ser concedido será de 2%".

3. Sobre o texto a seguir, assinale V (verdadeiro) ou F (falso) nas afirmativas.

"O treinamento visa proporcionar aos profissionais da área de vendas informações e conhecimentos das melhores técnicas de comunicação, de forma a poderem vender melhor a imagem da empresa no mercado e a própria imagem, tornando-se mais competentes, corteses e autoconfiantes.
Os interessados devem procurar Vanessa, Setor de Treinamento e Desenvolvimento, pelo telefone 2254-3344. Não serão aceitas solicitações de inscrição por e-mail."

☐ a) No texto acima só há informações principais.
☐ b) Há informações excessivas no texto acima, que poderiam ser descartadas.
☐ c) A frase "não serão aceitas solicitações de inscrição por e-mail" é uma ideia secundária.
☐ d) O texto está com as ideias secundárias intercaladas com as principais.

PARTE I • ELABORAÇÃO DO TEXTO EMPRESARIAL

4. Relacione a informação da coluna A com o exemplo da coluna B.

Coluna A	Coluna B
1 Texto com informações principais e secundárias.	☐ Informamos que não será mais permitido o ingresso de mais de um acompanhante para cada funcionário.
2 Texto com excesso de informações, prejudicando a objetividade da mensagem.	☐ O excesso de pessoas na sala tem prejudicado o atendimento. Assim, seguindo orientações superiores e visando à melhoria de nossos serviços, esclarecemos que, em conformidade com a prerrogativa citada no artigo 8, não será permitido o ingresso de mais de um acompanhante para cada funcionário.
3 Texto só com informações principais.	☐ Seguindo orientações superiores, informamos que não será mais permitido o ingresso de mais de um acompanhante para cada funcionário, uma vez que o excesso de pessoas na sala tem prejudicado o atendimento.

5. Identifique a opção correta sobre os textos a seguir.

Texto 1: É com grata satisfação que informamos o início das atividades de nossa nova unidade de negócio, localizada na cidade de Sorocaba, São Paulo.

Texto 2: Informamos o início das atividades de nossa nova unidade de negócio, localizada em Sorocaba, São Paulo.

Texto 3: Informamos, com grata satisfação, o início das atividades de nossa nova unidade de negócio, localizada em Sorocaba, São Paulo.

☐ a) Somente o texto 1 é objetivo, embora seu início seja constituído de uma ideia secundária.

☐ b) Somente o texto 2 é objetivo.

☐ c) Os textos 1, 2 e 3 são objetivos, embora tenham construções distintas.

☐ d) O texto 3 é objetivo, mas a ideia secundária "com grata satisfação" deveria vir no início da frase.

CAPÍTULO 5
Concisão

5.1 O valor da concisão

A concisão é uma característica imprescindível nos textos contemporâneos de comunicação empresarial. Trata-se de um recurso que possibilita reduzir o tamanho do texto com a finalidade de valorizar e destacar as informações de fato relevantes para o destinatário.

5.2. O texto conciso em tempos modernos

Como mostra a Figura 5.1, ao sentirem os efeitos das modificações sociais, econômicas e políticas, as organizações tiveram que optar por um modo de transmissão de informações mais ágil. Foi com base nessa concepção que os textos tiveram seu tamanho reduzido e passaram a ser mais concisos.

FIGURA 5.1 **Fatores que levam à concisão do texto**

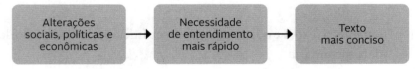

Fonte: elaborada pela autora.

5.3 Concisão, e-mail e WhatsApp

Atualmente, com a amplitude de comunicação que os e-mails corporativos internos atingiram, deve-se prestar muita atenção ao reduzir e tornar concisa a informação, pois existe uma tendência comprovada de surgirem muitos mal-entendidos em função da sintetização da mensagem.

Em 2015 observamos, ainda, o aumento intensivo da utilização do WhatsApp para otimizar a agilidade da informação.

Aqui cabe um alerta: como a mensagem transmitida é muito concisa nesse canal de comunicação, recomenda-se muito cuidado com as tomadas de decisão. É necessário certificar-se de que não há nenhuma informação relevante omitida, para que não haja prejuízos posteriormente.

Como vemos consolidada a tendência ao uso de canais de comunicação que tendem a utilizar a mensagem de forma mais rápida e concisa, é importante ler as observações que se seguem. Elas poderão evitar muito retrabalho, equívocos e desperdício de tempo.

5.4 Concisão e agilidade

Apesar de o conceito de concisão se relacionar com uma ideia utilitarista da mensagem, ele não deve significar um empobrecimento da linguagem, mas apenas uma forma mais enxuta e condensada de apresentação, em que cada informação é valorizada.

5.5 Concisão não significa pobreza de linguagem

Veja a seguir um exemplo dessa diferença: apresentamos inicialmente um parágrafo não conciso, extraído de um ofício e, depois, uma possível variável já corrigida em função da concisão.

TEXTO COM ERRO

Em razão do questionamento da Presidência quanto à inclusão ou não de despesas empenhadas e não pagas no exercício na Conta Restos a Pagar, solicitamos melhores esclarecimentos sobre o assunto, considerando os termos do art. 38 da Lei n. 4.320, que determina a reversão das despesas anuladas à dotação orçamentária do próximo exercício.

Ideia-núcleo clara: Solicito a V.S.ª orientação sobre a classificação de Restos a Pagar cancelados fora do exercício de emissão.

TEXTO CORRETO

Solicito a orientação de V.S.ª quanto à classificação dos Restos a Pagar cancelados dentro do exercício que não aquele da emissão do empenho.

Você observou como a concisão fez a mensagem conduzir o leitor para a informação mais relevante?

5.6 Características da concisão

A concisão recomenda a expressão do pensamento em poucas palavras para evitar um acúmulo que, muitas vezes, visa apenas impressionar o leitor com a "sabedoria" do vocabulário prolixo.

No tempo dos e-mails e da internet, em que uma enorme quantidade de informações nos sobrecarrega, é desejável que o texto empresarial permita ao leitor a rápida compreensão do teor da informação, fazendo com que se sinta motivado pelas palavras, e não o contrário: enfadado e desmotivado com o desperdício de tempo.

Você pode observar na Figura 5.2 que as características da concisão são obtidas com a elaboração de ideia-núcleo e a eliminação de redundâncias, clichês e ideias excessivas, como já estudamos nos capítulos anteriores.

FIGURA 5.2 **Características da concisão**

Fonte: elaborada pela autora.

Assim, na retórica moderna, são características da concisão as citadas a seguir.

- Maximizar a informação com o mínimo de palavras.
  Exemplo: Esta tem o objetivo de comunicar → Comunicamos
- Eliminar os clichês.
  Exemplo: Nada mais havendo a declarar, subscrevemo-nos → Atenciosamente
- Eliminar redundâncias e ideias excessivas.
  Exemplo 1: Em resposta ao ofício enviado por V.S.ª → Em resposta a seu ofício
  Exemplo 2: Informamos que a entrada, a frequência e a permanência nas dependências deste clube são terminantemente proibidas, seja qual for o pretexto, a pessoas que não fazem parte do quadro de sócios. → É proibida a entrada de não sócios.

PARTE I • ELABORAÇÃO DO TEXTO EMPRESARIAL

5.7 A concisão e o foco da informação

Algumas vezes, os textos não concisos são provenientes do hábito – já interiorizado – da linguagem prolixa; em outras, decorrem do sentimento de sempre ser necessário um reforço para tornar a ideia mais eficaz.

Ambas as situações se baseiam em grande engano, pois os excessos, em vez de se tornarem reforços esclarecedores positivos, prejudicam a concentração na mensagem que realmente interessa.

A atenção do leitor a uma mensagem depende da maneira como ela é redigida. Ao utilizar recursos inexpressivos de linguagem, como se fazia quando vigorava o estilo prolixo, tende-se a desviar o foco da atenção, passando da chamada "atenção dirigida" à "atenção periférica", que nada mais é do que a desconexão de um foco principal para a conexão em outro completamente secundário.

Situação semelhante ocorre quando a pessoa está lendo um livro e, de repente, percebe que está tocando aquela música de que tanto gosta, mas não é capaz de dizer quando ela começou, por estar com sua atenção principal dirigida à leitura.

Verifique você mesmo como os excessos prejudicam a mensagem de um e-mail de uma grande empresa, em que se faz uma solicitação ao setor jurídico. Os termos e as expressões destacados indicam falta de concisão, seja por clichês, ideias excessivas, redundâncias ou por não refletir a ideia-núcleo.

TEXTO COM ERRO

Assunto: Poluição – Amapá

Em atenção ao *assunto citado*, encaminhamos a V. S.ªˢ, em anexo, fax Setjur – BA, datado de hoje, solicitando *a esta divisão* um preposto para a audiência de conciliação designada para o dia 24/9/96, às 15 horas, na 7ª Vara da Fazenda Pública de Salvador.

Mediante o exposto, solicitamos *a gentileza* de seu pronunciamento a respeito desta solicitação, uma vez que *estamos entendendo* ser o preposto alguém que tenha poderes para representar a Empresa, *respondendo pelos fatos apresentados, ou seja, um assistente técnico.*

Desde já agradecemos a atenção dispensada e aguardamos seu pronunciamento.

Atenciosamente,

REDAÇÃO EMPRESARIAL

Comentários sobre as expressões supérfluas e mal formuladas:

1. assunto citado → a referência está vaga e imprecisa;
2. a esta Divisão → dispensável, pois é óbvio;
3. mediante o exposto → não se expôs nenhum assunto, apenas relatou-se o que vinha no fax;
4. a gentileza → não é o caso, pois o setor tem o dever de pronunciar-se;
5. estamos entendendo → entendemos;
6. respondendo pelos fatos apresentados, ou seja, um assistente técnico → respondendo tecnicamente pelos fatos apresentados;
7. desde já agradecemos a atenção dispensada → dispensável, pois, se a atribuição do destinatário é pronunciar-se sobre este tipo de assunto, ele está cumprindo seu papel profissional.

Ao aprender a pensar sem os excessos, daremos o primeiro passo em direção a um texto mais objetivo, que enfatize as ideias relevantes, organize-as com mais concatenação e faça o leitor se sentir comprometido. A concisão, portanto, implica o uso de palavras e termos relacionados com o foco da informação.

Como a mensagem é composta de palavras que formam uma imagem mental, evocando na mente do destinatário a proposta do emissor, é necessário ter à nossa disposição um amplo acervo vocabular.

Esse vocabulário será conseguido mediante leituras atentas tanto de palavras quanto de formas diversas de construção de ideias, presentes em diferentes meios de expressão. Ler em voz alta é sempre um excelente recurso para a assimilação de bagagem relacionada à comunicação verbal.

Sem dúvida, quanto maior o vocabulário de uma pessoa, mais ela será capaz de lidar com os vocábulos e seus significados.

5.8 Dicas para um texto com força persuasiva

É possível conciliar a concisão requerida pelo texto empresarial moderno com o poder de persuasão que certas palavras oferecem. Embora a intenção de persuadir o destinatário tenha resultado em textos com imagens e vocabulário excessivo em tempos não tão distantes, a retórica empresarial moderna não desconsidera técnicas de valorização da força da mensagem.

Assim, ao mesmo tempo que são privilegiadas formas de expressão que estimulam a compreensão imediata da mensagem – as informações são apresentadas

PARTE I • ELABORAÇÃO DO TEXTO EMPRESARIAL

de modo que façam sentido na mente do destinatário –, a exposição das ideias pode ser valorizada por recursos de persuasão.

Veja a seguir algumas dicas.

5.8.1 Dica 1: não faça um texto excessivamente direto

Em nome da objetividade e da concisão, não se deve esquecer que o texto empresarial precisa ser elegante e cordial com o destinatário. Portanto, não condense demais as informações, redigindo um texto denso e duro. Além disso, um texto excessivamente direto não contribui para solidificar os vínculos com o cliente.

Veja o exemplo de um e-mail divulgado por uma agência bancária, instalada na sede de uma empresa de grande porte, em que é informado um novo procedimento.

TEXTO COM ERRO

> Prezados clientes,
>
> Comunicamos que, a partir de 10/10/95, o funcionário deste Banco não mais passará nesta sala, recolhendo/entregando envelopes do Serviço de Atendimento Operacional.
>
> Entretanto, continuaremos a processar tais documentos desde que o envelope seja entregue em nossa Agência, no 2º andar deste prédio, até às 14 horas.
>
> Atenciosamente,

Esse é um exemplo típico de falta de elegância na mensagem, pois a mudança, do ponto de vista do cliente, trará prejuízos. Tal mensagem desperta uma reação negativa justamente por ser concisa demais.

Neste caso, a inclusão de uma justificativa pode melhorar a imagem da empresa que está sendo obrigada a mudar um procedimento instituído.

TEXTO CORRETO

> Prezados clientes,
>
> Informamos que, em virtude de reestruturação da área de Atendimento Operacional, não disporemos mais, a partir de 10/10/95, de funcionário responsável pelo recolhimento e entrega de correspondências.
>
> Entretanto, todos os demais serviços continuarão inalterados. Dessa forma, os documentos entregues em nossa Agência, no 2º andar deste prédio, até as 14 horas, serão processados normalmente.
>
> Atenciosamente,

REDAÇÃO EMPRESARIAL

Observe agora uma carta inadequada, também por ser excessivamente direta, emitida por uma administradora de imóveis. E, a seguir, a versão adequada.

TEXTO COM ERRO

Prezado cliente,
Informamos que seu pedido para execução de reparos, feito em 25/9/16 e cadastrado sob o nº 327/06, não será atendido, uma vez que o prazo de garantia se encontra esgotado desde 10/07/16.
Atenciosamente,

TEXTO CORRETO

Prezado cliente,

Recebemos seu pedido para execução de reparo, cadastrado sob o nº 327/06.

Lamentamos informar, porém, que, como o pedido foi feito em 25/9/16 e seu prazo de garantia esgotou-se em 10/7/06, não poderemos lhe atender.

Atenciosamente,

5.8.2 Dica 2: não elimine os elementos de realce

Concisão não significa excluir do texto seus elementos de realce. Muitas vezes, você poderá usar uma palavra só para dar ênfase ou explicitar a articulação das ideias. Deixe que seu texto contenha expressividade. Por exemplo, na oração "como já é de seu conhecimento", a palavra *já* poderia não ter sido usada. Porém, sua presença indica que a informação não era novidade.

Assim, você pode concluir que nem tudo que é dispensável torna-se excesso. Certas palavras servem para dar ao texto mais leveza, força ou persuasão.

5.8.3 Dica 3: não cometa agressões contra a língua

A condensação excessiva da informação ocorre muitas vezes pela suposição de que o destinatário já conhece o assunto. Daí suprimem-se palavras, preposições e conjunções, prejudicando a clareza das ideias.

Devemos nos lembrar de que a língua escrita difere da língua falada, e não temos a presença do receptor para eliminar as dúvidas. Assim, preocupe-se em expressar adequadamente o pensamento, de maneira a transmitir com clareza a mensagem.

Veja a seguir um exemplo de condensação excessiva de informações, que resulta em texto mal escrito.

PARTE I • ELABORAÇÃO DO TEXTO EMPRESARIAL

TEXTO COM ERRO

Ao preencher uma Requisição de Transporte, há necessidade da colocação correta do CBI, do Centro de Custo e, quando houver, da Unidade de Investimento e mais dados se for o caso.

Você pôde observar que a concisão excessiva prejudicou a correta estruturação da mensagem, seja por falta de precisão no vocabulário ("colocação correta do CBI"), seja por má formulação da ideia ("e, quando houver, da unidade de investimento e mais dados se for o caso").

TEXTO CORRETO

Ao preencher uma Requisição de Transporte, há necessidade de preenchimento dos campos "CBI", "Centro de Custo" e "Unidade de Investimento", quando houver.

Caso haja mais dados a destacar, explicite-os no campo "Observação".

Com relação ao vocabulário, o linguista Othon M. Garcia afirma, a propósito da conclusão de uma pesquisa feita com executivos nos Estados Unidos:

> Mas parece não restar dúvida de que, dispondo de palavras suficientes e adequadas à expressão do pensamento de maneira clara, fiel e precisa, estamos em melhores condições de assimilar conceitos, de refletir, de escolher, de julgar, do que outros cujo acervo léxico seja insuficiente ou medíocre para a tarefa vital da comunicação.[1]

5.9 Reduzindo o excesso de "que"

Um dos mais comuns empecilhos sintáticos à concisão é o excesso de *que* (seja como pronome relativo, seja como conjunção). Ele é ocasionado pela transposição para a escrita de um fluxo ininterrupto do pensamento, sem o devido cuidado com a estrutura frasal daquilo que é transmitido.

Esse excesso causa péssimo efeito expressivo, transmitindo a imagem de pobreza vocabular e de falta de organização sintática. Contudo, ele pode ser facilmente corrigido com algumas substituições, de uso comum na língua. Observe os exemplos:

---

[1] GARCIA, O. M. *Comunicação em prosa moderna*. Rio de Janeiro: FGV, 1976, p. 143.

REDAÇÃO EMPRESARIAL

Exemplo 1:

TEXTO COM ERRO

Espero *que me respondas* a fim de *que se esclareçam* as dúvidas *que dizem respeito* ao assunto *que foi discutido.*

TEXTO CORRETO

Espero sua *resposta* a fim de *esclarecer* as dúvidas *a respeito do* assunto *discutido.*

Observe que, em geral, podem-se usar substantivos abstratos, verbos no infinitivo, particípios e outras formas para substituir a oração introduzida pelo *que*, conforme mostra o Quadro 5.1.

QUADRO 5.1 **Exemplos de substituição do** *que*

	Forma reduzida	Classe gramatical
que me respondas →	resposta	(substantivo abstrato)
que se esclareçam →	esclarecer	(verbo no infinitivo)
que dizem respeito →	a respeito de	(locução prepositiva)
	sobre	(preposição)
que foi discutido →	discutido	(particípio passado)

Exemplo 2:

TEXTO COM ERRO

Quando chegaram, pediram-me *que devolvesse* o livro *que me fora emprestado* por ocasião dos exames *que se realizaram* no fim do ano *que passou.*

TEXTO CORRETO

Quando chegaram, pediram-me *devolver* o (ou *a devolução do*) livro *emprestado* (ou *a mim emprestado*) por ocasião dos exames *realizados* no fim do ano *passado.*

Você pode observar que as orações introduzidas pelo *que* foram substituídas por palavras de várias categorias gramaticais, conforme explicitado a seguir:

68

PARTE I • ELABORAÇÃO DO TEXTO EMPRESARIAL

1. Substituição da oração adjetiva por uma palavra equivalente. Exemplo:
    Jacaré *que não se cuida* vira bolsa de madame.
    Jacaré *descuidado* vira bolsa de madame.

2. Substituição da oração adjetiva por um substantivo seguido de complemento. Exemplo:
    Um banqueiro, *que detinha* grande fortuna, foi preso.
    Um banqueiro, *possuidor* de grande fortuna, foi preso.

3. Substituição da oração desenvolvida por substantivo abstrato ou verbo no infinitivo. Exemplos:
    Quero que saibam *que chegarei* dia 10.
    Quero que saibam *da minha chegada* dia 10.

    É necessário *que se obedeça* às leis.
    É necessário *obedecer* às leis.

4. Substituição da forma composta com o auxiliar ser pelo verbo no particípio. Exemplo:
    Aguardo seu pronunciamento sobre o material *que foi remetido* para análise.
    Aguardo seu pronunciamento sobre o material *remetido para* análise.

É importante ressaltar que a substituição do pronome relativo ou da conjunção integrante *que* não é sempre necessária, cabendo ao emissor da mensagem avaliar quando será melhor efetuá-la ou não.

APLICANDO A TEORIA NA PRÁTICA

Vamos aplicar o que estudamos neste capítulo em dois casos. No primeiro, vamos reescrever um memorando de uma grande empresa, que responde a um pedido de indenização. No segundo, vamos sintetizar uma carta empresarial.

Caso 1
Neste caso, eliminaremos as ideias redundantes e retiraremos todos os *quês*, reescrevendo o que for necessário.

REDAÇÃO EMPRESARIAL

TEXTO COM ERRO

Em resposta ao documento enviado por V.S.ª a esta Superintendência, reivindicando pagamento de indenização por perdas materiais, informamos que, após detida análise de seu processo, concluímos que não há qualquer aspecto que possibilite à Companhia proceder ao pagamento solicitado.

TEXTO CORRETO

Em resposta ao documento de reivindicação de indenização por perdas materiais, concluímos, após análise de seu processo, não haver qualquer possibilidade de a Companhia proceder ao pagamento.

Caso 2

O parágrafo abaixo, constante de uma carta de 1999, é um exemplo de texto não conciso. Substituiremos as expressões mais extensas e fora de uso por outras concisas e modernas.

TEXTO COM ERRO

Temos a satisfação de levar ao conhecimento de V.S.ª que, nesta data, pela Transportadora Transnorte e, em atendimento ao seu prezado pedido nº 432/99, de 18 de setembro de 1999, demos encaminhamento, pela nota fiscal nº 167, às mercadorias solicitadas pelo Departamento de Compras de sua conceituada empresa.

Observe as transformações possíveis, ao aplicarmos os princípios da concisão:

1. Temos a satisfação de levar ao conhecimento de V.S.ª que → Informamos que
2. seu prezado pedido nº 432/99, de 18 de setembro de 1999 → seu pedido nº 432/99
3. demos encaminhamento, pela nota fiscal nº 167, às mercadorias solicitadas pelo Departamento de Compras → as mercadorias constantes de seu pedido nº 432/99 foram encaminhadas
4. de sua conceituada empresa → exclusão dos termos

Reescrevendo o texto, teremos o texto abaixo.

TEXTO CORRETO

Informamos que as mercadorias constantes de seu pedido nº 432/99 foram encaminhadas, na data de hoje, pela Transportadora Transnorte, com a nota fiscal nº 167.

PARTE I • ELABORAÇÃO DO TEXTO EMPRESARIAL

PARA AMPLIAR SEU CONHECIMENTO

Existem duas outras situações sintáticas em que podem ser empregadas técnicas de redução, tornando as frases mais concisas: orações na voz passiva e locuções adjetivas.

O uso excessivo de orações na voz passiva é um problema recorrente em relatórios e atas de reunião. Elas são criadas pela necessidade de expressar acontecimentos sem que seja identificado seu autor.

Veja o exemplo:

- A Constituição foi aprovada pelo Congresso. → voz passiva
- O Congresso aprovou a Constituição. → voz ativa

Gramaticalmente, essas frases são tidas como equivalentes, porém, em termos expressivos elas contêm nuances diferentes de sentido, pois a primeira foca "a Constituição" e a segunda foca "o Congresso" (autor da ação). Então, quando não houver preferência pela ênfase em um dos termos, pode-se optar pela redução, transformando a voz passiva em ativa.

Veja outros exemplos.

- O processo foi devolvido pela Diretoria. → A Diretoria devolveu o processo.
- Os empregados serão beneficiados pela antecipação do 13º salário. → A antecipação do 13º salário beneficiará os empregados.
- A notícia não foi publicada pelos jornais de grande circulação. → Os jornais de grande circulação não publicaram a notícia.

Deve-se observar que nem sempre convém substituir a voz passiva pela voz ativa, pois, como já afirmamos, há uma diferença sutil de significado. Trata-se somente de saber como evitar seu uso abusivo.

Com relação às locuções adjetivas, elas poderão ser transformadas em adjetivos, a fim de tornar as frases mais concisas. Embora o texto empresarial deva conter poucas expressões adjetivas, pois traduzem opinião e valor, em muitos relatórios e exposições de motivos notaremos sua presença como necessária à fundamentação da sugestão ou argumentação.

Exemplo: As regiões *das cidades* já estão superpopulosas.

↓

locução adjetiva

REDAÇÃO EMPRESARIAL

As regiões *urbanas* já estão superpopulosas.
↓
adjetivo

Veja outros exemplos.

- As grandes corporações fizeram uma jogada *de mestre*. → As grandes corporações fizeram uma jogada *magistral*.
- A época *de ouro* do desenvolvimento brasileiro trouxe sérias consequências. → A época *áurea* do desenvolvimento brasileiro trouxe sérias consequências.
- Os funcionários demonstraram uma vontade *de ferro* de vencer os desafios. → Os funcionários demonstraram uma vontade *férrea* de vencer os desafios.

TESTE O QUE VOCÊ APRENDEU

1. Complete as frases a seguir com as palavras ou expressões adequadas.
   a) O conceito de concisão relaciona-se a uma ideia _____ da mensagem. (utilitarista – persuasiva)
   b) O texto conciso valoriza a _____ das informações. (quantidade – qualidade)
   c) A concisão valoriza uma forma mais _____ das informações. (detalhada – enxuta).

2. O texto mais conciso é consequência de alterações sociais, políticas e econômicas. Essa afirmativa está certa ou errada? Justifique.

3. A concisão significa, de certa forma, um empobrecimento da mensagem. Certo ou errado? Justifique.

4. Quais são as três características da concisão?

PARTE I • ELABORAÇÃO DO TEXTO EMPRESARIAL

III APLIQUE O QUE VOCÊ APRENDEU

1. Assinale o parágrafo que pode ser considerado mais conciso e adequado.

    ☐ a) Informamos que o Eng. Paulo Garcia Júnior não poderá estar presente à reunião de 22 de abril do corrente, pois estará acompanhando a comitiva do Governo do Estado ao Chile. Assim, enviaremos dois representantes: Carlos da Silva e Jurandir de Souza.

    ☐ b) Informamos que, por motivo de viagem ao Chile, acompanhando a comitiva do Governo do Estado na viagem de prospecção de negócios à América Latina, o Eng. Paulo Garcia Júnior não poderá estar presente na próxima reunião, razão pela qual serão enviados dois representantes: os senhores Carlos da Silva e Jurandir de Souza.

2. Tendo em vista a importância de manter o foco da informação, identifique qual parágrafo cumpre a missão de ser conciso e não tem ideias excessivas.

    ☐ a) Como nosso objetivo maior é sua completa satisfação, temos uma equipe especializada em distinguir as melhores tecnologias de ponta. Buscamos aprimorar nossos serviços, oferecendo sempre as melhores opções em termos de alta qualidade médica. Para que possamos ampliar ainda mais o número dessas opções, solicitamos sua gentileza e colaboração no sentido de responder ao questionário abaixo.

    ☐ b) Nosso objetivo maior é sua completa satisfação. Por isso, temos investido em tecnologia de ponta, oferecendo serviços de alta qualidade médica. Assim, solicitamos a gentileza de responder ao questionário abaixo, para que possamos ampliar ainda mais o número de opções.

3. Reescreva os parágrafos abaixo retirando todos os *quês*.

    a) Ele disse que poderia comparecer à reunião que se realizaria no próximo sábado e que, na última hora, foi transferida para terça-feira.

    b) Aguardo que vocês me contatem para que possamos resolver a situação que se encontra pendente.

    c) Espero que me auxiliem a elaborar a proposta que devemos entregar até segunda-feira a fim de que possamos defender o aumento do *budget* do próximo semestre.

REDAÇÃO EMPRESARIAL

4. Identifique a afirmativa errada.

☐ a) Na concisão é preciso cuidado para não atentar contra a língua, retirando conjunções, preposições, artigos e outros elementos indispensáveis à correta estruturação das frases.

☐ b) É preciso retirar os excessos na concisão, tais como artigos, pronomes e preposições desnecessárias.

☐ c) Na concisão, deve-se cuidar para que o texto não fique deselegante e rude.

☐ d) Um texto excessivamente conciso elimina elementos de realce, mas nem sempre esse procedimento valoriza a informação.

5. Assinale a opção em que o texto está demasiadamente conciso, prejudicando a clareza.

☐ a) Nossa reunião está agendada para terça-feira e todos deverão trazer suas planilhas com a previsão dos treinamentos para o próximo ano.

☐ b) Esclareço que, de acordo com a programação constante em nossa agenda, está marcada para terça-feira nossa reunião em que todos deverão apresentar suas planilhas com a previsão dos treinamentos para o próximo ano.

☐ c) Conforme agenda anteriormente acordada, nossa reunião será terça--feira e todos devem trazer as planilhas com os treinamentos previstos.

☐ d) Informo que, conforme agenda acordada, nossa reunião em que todos apresentarão suas planilhas com a previsão dos treinamentos para o próximo ano está agendada para terça-feira.

| CAPÍTULO 6 |

Clareza

6.1 Entendendo a clareza textual

Neste capítulo, estudaremos uma qualidade fundamental aos textos empresariais modernos, que precisam ser compreendidos facilmente: a clareza.

6.1.1 Conceituação

Encontramos no *Dicionário Aurélio*[1] a seguinte definição para o termo:

> Clareza (ê). *S.f.* 1. Qualidade do que é claro ou inteligível: *a clareza de uma frase.*

Mas o que é inteligibilidade?

Essa definição, embora pareça óbvia, contém uma palavra-chave ao texto empresarial moderno: "inteligível", que significa aquilo que é entendido com facilidade.

Portanto, o texto claro é aquele que apresenta inteligibilidade, que é facilmente compreendido pelo destinatário, tanto no que se refere à organização das ideias quanto à escolha vocabular.

A clareza necessária à comunicação escrita do mundo globalizado assemelha-se às recomendações de um excelente orador e comunicador do século XVII. Leia o que escreveu o padre Antônio Vieira, que viveu entre os anos de 1608 e 1697:

> Aprendemos do céu o estilo da disposição, e também o das palavras.
>
> As estrelas são muito distintas e muito claras. Assim há de ser o estilo [...]; muito distinto e muito claro.
>
> E nem por isso temais que pareça o estilo baixo; as estrelas são muito distintas e muito claras, e altíssimas.

---

[1] FERREIRA, A. B. de H. (Ed.). *Novo dicionário Aurélio de língua portuguesa*. São Paulo: Positivo, 2006.

O estilo pode ser muito claro e muito alto; tão claro que o entendam os que não sabem e tão alto que tenham muito que entender os que sabem.[2]

6.1.2 A dinâmica da clareza

O conceito de clareza é muito bem proposto pelo professor Rocha Lima.[3] Segundo ele, para nos expressarmos com clareza devemos seguir dois objetivos:

- educar nossa capacidade de organização mental;
- aprender a pôr em execução convenientemente o material idiomático.

A dinâmica da clareza em uma comunicação ocorre em três passos, como se pode observar na Figura 6.1.

FIGURA 6.1 **Dinâmica da clareza**

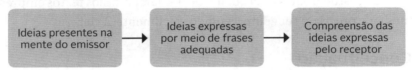

Fonte: elaborada pela autora.

6.1.3 O ruído atrapalhando a clareza

O maior problema com relação à clareza do texto é que o emissor da mensagem nem sempre tem a noção de quanto o seu texto está inteligível para o destinatário. E por quê? Porque para ele a mensagem está clara. Ele tem as ideias em sua mente e julga que todos as terão também, por isso não se preocupa com a possibilidade de equívoco.

FIGURA 6.2 **Exemplo 1 de ruído que atrapalha a clareza na comunicação.**

Fonte: Hagar, o terrível.

---

[2] VIEIRA, P. A. *Sermão da sexagésima*. Sermões escolhidos. v. 2. São Paulo: Edameris, 1965. p. 13. Disponível em: <http://www.culturatura.com.br/obras/Serm%C3%A3o%20da%20Sexag%C3%A9sima.pdf>. Acesso em: jan. 2017.
[3] LIMA, R.; BARBADINHO NETO, R. *Manual de redação*. Rio de Janeiro: Fename, 1982.

FIGURA 6.3 **Exemplo 2 de ruído que atrapalha a clareza na comunicação.**

Fonte: Zé do Boné.

O humor é obtido na maioria das vezes justamente pelo ruído que atrapalha a clareza.

Palavras são, na verdade, símbolos que significam alguma coisa – e não a própria coisa. Logo, uma mesma palavra pode corresponder a diferentes sentidos, dependendo de como o receptor da mensagem a compreenderá.

Para mais informações a respeito do caráter simbólico da linguagem humana e de sua relação com a clareza, leia adiante a seção Aplicando a teoria na prática.

6.1.4 Clareza textual e contexto

O texto não pode ser entendido apenas pelo contexto. Muito pelo contrário, ele deve ser estruturado de tal maneira que até um leitor não familiarizado com o assunto compreenda as ideias sem problemas.

Quanto mais nítida a transmissão da mensagem, mais eficiente é o intercâmbio das ideias.

Leia a seguinte circular, emitida pela administradora de um prédio, e observe como o entendimento é orientado pelo contexto e não pela clareza da expressão.

TEXTO COM ERRO

> Informamos que as portas do hall social de cada andar deverão permanecer fechadas à chave, conforme ficou estabelecido em reunião do Conselho Consultivo, síndica e subsíndico, realizada em 27/11/05. Solicitamos ao condômino que possua chave de seu hall informar à portaria urgente, pois o condomínio providenciará chave para todos os apartamentos.
> Para maior segurança para todos os moradores.
> Informamos também que os 3 (três) elevadores ficarão ligados.

Como você pode observar, embora a mensagem tenha grandes chances de ser compreendida pelos moradores, o texto segue em uma direção, "volta e se retorce", ou seja, o texto está mal escrito e as ideias expressas estão mal articuladas, contrariando as normas da comunicação escrita.

Agora veja como fica a mesma circular reelaborada pelas regras da adequada expressão escrita das ideias.

TEXTO CORRETO

> Informamos que as portas do hall social de cada andar deverão permanecer fechadas à chave, para maior segurança de todos os moradores, conforme estabelecido em reunião do Conselho Consultivo com a síndica e o subsíndico, realizada em 27/11/05.
>
> Esclarecemos também que todos os 3 (três) elevadores ficarão ligados, para atender a essa medida.
>
> Solicitamos ao condômino que já possua chave de seu hall informar à portaria com urgência, pois o condomínio irá providenciar chave para todos os apartamentos.

6.1.5 Características da clareza

Para maior clareza, é imprescindível o uso de vocabulário simples, embora formal, como vimos nos capítulos anteriores. Não são adequadas as palavras sofisticadas nem o uso de jargão técnico, apenas inteligível por pessoas da mesma área profissional. Também é fundamental o uso de parágrafos menores, com divisão mais explícita de ideias principais e secundárias, conforme apresentado na Figura 6.4.

FIGURA 6.4 **Características da clareza**

Fonte: elaborada pela autora.

6.1.6 Técnicas para obtenção da clareza

Há algumas técnicas desenvolvidas para se obter a clareza. Iremos utilizá-las a seguir para trabalhar tanto a palavra quanto a frase como um todo, além de os problemas gerais que encontramos ao lidar com a linguagem.

6.1.6.1 Palavras

Evite a linguagem técnica

O excesso de linguagem técnica, em vez de afirmar competência, revela superficialidade. Prefira sempre palavras de um repertório culto, porém simples, pois o uso de vocabulário prolixo é inconveniente.

TEXTO COM ERRO

Inolvidável consignar-se que o tema eleito para a disciplina legislativa também se apresenta insurgente ao interesse público, nos moldes em que foi vazada.

Evite o uso excessivo de substantivos abstratos

Os substantivos abstratos criam a ilusão de profundidade das ideias e contribuem para a obscuridade do texto. Não exija que seu destinatário mantenha um dicionário ao lado para decodificar suas palavras. Lembre-se de que isso significa perda de tempo e fator de desmotivação.

TEXTO COM ERRO

1. A necessidade emergente prefigura uma correta relação entre a estrutura e a superestrutura.

2. O modelo de desenvolvimento privilegia a incorporação das funções e a descentralização da decisão, em uma visão orgânica e não totalizante.

6.1.6.2 Frases

Evite parágrafos longos

Para corrigir a tendência ao parágrafo longo e sem clareza, defina as ideias principais e as secundárias antes de começar a redigir.

Veja a seguir o memorando sem clareza, emitido pelo setor jurídico de uma grande empresa.

REDAÇÃO EMPRESARIAL

TEXTO COM ERRO

Visando ajudar os órgãos no entendimento da circular 4.522/95, esclarecemos que no âmbito interno vamos entender que há uma delegação subentendida da direção da Companhia aos superintendentes de órgãos e chefes de serviço, por tabela de limite de competência, para definirem que contratos devem ter prosseguimento nas bases pactuadas e quais deverão ser objeto de reavaliação.

O documento, que se propunha a esclarecer, não cumpriu seu intento, pois faltou clareza à mensagem que se desejava transmitir.

Leia novamente o memorando, agora com clareza de expressão.

TEXTO CORRETO

Visando ajudar os órgãos no entendimento da circular 4.522/95, esclarecemos que a própria Tabela de Limite de Competência já estabelece a quem compete definir os contratos que devem prosseguir nas bases pactuadas e os que devem ser reavaliados.

Evite a frase centopeica

A frase desdobrada ou centopeica sobrecarrega o período com informações, dando a impressão de que ele nunca irá terminar e exigindo do receptor um grande esforço para decifrá-lo.

O exemplo a seguir foi extraído de uma carta comercial.

TEXTO COM ERRO

Comunicamos a V. S.ª que, embora nossas transações comerciais tenham se constituído em uma grande satisfação, tanto pela alta qualidade de seus produtos como pela cordialidade que sempre caracterizou nosso relacionamento, o crescente desdobramento de nossa atividade no Nordeste nos obriga, a partir desta data, a abrir mão da representação dos produtos de sua conceituada empresa.

Como a conclusão da oração principal está muito distante de seu início, a frase pode ficar obscura e até mesmo incompreensível. Esse tipo de construção desnorteia o leitor e não destaca a ideia central, prejudicando o sentido da frase.

A solução é retirar as ideias secundárias e manter apenas a principal. Se achar necessário, construa, depois, um novo parágrafo com a ideia secundária.

80

PARTE I • ELABORAÇÃO DO TEXTO EMPRESARIAL

TEXTO CORRETO

Comunicamos a V. S.ª que o crescente desdobramento de nossa atividade no Nordeste nos obriga, a partir desta data, a abrir mão da representação dos produtos de sua empresa.

Entretanto, queremos deixar registrada nossa satisfação pela cordialidade que sempre caracterizou nosso relacionamento, bem como pela alta qualidade de seus produtos.

Evite a frase labiríntica

A frase de labirinto constitui-se de um número excessivo de subdivisões de ideias, tornando o trabalho de interpretação altamente complexo.

Veja o exemplo retirado de uma carta comercial.

TEXTO COM ERRO

Queremos, neste momento, observar que o nosso aceite àquela condição não deve ser entendido como uma aprovação à mesma, não no que diz respeito ao valor que, apesar de ter ultrapassado a importância de R$ 350,00 que achávamos justa, dela não se afastou em demasia, mas sim quanto ao prazo de reajuste, qual seja, semestral, contrariando o relacionamento comercial passado, calcado no prazo de um ano, não nos dando sequer a chance da contra-argumentação.

Veja, agora, como solucionar esses problemas.

3. Discrimine as ideias principais.
4. Identifique as secundárias.
5. Organize todas as ideias por ordem de importância.
6. Redija frases curtas sobre as ideias.
7. Elimine as frases dispensáveis.
8. Redija o parágrafo.

TEXTO CORRETO

Gostaríamos de registrar nossa insatisfação com a mudança do prazo de reajuste que, ao se tornar semestral, sem a possibilidade de negociação, contraria nosso relacionamento comercial passado, calcado no prazo de um ano.

REDAÇÃO EMPRESARIAL

6.1.6.3 Problemas de linguagem

Cuidado com o posicionamento correto dos termos

A posição dos termos na frase é de suma importância para a clareza. Portanto, cuide que cada termo determinante esteja vinculado a seu respectivo termo determinado.

Veja um exemplo em que o posicionamento incorreto produz mal-entendido.

TEXTO COM ERRO

> Encaminhamos os documentos a V. S.ª em anexo.

Na frase, parece que V. S.ª é que foi encaminhada em anexo.

TEXTO CORRETO

> Encaminhamos a V. S.ª os documentos anexos.

Observe a seguir, no exemplo de falta de clareza em um ofício, como é importante atentar para o posicionamento das palavras quando redigimos textos maiores.

TEXTO COM ERRO

> Senhora Procuradora,
> Tenho a honra de convidar V. Ex.ª a participar da homenagem ao eminente Juiz Federal Dr. João da Silva, que se despede desta Seção Judiciária, em virtude de sua nomeação para o Egrégio Tribunal Regional Federal da 2ª Região, a ser realizada às 17h30 do dia 3 de abril de 1991, no 15º andar da Av. Rio Branco, 123.

Você entendeu que, de acordo com o posicionamento das palavras, o que ocorrerá no dia 3 de abril será a nomeação e não a homenagem?

Para obter clareza na expressão de uma ideia, perceba sempre quais são os vínculos entre os termos. Se o texto for muito longo, com várias informações, a solução é dividir a ideia em unidades menores, evitando-se a interpolação e a falta de clareza.

Veja outro exemplo, extraído da carta de uma administradora de imóveis.

TEXTO COM ERRO

> Atualmente, o saldo credor em poder da administradora não sofre correções em favor do condomínio, assim, entende que a previsão mensal deverá manter-se o mais próximo possível do real.

PARTE I • ELABORAÇÃO DO TEXTO EMPRESARIAL

Percebe-se que há duas falhas na clareza. Uma advém da falta do sujeito (gramatical) para o verbo *entender*: quem entende que a previsão deverá manter-se próxima dos gastos reais? A outra falha, decorrente da primeira, refere-se à falta de clareza no vínculo entre a primeira ideia (o saldo credor não sofre correções em favor do condomínio) e a segunda (a previsão deverá manter-se o mais próximo possível do real).

Uma possível reescrita (dependendo da intenção do texto) poderia ser a que se segue.

TEXTO CORRETO

Atualmente, o saldo credor em poder da administradora não sofre correções em favor do condomínio, pois entendemos que a previsão mensal deverá manter-se o mais próximo possível do real.

Cuidado com a ambiguidade

Há palavras e construções na língua portuguesa que podem causar duplo sentido, dependendo da organização da frase.

Por exemplo, quando se diz: "Vi uma mulher saindo daquela casa que estava muito suja". Quem estava muito suja: a mulher ou a casa?

E nesta frase: "Vou te mandar um porco pelo meu irmão, que está bem gordo". Será que é o irmão que está gordo ou o porco?

Em geral, devemos nos atentar para evitar as seguintes falhas: ambiguidade provocada pelo pronome relativo *que* ou pelo pronome possessivo *que*.

Na *ambiguidade provocada pelo pronome relativo que*, em muitos casos, o emprego deste pode gerar uma frase ambígua. Por exemplo: "Havia um homem entre a multidão que dava gritos histéricos". Quem dava gritos histéricos? O homem ou a multidão?

Para eliminar a ambiguidade do pronome relativo *que*, evite-o na referência a dois substantivos. Para isso, podemos utilizar dois tipos de técnica: a do deslocamento e a da substituição do relativo.

A *técnica do deslocamento* consiste em reagrupar os termos de maneira que a ambiguidade seja desfeita. Por exemplo:

a] Havia um homem *que* dava gritos histéricos entre a multidão.

b] Entre a multidão *que* dava gritos histéricos havia um homem.

REDAÇÃO EMPRESARIAL

A *técnica da substituição do relativo* consiste em substituir o pronome relativo *que* por outro pronome relativo (*o qual, a qual, os quais, as quais*). Exemplos:

a] Havia um homem entre a multidão, *a qual* (= a multidão) dava gritos histéricos.
b] Havia um homem entre a multidão, *o qual* (= o homem) dava gritos histéricos.

Na *ambiguidade provocada pelos pronomes possessivos* (meu/minha; teu/tua; seu/sua; nosso/nossa; vosso/vossa; seus/suas) também costumam provocar frases ambíguas. Exemplo:

O professor falou com o diretor em *sua* sala.
De quem era a sala: do professor ou do diretor?

Evite o emprego ambíguo do possessivo, reconstruindo a frase:

a] O professor falou, em *sua* sala, com o diretor.
b] O professor falou com o diretor na *sala deste*.

APLICANDO A TEORIA NA PRÁTICA

O memorando que você lerá a seguir provocou uma série de respostas equivocadas.

TEXTO COM ERRO

> Prezado senhor,
> Os empregados lotados nessa divisão já foram convocados pelo respectivo Agente de Pessoal. Contudo, rogamos a colaboração de V.S.ª no sentido de recomendá-los a comparecerem, nesta Divisão de Pessoal, até o dia 21 do corrente mês, a fim de tomarem conhecimento de como devem preencher a ficha da declaração de família; impresso da declaração de bens; fornecer comprovante de escolaridade e providenciar a atualização da carteira de saúde (requisito essencial para a posse), tudo exigindo medidas que demandam tempo.
> Chefe da Divisão de Pessoal

Veja o que aconteceu:

■ algumas pessoas compareceram à Divisão de Pessoal para aprender como preencher as fichas citadas, mas sem levar documentação nenhuma;

84

PARTE I • ELABORAÇÃO DO TEXTO EMPRESARIAL

- outras levaram a carteira de saúde para ser atualizada lá, função que deveria ter sido realizada antes, no posto de saúde;
- outros, ainda, por achar que já sabiam como preencher as fichas, nem compareceram.

Ao analisarmos a apresentação das informações, temos:

Prezado senhor,

IDEIA 1
Os empregados lotados nessa divisão já foram convocados pelo respectivo

IDEIA 2
Agente de Pessoal. Contudo, rogamos a colaboração de V.S.ª no sentido de

recomendá-los a comparecerem, nesta Divisão de Pessoal, até o dia 21 do cor-

IDEIA 3
rente mês, a fim de tomarem conhecimento de como devem preencher a ficha

IDEIA 4   IDEIA 5
da declaração de família; impresso da declaração de bens; fornecer compro-

vante de escolaridade e providenciar a atualização da carteira de saúde (re-

IDEIA 6
quisito essencial para a posse), tudo exigindo medidas que demandam tempo.

Chefe da Divisão de Pessoal

- Ideia 1 → ideia secundária mal explicada com relação ao conteúdo posterior.
- Ideia 2 → ideia principal com palavras mal empregadas: recomendar ≠ ordenar.
- Ideia 3 → ideia principal com palavra mal empregada: tomar conhecimento ≠ preencher.
- Ideia 4 → ideia principal sem conteúdo explicitado.
- Ideia 5 → ideia principal mal explicada em relação ao conteúdo.
- Ideia 6 → ideia sem clareza.

A fim de adequar o texto, aplicaremos as técnicas de organização da frase centopeica, de cuidado com o posicionamento correto dos termos e de utilização de palavras simples e adequadas às ações comunicadas.

REDAÇÃO EMPRESARIAL

TEXTO CORRETO

Prezado senhor,

Solicitamos ratificar para seus empregados a necessidade de comparecimento à Divisão de Pessoal até o dia 21 do corrente mês, munidos dos seguintes documentos:
• Comprovante de escolaridade.
• Carteira de saúde atualizada.

Esclarecemos que na ocasião serão preenchidas as fichas de declaração de família e de bens.

Lembramos ainda que estes procedimentos são essenciais para a posse.

Chefe da Divisão de Pessoal

PARA AMPLIAR SEU CONHECIMENTO

Os estudiosos do processo de comunicação concluíram que a clareza será sempre um grande suporte para a compreensão da mensagem. Quando duas pessoas interagem, seja pela fala, seja pela escrita, a comunicação só ocorre porque ambas se envolvem em um esforço cooperativo.

Explicamos: entendemos, erroneamente, que as palavras têm um sentido unívoco e que, utilizando as palavras certas, teremos 100% de compreensão em nossa mensagem. Entretanto, desde 1940, com os estudos de linguagem de Ferdinand de Saussure, o conceito de palavra, até então aglutinado com seu significado, deu lugar à noção de signo, composta do significante e do significado.

Acompanhemos as palavras de Francis Vanoye:

> A noção de signo é básica na linguística. Signo é a menor unidade dotada de sentido em um código dado. Decompõe-se em um elemento material, perceptível, o significante, e em um elemento conceptual, não perceptível, o significado (por exemplo, a palavra mesa pode ser ouvida ao ser pronunciada ou vista ao ser escrita: o som mesa e a forma gráfica mesa são significantes que remetem ao mesmo significado, o conceito de mesa, "objeto constituído por uma superfície plana sustentada por um ou mais pés"). O objeto é o referente real ao qual remete o signo [...].
>
> O signo é convencional. Entre o significante e o significado não há outro liame senão o proveniente de um acordo implícito ou explícito entre os usuários de uma mesma língua.[4]

---

[4] VANOYE, F. *Usos da linguagem*. 10. ed. São Paulo: Martins Fontes, 1996. p. 29-30.

Os linguistas esclarecem, por meio de seu "triângulo dos significados", como ocorre a relação entre a palavra e sua significação, conforme Figura 6.5.

FIGURA 6.5 **Triângulo dos significados**

Fonte: elaborada pela autora.

Como a relação entre o significante e o significado é arbitrária, o som ou a grafia da palavra só estão associados a seu significado por meio da cultura.

Tomemos, por exemplo, o signo cadeira. Ao pensarmos na palavra *cadeira*, a imagem mental (significado) no século XV será diferente da do século XXI.

FIGURA 6.6 **Modelo de cadeira do século XV**   FIGURA 6.7 **Modelo de cadeira do século XXI**

Agora que já demonstramos que os significados são construções sociais, podemos ir além e afirmar que cada indivíduo cria a própria imagem mental (significado) de um significante, de acordo com sua vivência e seus valores.

No início deste texto afirmamos que só pode haver comunicação quando há um acordo de cooperação. Ou seja, como os elementos da linguagem não têm sentido em si mesmos, é necessário que as pessoas envolvidas no ato de comunicação busquem semelhança em suas significações.

Ao se compreender que as palavras são apenas símbolos a que as pessoas atribuem um significado arbitrado culturalmente, a comunicação tenderá a orientar-se por uma maior clareza.

TESTE O QUE VOCÊ APRENDEU

1. A clareza relaciona-se com a inteligibilidade de um texto. Diga o que você entende por um texto inteligível.

   _____

2. Complete o fluxograma da clareza com as palavras adequadas.

   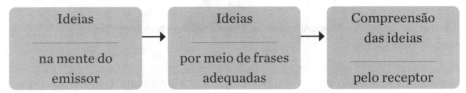

3. Cite quatro características da clareza.

   _____

4. Complete as frases abaixo com a expressão adequada.

   [substantivos abstratos]   [linguagem técnica]

   a) O excesso de _____, em vez de afirmar competência, revela superficialidade.
   b) O excesso de _____ cria a ilusão de profundidade das ideias e contribui para a obscuridade do texto.

5. A posição de uma simples palavra na frase pode alterar o sentido desejado. Essa afirmação é verdadeira ou falsa?

   _____

6. Complete a frase: A ambiguidade pode ser causada pelo pronome relativo _____ e pelos _____ .

APLIQUE O QUE VOCÊ APRENDEU

1. Escolha, entre as opções abaixo, aquela cujo vocabulário expressa as ideias com clareza.
   - [ ] a) Deve-se registrar que o tema eleito também se insurge contra o interesse público.

PARTE I • ELABORAÇÃO DO TEXTO EMPRESARIAL

☐ b) Registre-se que o tema escolhido é também contrário ao interesse público.

☐ c) Inolvidável registrar que o tema escolhido se apresenta ainda contrário ao interesse público.

☐ d) Consigne-se que o tema eleito se insurge ao mesmo tempo contra o interesse público.

2. Assinale a frase em que o pronome *que* está provocando ambiguidade.

☐ a) Ele disse que talvez saísse um pouco mais tarde.

☐ b) Ela argumentou dizendo que o cachorro do vizinho incomodava todos os moradores.

☐ c) Na reunião, estiveram presentes a nova gerente e o diretor que sugeriu a solução do problema.

☐ d) Havia dois consultores insatisfeitos entre os colegas que aprovaram o documento.

3. Leia o texto abaixo, as afirmativas sobre ele e identifique a opção correta.

Tendo em vista as atribuições determinadas ao DGA, em especial aquelas elencadas no art. 25 do "Manual para a Conferência do Rio" (documento em anexo), solicito a V. S.ª que promova, coordene e dirija, no âmbito deste DGA, a adoção das medidas tendentes ao fiel desempenho das atribuições em tela, para o que igualmente determino às Chefias das unidades subordinadas, desde já, todo o apoio que se fizer necessário à obtenção do desiderato colimado.

I. O texto não é claro por utilizar expressões abstratas, como "fiel desempenho", e vocabulário sofisticado, como "desiderato colimado".

II. O texto não apresenta clareza por trazer várias ideias principais e secundárias em um único parágrafo.

III. O texto não é claro porque apresenta inicialmente uma ideia secundária.

☐ a) Todas as opções são verdadeiras.

☐ b) As únicas opções verdadeiras são a 2 e a 3.

☐ c) A única opção incorreta é a 3.

☐ d) As únicas opções verdadeiras são a 1 e a 2.

REDAÇÃO EMPRESARIAL

4. Identifique a opção que apresenta com clareza a mensagem emitida pelo texto da atividade anterior.

☐ a) Solicito a V. S.ª que promova, coordene e dirija, no âmbito deste DGA, a adoção das medidas que encaminho anexo listadas no art. 25 do "Manual para a Conferência do Rio".
Neste sentido, determino, desde já, às unidades subordinadas todo o apoio que se fizer necessário.

☐ b) Solicito a V. S.ª que promova, coordene e dirija, no âmbito deste DGA, a adoção das medidas listadas no art. 25 do "Manual para a Conferência do Rio", que encaminho anexo.
Neste sentido, determino, desde já, às unidades subordinadas todo o apoio que se fizer necessário.

☐ c) Determino às unidades subordinadas todo o apoio que se fizer necessário para que V. S.ª promova, coordene e dirija, no âmbito deste DGA, a adoção das medidas listadas no art. 25 do "Manual para a Conferência do Rio", que encaminho anexo.

☐ d) Solicito a V. S.ª que, no âmbito deste DGA, com todo o apoio que se fizer necessário das unidades subordinadas, promova, coordene e dirija a adoção das medidas listadas no art. 25 do "Manual para a Conferência do Rio", que encaminho anexo.

5. Assinale a opção que apresenta maior clareza de expressão, evitando o excesso de substantivos abstratos e pronomes que provocam ambiguidade.

☐ a) Conduzimos os trabalhos de auditoria, atentando para um adequado planejamento, bem como organizando e delegando as tarefas de forma a aproveitar os talentos da equipe, o que gerou maior agilidade no processo de revisão.

☐ b) Conduzimos os trabalhos de auditoria, atentando para um adequado planejamento, organizando e delegando as complexas tarefas de forma a aproveitar os recursos humanos que possuía dentro da equipe de auditores liderada por nós, o que facilitou a revisão do diretor responsável pelo cliente.

☐ c) Conduzimos a auditoria dos trabalhos de nossa equipe, coordenando e atentando para planejamento, organizando e delegando as suas tarefas de forma a aproveitar a equipe e os recursos humanos que possuíamos dentro da equipe de auditores liderada por nós, sendo facilitada a revisão do diretor responsável pelo cliente.

PARTE I • ELABORAÇÃO DO TEXTO EMPRESARIAL

☐ d) Conduzimos e coordenamos os complexos trabalhos de auditoria, planejando, organizando e delegando as suas tarefas de forma a aproveitar o que possuíamos de talentos de recursos humanos dentro da equipe de auditores por nós liderada, o que facilitou a revisão do diretor responsável pelo cliente.

CAPÍTULO 7

Coerência e unidade

7.1 A relação entre coerência e sentido

Neste capítulo, apresentaremos os conceitos de coerência e sentido e explicaremos como eles se relacionam. Vamos mostrar melhor como expressar ideias de modo harmônico, escolhendo as palavras mais adequadas para isso e mantendo, assim, o sentido original do que se deseja comunicar.

7.2 A coerência no texto

Coerência é a harmonia entre uma série de situações ou ideias. Tomemos como exemplo duas situações distintas: um dia de sol e um dia de chuva torrencial. Pelo conceito de coerência, usaremos uma sandália no dia ensolarado e um calçado fechado no dia chuvoso, nunca o contrário.

Um texto é coerente quando existe harmonia entre as palavras, isto é, quando elas apresentam vínculos adequados de sentido, e quando a mensagem se organiza de forma sequenciada, com início, meio e fim.

7.2.1 Coerência entre o pensamento e a mensagem

As ideias expressas devem corresponder às ideias pensadas. Entretanto, para que haja essa conexão entre as palavras, é necessário conhecer bem o significado delas, assim como ter um amplo repertório de vocábulos para que se possa encontrar o mais exato para exprimir aquilo que se deseja.

O melhor meio de adquirir conhecimento sobre os significados das palavras é a leitura. Quanto mais se lê com atenção, mais as palavras passam a fazer parte de nosso repertório de linguagem, evitando que sejam cometidos erros na relação de significado.

7.2.2 Coerência e significado

Os problemas de incoerência entre as palavras são, muitas vezes, causados pela confusão entre aquilo que se quis dizer e o que realmente foi dito. Observe este exemplo, ocorrido em um e-mail.

TEXTO COM ERRO

> Informamos que deixamos de analisar a empresa Transbraçal Prestação de Serviços Industrial e Comércio Ltda., enviada através da referência, pois a mesma já foi avaliada com base nas Demonstrações Contábeis de 31/12/03 e estas mesmas demonstrações, atualizadas pelos índices oficiais, não alteram a sua avaliação.

Razões da incoerência:

1. Como se pode concluir que não foi alterada uma avaliação anterior se nada foi analisado?
2. Ninguém analisa uma empresa, mas sim os dados que ela emite.
3. Uma empresa não pode ser enviada *através* (= atravessando) de um memorando, a não ser que a tecnologia já tivesse desenvolvido uma máquina de teletransporte de matéria.

TEXTO CORRETO

> Informamos que a empresa Transbraçal Prestação de Serviços Industrial e Comércio Ltda. já foi analisada com base nas Demonstrações Contábeis de 31/12/03 e estas, atualizadas pelos índices oficiais, não alteram sua avaliação.

Você pode observar como é necessário todo um cuidado para que seja expresso aquilo que realmente se deseja. Aprimorar a coerência é ater-se à significação das palavras e das ideias, que, no texto empresarial, devem primar por seu significado preciso.

É necessário sempre atentar para o que as palavras empregadas estão realmente transmitindo a fim de não se deixar levar por uma ideia mentalizada que não está expressa como deveria.

7.2.3 Características da coerência

Todas as relações de nexo expostas na Figura 7.1 são fundamentais para a expressão correta da mensagem e harmonização das ideias no texto.

FIGURA 7.1 **Características da coerência**

Fonte: elaborada pela autora.

7.2.3.1 Conexão entre as palavras

Como já vimos, a coerência é estabelecida pela significação dos elementos constituintes da frase. Nos vínculos semânticos entre as palavras, há elementos que são harmônicos entre si e outros, desarmônicos. Na verdade, apenas um convívio intenso com as palavras poderá apontar esses nexos. Portanto, mais uma vez, recomenda-se ler muito.

Observe, no exemplo a seguir, o erro cometido em uma mensagem enviada por WhatsApp pelo setor de atendimento de uma empresa de engenharia.

TEXTO COM ERRO

> Solicitamos apontar as atitudes tomadas para bloquear as causas deste lamentável episódio.

Razão da incoerência:

1. Bloquear causas de um episódio que já ocorreu só faria sentido se fosse possível voltar no tempo. O que se pretendia era *identificar* as causas, a fim de *bloquear* outros incidentes.

O cuidado com as palavras pode evitar também erros como os expostos a seguir.

TEXTO COM ERRO

> Ressaltamos a responsabilidade que envolve o relacionamento entre profissional e paciente, já fragilizado pela própria natureza do atendimento.

PARTE I • ELABORAÇÃO DO TEXTO EMPRESARIAL

Razões da incoerência:

1. O relacionamento entre profissional e paciente é delicado, e não responsável; responsável é o atendimento do profissional.
2. Quem está fragilizado é o paciente, pois está doente; não é o atendimento que é frágil, embora um mau atendimento possa fragilizar ainda mais um paciente.

TEXTO CORRETO

Ressaltamos a delicadeza que envolve o relacionamento entre profissional e paciente, pois este já vem fragilizado pela própria condição.

TEXTO COM ERRO

Agradecemos seu convite de patrocínio para o programa *Estação Livre* e nos sentimos muito honrados, porém, nossa cota de doações para este ano está bastante ampla.

Razão da incoerência:

1. Se a cota de doações está *ampla*, ela poderia abarcar mais este patrocínio.

TEXTO CORRETO

Agradecemos seu convite de patrocínio para o programa *Estação Livre*, porém lamentamos informar que nossa cota de doações para este ano já está esgotada.

7.2.3.2 Conexão entre as orações

A coerência é importante também na construção das frases e nos elos de significado entre uma oração e outra.

TEXTO COM ERRO

Na verdade, a televisão é um passatempo mortificante, pois, *além de* proporcionar às famílias alguns momentos de distração, reduz-lhes o tempo que poderiam dedicar à conversa.

Observe como a ideia destacada não está adequada à mensagem principal, pois a partícula de ligação – *além* – não confere o significado correto à relação de sentido, que deveria ser de ideia contrária, e não de complemento.

REDAÇÃO EMPRESARIAL

TEXTO CORRETO

Na verdade, a televisão é um passatempo mortificante, pois, *embora* proporcione às famílias alguns momentos de distração, reduz-lhes o tempo que poderiam dedicar à conversa.

Há várias palavras que podem ser usadas para enriquecer seu texto, estabelecendo uma relação mais evidente entre as orações. Denominadas *conectivos*, essas palavras contribuem também para a força persuasiva da mensagem, clarificando os vínculos de sentido.

Veja como é importante aplicar os conectivos adequados.

TEXTO COM ERRO

A companhia era *tão* chata, *embora* a viagem se tornasse aborrecida.

TEXTO CORRETO

A companhia era *tão* chata *que* a viagem *se* tornou aborrecida.

Os conectivos são os responsáveis por estabelecer relações de sentido entre as ideias. Por isso são tão importantes. Veja a construção de várias possibilidades de sentido com base em duas ideias simples.

Exemplo: Ele escreve de forma clara e precisa. Todos gostam de seus relatórios.

- *Causa*: Como ele escreve de forma clara e precisa, todos gostam de seus relatórios.
- *Consequência*: Ele escreve de forma tão clara e precisa que todos gostam de seus relatórios.
- *Conclusão*: Ele escreve de forma clara e precisa; todos gostam, portanto, de seus relatórios.

Apresentamos, no Quadro 7.1, os principais conectivos e suas relações de sentido.

96

PARTE I • ELABORAÇÃO DO TEXTO EMPRESARIAL

QUADRO 7.1 **Os principais conectivos e seus significados**

Ideias	Conectivos simples	Conectivos compostos
Causa	porque, pois, por, porquanto, dado, visto, como	por causa de, devido a, em vista de, em virtude de, em face de, em razão de, já que, visto que, uma vez que, dado que
Consequência imprevista	Tão... que, tal... que, tamanho... que, tanto... que	de modo que, de forma que, de maneira que, de sorte que, tanto que
Consequência lógica	logo, assim, portanto, pois	assim sendo, por conseguinte
Finalidade	para, porque	para que, a fim de que, a fim de, com o propósito de, com a intenção de, com o fito de, com o intuito de
Condição	se, caso, mediante, sem, salvo	contanto que, a não ser que, a menos que, exceto se
Oposição suave	mas, porém, contudo, todavia, entretanto	no entanto
Oposição	embora, conquanto, muito embora	apesar de, a despeito de, não obstante, malgrado a, sem embargo de, se bem que, mesmo que, ainda que, em que pese, posto que, por mais que, por muito que
Comparação	como, qual	do mesmo modo que, como se, assim como, tal como
Tempo	quando, enquanto, apenas, ao, mal	logo que, antes que, depois que, desde que, cada vez que, todas as vezes que, sempre que, assim que
Proporção		à proporção que, à medida que
Conformidade	conforme, segundo, consoante, como	de acordo com, em conformidade com
Alternância	ou	nem... nem, ou... ou, ora... ora, quer... quer, seja... seja
Adição	e, nem	não só... mas também, tanto... como, não apenas... como
Restrição	que	

Fonte: elaborado pela autora.

7.2.3.3 Conexão entre os parágrafos

Outra noção igualmente importante para a coerência é a sequência das ideias na organização do texto como um todo. As partes de um texto, para estarem em

REDAÇÃO EMPRESARIAL

coerência, precisam se ajustar umas às outras e não apresentar contradição. Portanto, deve-se tomar o cuidado de trabalhar uma ideia até o final para então iniciar outra.

Observe a sequência lógica dos vários parágrafos de uma carta enviada por uma seguradora de saúde.

Prezado cliente,

Nosso objetivo maior é sua completa satisfação. Atingimos essa meta com o oferecimento de serviços de alta qualidade e com a busca constante de aperfeiçoamentos.

Assim, temos investido em tecnologia de ponta na área médica, no credenciamento de profissionais de competência inquestionável e na ampliação do número de opções em termos de plano e seguros-saúde.

Outra medida que contribui para a prestação de um atendimento cada vez melhor é ouvir sua opinião sobre nossos serviços. Nesse sentido, a partir deste mês, você receberá a cada bimestre um Demonstrativo de Atendimentos, relacionando os procedimentos realizados durante os últimos dois meses.

Junto com o demonstrativo, segue um breve questionário visando verificar seu nível de satisfação. Responda, destaque o cartão-resposta e coloque-o em uma caixa dos correios – não é preciso selar.

Suas respostas servirão para o aprimoramento de nossos sistemas, revertendo em um atendimento ainda melhor para você e sua família.

Contamos com sua ajuda.

Atenciosamente,

Análise da sequência lógica:

1. Vocativo inicial.
2. No parágrafo inicial do texto, a primeira frase é de impacto e captura o leitor. A segunda aponta para o efeito. Este parágrafo faz uma introdução.
3. O segundo parágrafo começa com a conjunção "assim", demarcando bem a ideia de sequência.

4. O terceiro parágrafo, ao iniciar com a expressão "outra medida", deixa bem clara sua correlação com a ideia do parágrafo anterior, marcando também uma sequência.

5. No quarto parágrafo aproveita-se explicitamente algo já citado para lançar a nova ideia. Observe que os verbos empregados na segunda frase estão todos no imperativo, impulsionando o leitor para a ação.

6. O último parágrafo justifica a nova ideia e retoma a ideia central do primeiro parágrafo, finalizando o texto.

Como você pode verificar, a coerência está estritamente associada ao sentido. O planejamento da mensagem é necessário para qualquer texto com mais de dois parágrafos. Organize-os em função da ideia principal e das ideias secundárias (como vimos no Capítulo 4), nunca se esquecendo de levar em consideração o efeito da mensagem sobre o destinatário.

APLICANDO A TEORIA NA PRÁTICA

O texto a seguir é um trecho de uma carta mal escrita, em que o emissor é uma empresa de grande porte, e o destinatário, uma clínica credenciada que prestou um mau atendimento a um empregado da empresa. A carta apresenta uma série de problemas relacionados ao vocabulário e à construção das frases. Depois de lê-la, verifique o texto reescrito de forma correta e elegante.

TEXTO MAL ESCRITO

Reiteramos compartilhar e respeitar o juízo e a ética profissional desta instituição, mas temos um papel a cumprir: zelar para que o quadro de credenciados que disponibilizamos aos nossos empregados prime pela qualidade técnica, atendimento, cordialidade e higiene.

Contatamos pessoalmente o empregado para obter mais informações e nortear nossas ações, e podemos afiançar que suas colocações não foram baseadas na emoção, dentro das possibilidades, foi muito racional e equilibrado em seu relato.

Ao analisarmos a apresentação das informações, temos o que se segue.

REDAÇÃO EMPRESARIAL

- Ideia 1 → "Reiteramos compartilhar e respeitar o juízo e a ética profissional desta instituição" – incoerência de sentido: não se pode compartilhar o juízo de algo ou de alguém. Pode-se, sim, compartilhar o juízo que uma pessoa faz de outra.
- Ideia 2 → "zelar para que o quadro de credenciados que disponibilizamos aos nossos empregados" – informação desnecessária, com excesso: se o quadro é de credenciados, ele fica automaticamente disponível aos empregados da instituição.
- Ideia 3 → "prime pela qualidade técnica, atendimento, cordialidade e higiene" – a expressão incorreta provoca falta de clareza e incoerência. O correto seria: *prime pela qualidade na técnica e no atendimento*.
- Ideia 4 → "prime pela qualidade técnica, atendimento, cordialidade e higiene" – incoerência de sentido: a questão da higiene dos credenciados está fora do conjunto de ideias do texto.
- Ideia 5 → "podemos afiançar que suas colocações não foram baseadas na emoção, dentro das possibilidades, foi muito racional e equilibrado" – incoerência de sentido: a ideia secundária "dentro das possibilidades" não está relacionada com nenhuma outra presente no texto.

TEXTO BEM ESCRITO

Reiteramos respeitar o juízo e a ética profissional desta instituição, mas temos um papel a cumprir: zelar para que o quadro de credenciados prime pela qualidade, tanto na técnica quanto no atendimento a nossos empregados.

A fim de nortear nossas ações, contatamos o empregado e podemos afiançar que suas críticas não foram baseadas na emoção do momento doloroso; pelo contrário, foram racionais e equilibradas.

PARA AMPLIAR SEU CONHECIMENTO

O processo de coerência está intimamente ligado ao da unidade textual, pois, para que um texto seja considerado coerente, é necessário que haja vínculos conceituais entre as partes. As palavras de um texto não surgem de um passe de mágica; pelo contrário, cada uma mantém relações de interdependência com outras, convergindo para o sentido do todo.

Tomemos, por exemplo, a palavra *paixão*. Com base nela, pode-se pensar em vida, morte, emoção, vermelho, sangue etc. Mas dificilmente alguém a associaria à monotonia, ao silêncio, à reflexão, só para citar alguns exemplos.

Podemos estabelecer os vínculos de sentido por meio de três mecanismos básicos: associação, identidade e oposição.

Associação

Refere-se às possibilidades de correlação entre as palavras estabelecidas no texto, sendo unicamente possível se o leitor detiver o mesmo conhecimento de mundo que o redator.

Na frase: "O crepúsculo é o momento do dia mais propício à reflexão" há associação coerente de ideias, mas, caso a palavra "crepúsculo" não seja do repertório do leitor, haverá falha na associação com a palavra "reflexão".

Já na frase "A escola é um espaço de reflexão não só para os alunos mas também para os professores dispostos a aprender com fatos e realidades novas" temos um processo de associação, demonstrado pela Figura 7.2.

FIGURA 7.2 **Processo de associação**

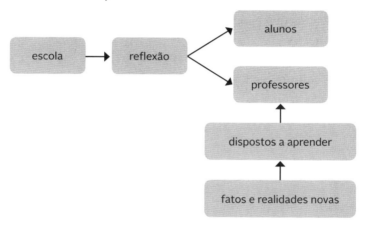

Identidade

Refere-se aos níveis de equivalência das palavras em determinado contexto.

Se, com base na palavra-chave "escola" for redigida a frase "a escola é um espaço de reflexão não só para os astronautas mas também para os leiloeiros de tapete persa", teremos rupturas no processo de identidade esperado, ao contrário de quando formulamos a frase substituindo "astronautas" por "alunos" e "leiloeiros de tapete persa" por "professores".

No processo de identidade não é necessário que as palavras sejam sinônimas, mas é fundamental que elas estejam inseridas no mesmo conjunto de significação.

REDAÇÃO EMPRESARIAL

Oposição

Mecanismo pelo qual os termos se relacionam pela diferença, sem necessariamente serem antônimos.

Ainda na frase "a escola é um espaço de reflexão não só para os alunos mas também para os professores dispostos a aprender com fatos e realidades novas", a estrutura da frase ("não só") já faz prever um vocábulo ou expressão oposto a "alunos".

≡ TESTE O QUE VOCÊ APRENDEU

1. Marque V (verdadeiro) ou F (falso) nas afirmações abaixo.

   ☐ a) Podemos dizer que um texto é coerente quando existe harmonia entre as palavras.

   ☐ b) Um texto coerente não necessita obrigatoriamente seguir uma sequência de início, meio e fim.

   ☐ c) As palavras que estabelecem relação entre as orações são denominadas conectivos.

2. Relacione as colunas A e B identificando a frase com sua respectiva ideia.

Coluna A	Coluna B
1 Causa	☐ Eles se reuniram a fim de alinhar as ideias.
2 Explicação	☐ Não escrevi o e-mail, portanto, o pessoal ainda não sabe das novidades.
3 Conclusão	☐ O relatório recomendava a compra, mas ela não optou por essa solução.
4 Finalidade	☐ Ela saiu mais cedo porque estava chovendo.
5 Oposição	☐ Eles digitaram tão rápido que o texto ficou com muitos erros.
6 Consequência	☐ Você deve cuidar das cartas, pois foi contratada para isso.

3. Complete as frases com a palavra adequada.

   a) As partes de um texto, para estarem em coerência, precisam estar ajustadas umas às outras e não apresentar _____.
   (contra-argumentos – contradição)

   b) Os conectivos são responsáveis por estabelecerem relações de _____ entre as ideias. (sentido – sentimento)

PARTE I • ELABORAÇÃO DO TEXTO EMPRESARIAL

4. Como vimos, há palavras que se harmonizam com a frase e outras que entram em desacordo. Complete as frases abaixo levando em conta a coerência da palavra escolhida.

a) Ela cozinha mal e _____. (porcamente – parcamente)

b) Ele vai dar uma _____ de tinta na porta. (mão – demão)

c) O ladrão levou uma quantia _____. (vultuosa – vultosa)

d) O erro passou _____. (desapercebido – despercebido)

III   APLIQUE O QUE VOCÊ APRENDEU

1. Identifique a única afirmativa incorreta.

☐ a) Na frase "Os funcionários decidiram entrar em greve, embora o governo tenha concedido aumento" encontramos uma ideia de oposição.

☐ b) Na frase "Os funcionários decidiram entrar em greve, ainda que o governo tenha concedido aumento" encontramos uma ideia de oposição.

☐ c) Na frase "Os funcionários decidiram entrar em greve até o governo conceder aumento" encontramos uma ideia de tempo.

☐ d) Na frase "Os funcionários decidiram entrar em greve para que o governo conceda aumento" encontramos uma ideia de consequência.

2. A frase "Como ele saiu cedo, chegou a tempo na reunião" tem significado semelhante à de "Ele chegou a tempo na reunião porque saiu cedo", embora elas sejam construídas de forma diferente. Escolha a opção que expressa a relação de sentido que ocorre em ambas.

☐ a) Finalidade

☐ b) Causa

☐ c) Explicação

☐ d) Oposição

3. Você está escrevendo um texto contra a pena de morte. Indique qual das frases abaixo não é coerente com seu objetivo.

☐ a) Ninguém tem o direito de tirar a vida de um homem.

☐ b) Não se deve castigar um crime com outro crime.

☐ c) Só o temor da morte poderá afastar certos homens do crime.

☐ d) A ameaça de castigo nunca evitou que erros fossem cometidos.

REDAÇÃO EMPRESARIAL

4. Você já sabe que quanto mais se lê com atenção, mais as palavras passam a fazer parte de nosso repertório de linguagem. Assim, substitua o verbo *fazer* nas frases a seguir por outros de significado mais específico.

a) Ontem o gerente financeiro fez dez anos de empresa.

_____

b) A empresa vai fazer os centros técnicos prometidos.

_____

c) O diretor fez o relatório em pedaços.

_____

5. Sabendo que as orações subordinadas adverbiais trazem muito valor expressivo e que a norma culta gramatical da língua portuguesa as classifica em nove tipos, relacione as ideias com os conectivos.

Coluna A	Coluna B
1 Causal	☐ que (depois de tal, tão, tanto, tamanho)
2 Conformativa	☐ à proporção que, à medida que
3 Concessiva	☐ quando, enquanto, logo que
4 Condicional	☐ a fim de que, para que
5 Comparativa	☐ como, de que, que, assim como
6 Final	☐ caso, se, contanto que, desde que
7 Temporal	☐ embora, se bem que, ainda que, conquanto
8 Proporcional	☐ conforme, como, segundo, consoante
9 Consecutiva	☐ porque, já que, visto que, como

6. Numere os parágrafos a fim de obter coerência e unidade no texto.[1]

☐ a) Para Contreras Domingo (1999), são slogans que provocam atração emocional, são palavras que parecem positivas e ao redor das quais criam-se consenso e identificação, escondendo diferentes pretensões e significados. Trata-se de um recurso de poder por parte de quem detém o controle da "palavra pública".

---

[1] PRETI, O. A formação do professor na modalidade a distância: (des)construindo metanarrativas e metáforas. *Revista Brasileira de Estudos Pedagógicos*, Brasília, v. 82, n. 200/201/202, p. 26-39, jan./dez. 2001. Disponível em: <www.dominiopublico.gov.br/download/texto/me004486.pdf>. Acesso em: out. 2016.

PARTE I • ELABORAÇÃO DO TEXTO EMPRESARIAL

☐ b) Quando as palavras se desgastam ou há uma exacerbação de imagens e símbolos, elas perdem sua capacidade produtora de significados. Outras aparecem com poder explicativo e simbólico. Novas categorias de análise e de sustentação teórico-metodológica aparecem: mediação pedagógica, interação e interatividade, conhecimento compartido, educar pela pesquisa.

☐ c) Têm em comum, porém, a ênfase e a preocupação com a formação do professor.

☐ d) A discussão sobre a formação do professor não é tão recente, mas ganha novos contornos (conjunturais, políticos, ideológicos e pedagógicos) ao ser associada à modalidade a distância. Por quê?

☐ e) Educadores nacionais têm se debruçado sobre ele, e autores estrangeiros, sobretudo de Portugal, Espanha, França, Canadá e Estados Unidos, têm chegado até nós trazendo as experiências de seus países, os caminhos trilhados e as discussões suscitadas a partir daí. Fala-se em professor crítico, construtivista, reflexivo, investigador, mediador de aprendizagem, orientador, facilitador, parceiro etc.

☐ f) Há mais de duas décadas o tema da formação do professor vem sendo colocado na pauta de encontros, congressos, simpósios educacionais e nas diretrizes da política nacional e de organismos internacionais – nunca se produziu tanto sobre o tema.

CAPÍTULO 8

Como escrever relatórios e monografias

8.1 Relatórios e monografias: conjugando ideias à elaboração textual

Este capítulo traz um passo a passo para auxiliá-lo na composição de textos de relatórios. Estes, se bem escritos e estruturados podem representar, sem dúvida, uma melhora na imagem do profissional na empresa. Se mal escritos, porém, podem prejudicar a reputação dele, mesmo que tenha boa atuação.

Abordaremos, também, a redação de monografias, uma vez que atualmente as empresas incentivam cada vez mais seus funcionários a se aperfeiçoarem constantemente, frequentando pós-graduações e MBAs.

8.2 Semelhanças entre relatórios e monografias

Embora se dirijam a públicos diferentes, relatórios e monografias podem se agrupar em uma mesma abordagem, já que apresentam estrutura e encaminhamentos lógicos semelhantes.

Na Figura 8.1, relacionamos as etapas em comum para a elaboração tanto de relatórios como de monografias.

8.3 Primeiro momento: por onde começar

8.3.1 Fixação do objetivo: o objetivo evita a dispersão

O primeiro passo para redigir um bom relatório ou uma monografia é fixar o objetivo, ou seja, selecionar a linha de pensamento que orientará a condução das ideias do texto.

FIGURA 8.1 **Etapas para a elaboração de relatórios e monografias**

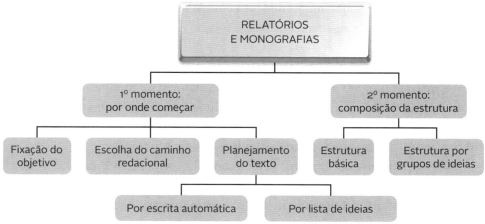

Fonte: elaborada pela autora.

Esse procedimento é fundamental para a seleção de ideias pertinentes ao assunto e para não haver dispersão e confusão quanto às informações a serem transmitidas.

Vamos imaginar que tenhamos de redigir um relatório ou uma monografia sobre "os principais meios de comunicação". Temos várias possibilidades de desenvolvimento, como:

- fazer uma comparação entre o rádio e a televisão;
- analisar o apelo popular dos meios de comunicação e suas consequências; ou ainda
- abordar a ampla difusão de informações que esses dois meios promovem.

Assim, para cada possibilidade, ou seja, para cada objetivo, haverá um texto completamente diferente. No caso de um relatório empresarial cujo assunto seja a visita de um gerente de qualidade ao setor de atendimento de outra empresa, será preciso redigi-lo tendo em vista a função da visita para saber por onde iniciar. Por exemplo, o objetivo pode ser:

- verificar a melhor disposição dos aparelhos e atendentes, de forma a criar um *layout* mais eficiente;
- analisar o funcionamento da nova tecnologia implantada; ou
- recomendar ao diretor o modo de operação do setor visitado.

REDAÇÃO EMPRESARIAL

Como se vê, é por meio da fixação do objetivo que serão relacionadas as ideias afins ao assunto em pauta, mantendo-se o controle do pensamento para que o relatório e a monografia sigam na diretriz desejada.

8.3.2 Escolha do caminho redacional: escolha subjetiva

Depois de fixar o objetivo, para escrever seu relatório ou monografia você pode seguir dois caminhos, ambos igualmente válidos: um deles é começar a redigir o texto para trabalhá-lo depois; o outro é listar as várias ideias que lhe ocorrerem sobre o assunto para, mais adiante, estruturá-las em um texto.

Não se pode afirmar que um desses caminhos seja melhor do que o outro. É meramente questão de estilo ou, até mesmo, de momento. Uma pessoa pode se sentir mais confortável listando primeiro aquilo que pretende escrever ou passando direto para o papel (ou tela) o desenvolvimento de sua ideia.

De qualquer forma, o importante é saber que, independentemente do caminho escolhido, este é apenas o segundo momento. É daqui que o relatório e a monografia começarão a se definir, exigindo organização.

8.3.3 Planejamento do texto

É importante planejar a apresentação das informações. Isso será necessário em quaisquer dos dois caminhos escolhidos na etapa anterior.

Seja para quem já escreveu o texto, seja para quem elaborou a listagem das ideias, vale a pena saber que tanto um relatório quanto uma monografia devem primar pela organização e unidade.

Organização e unidade estão relacionadas à ideia central. Sempre, em qualquer tipo de texto, deve haver uma ideia nuclear que orienta toda a redação. Além disso, as demais ideias devem ser relevantes para a ideia central e convergir para ela.

Portanto, para obter um texto bem escrito, mostraremos como você deve proceder tanto no caso de já ter feito a redação do texto quanto no de ter efetuado inicialmente uma listagem das ideias.

Se você já redigiu o texto, releia-o e retire (sem piedade) as frases ou partes de frases que fogem ao objetivo fixado. Fique bem atento à interpretação das palavras e tenha muito cuidado com a mudança de foco no parágrafo.

TEXTO COM ERRO

Programas violentos, cuja transmissão foi proibida em alguns países, têm grande sucesso no Brasil, sendo exibidos pelas redes brasileiras de TV sem seleção criteriosa de horário. O motivo da proibição no exterior são os efeitos

PARTE I • ELABORAÇÃO DO TEXTO EMPRESARIAL

negativos que os seriados policiais têm sobre os telespectadores, principalmente as crianças.

Nos Estados Unidos, a pressão popular é muito forte. O exercício dos direitos pelo cidadão norte-americano é realizado plenamente, ao passo que no Brasil ocorre uma passividade e expectativa sempre em relação aos governantes.

Nossa sociedade, por ter sido colonizada de forma razoavelmente pacífica, sem a truculência de outras relações imperialistas, tem como característica a falta de agressividade necessária a determinadas pressões em prol da cidadania responsável.

A ideia central do primeiro parágrafo é a influência negativa de programas violentos sobre o imaginário da população, mas os parágrafos seguintes deslocam-se do assunto, pois seu foco são a sociedade e suas características decorrentes do processo de formação histórica.

TEXTO CORRETO

Programas violentos, cuja transmissão foi proibida em alguns países, têm grande sucesso no Brasil, sendo exibidos pelas redes brasileiras de TV sem seleção criteriosa de horário. O motivo da proibição no exterior são os efeitos negativos que os seriados policiais têm sobre os telespectadores, principalmente as crianças.

Não há, no Brasil, consciência dos danos causados pela exibição da violência. Entretanto, há muitos exemplos de como esses programas estimulam o uso da agressividade ilegítima para a obtenção de seus desejos.

As crianças são as primeiras a manifestar isso diretamente, escolhendo seus personagens da ficção e comportando-se como eles.

Outro cuidado que se deve ter na releitura do texto é a eliminação de detalhes desnecessários, que prejudicam o entendimento mais imediato da mensagem.

TEXTO COM ERRO

O secretário nacional de Vigilância Sanitária, Roberto Chabo, apresentou uma lista de 34 medicamentos, divididos em quatro grupos – protetores do fígado, estimulantes neuropsíquicos, polivitamínicos e estimulantes sexuais –, que terão a fabricação suspensa e serão retirados do mercado na semana que vem por serem considerados sem efeito terapêutico.

REDAÇÃO EMPRESARIAL

Como você pode notar em uma leitura atenta, a parte "divididos em quatro grupos – protetores do fígado, estimulantes neuropsíquicos, polivitamínicos e estimulantes sexuais –" atrapalha a compreensão da ideia central. Portanto, todos os segmentos que ameacem a quebra da unidade do parágrafo e do texto devem ser retirados.

TEXTO CORRETO

O secretário nacional de Vigilância Sanitária, Roberto Chabo, apresentou uma lista de 34 medicamentos que terão a fabricação suspensa e serão retirados do mercado na semana que vem por serem considerados sem efeito terapêutico. Os remédios estão divididos em quatro grupos: protetores do fígado, estimulantes neuropsíquicos, polivitamínicos e estimulantes sexuais.

Veremos agora os cuidados necessários no planejamento do texto quando o caminho escolhido for o elenco de ideias.

Se você trabalhou uma lista de ideias acerca do assunto a ser relatado, leia-as com atenção e organize-as em grupos. Cada grupo deve ter uma ideia central, mesmo que haja várias frases e enfoques. Depois de agrupá-las, elimine as que forem redundantes ou desnecessárias.

Exemplo 1: Em um texto que quer apresentar argumentos contra a pena de morte, foram listados os seguintes itens:

- ninguém tem o direito de tirar a vida de um homem;
- não se deve castigar alguém por um crime com outro;
- a ameaça de castigo nunca evitou que erros fossem cometidos;
- só o temor da morte poderá afastar certos homens do crime.

Em uma leitura atenta, percebemos que o último item não é adequado para argumentar contrariamente à pena de morte, trazendo, inclusive, a ideia a favor da pena capital. Assim, ele deve ser descartado.

Exemplo 2: Para um relatório ou monografia sobre o desemprego nos centros urbanos, foram listados os seguintes itens:

- imigração dos habitantes da área rural para os centros urbanos;
- surgimento de favelas;
- fome, doenças;

PARTE I • ELABORAÇÃO DO TEXTO EMPRESARIAL

- falta de habilitação profissional;
- grande número de camelôs nas ruas;
- aumento do tráfico de drogas;
- roubos, crimes;
- crescente substituição do homem pela máquina.

Ao analisarmos os itens, verificamos que o surgimento de favelas é consequência da imigração dos habitantes da área rural para os centros urbanos. O grande número de camelôs pode ser considerado também uma consequência da falta de qualificação profissional.

Há, assim, dois grandes grupos: o das causas e o das consequências, conforme mostra o Quadro 8.1.

QUADRO 8.1 **Causas e consequências**

Grupo das causas	Grupo das consequências
imigração dos habitantes da área rural para os centros urbanos	surgimento de favelas
falta de habilitação profissional	fome, doenças
crescente substituição do homem pela máquina	grande número de camelôs nas ruas
	roubos, crimes

Fonte: elaborado pela autora.

Desse conjunto sobra "aumento do tráfico de drogas", que não está relacionado diretamente à questão do desemprego. Portanto, não será incluído no texto.

O relatório ou monografia em questão terá, assim, o seguinte planejamento textual:

1. Introdução – a questão do desemprego nos centros urbanos
2. Desenvolvimento – causas e consequências
    2.1. Causas
        2.1.1 A imigração dos habitantes da área rural para os centros urbanos
        2.1.2 A falta de habilitação profissional
        2.1.3 A crescente substituição do homem pela máquina
    2.2 Consequências
        2.2.1 O surgimento de favelas
        2.2.2 O grande número de camelôs nas ruas
        2.2.3 O aumento da fome e de doenças

2.2.4 A elevação do número de roubos e crimes
3. Conclusão – um fecho sobre o assunto tratado

8.4 Segundo momento: composição da estrutura

Agora é fundamental estruturar a apresentação das informações, isto é, organizar blocos ou grupos de informação.

Dependendo do tipo de relatório (e há vários!), você pode usar diversas táticas para estruturar o texto, desde aquela mais simples, em que há uma exposição da ideia por meio da sequência introdução-desenvolvimento-conclusão, até as mais elaboradas, com análises parciais e comentários de pontos positivos e negativos.

Com relação às monografias, a única distinção refere-se à apresentação de um sumário ou resumo logo no início do texto.

8.4.1 Sumário e resumo: diferenças

Um sumário é a "enumeração das principais seções, artigos ou contribuições mais importantes de um fascículo, feita na mesma ordem em que nele se sucedem" (ABNT – NBR 6021:2003).[1]

O resumo, indicado para monografias menos formais, é a apresentação concisa e seletiva de um texto ou obra, destacando os pontos de maior interesse e importância.

A apresentação das ideias em uma estrutura adequada é fundamental, pois não só revela a organização do pensamento como estabelece uma trilha que facilita a compreensão do leitor. Portanto, não há como descuidar dessa etapa essencial.

Vamos analisar agora um modo de compor a estrutura nas diversas situações.

8.4.2 Estrutura básica

Um relatório ou uma monografia simples, que aborde a exposição de um motivo ou tema, pode seguir a estrutura básica, conforme mostra a Figura 8.2.

FIGURA 8.2 **Estrutura básica**

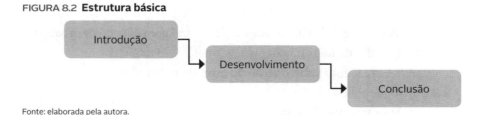

Fonte: elaborada pela autora.

---

[1] ASSOCIAÇÃO BRASILEIRA DE NORMAS TÉCNICAS. *NBR 6021*: informação e documentação: publicação periódica científica impressa: apresentação. Rio de Janeiro, 2003.

PARTE I • ELABORAÇÃO DO TEXTO EMPRESARIAL

Na introdução apresenta-se o assunto, delimitando-o e dando suas coordenadas gerais. Na verdade, mostra um cenário geral das informações que serão abordadas ao longo do relatório ou da monografia.

No desenvolvimento, as informações seguem o prometido na introdução; deve-se ter o cuidado de caminhar na direção de um fecho, sem idas e vindas que possam atrapalhar o leitor. As informações devem ser dispostas em um andamento cronológico (como um relatório de atendimento) ou lógico (como um relatório de gestão trimestral).

A conclusão é elemento essencial e retoma, de forma diferenciada, a proposta da introdução, finalizando a análise dos dados que foram informados.

A seguir há um exemplo de relatório, apresentado por um funcionário da Empresa A a seu superior imediato, no qual ele relata o treinamento técnico que ofereceu a pessoal de outra agência, também da Empresa A.

Relatório de treinamento técnico ·················· **Título**

O objetivo deste relatório é efetuar um ·················· **Introdução**
relato do treinamento de PowerPoint
solicitado pela Agência Centro.

A introdução consta de dois parágrafos e apresenta o assunto do relatório ou, como muitos preferem chamar hoje em dia, o cenário.

O treinamento foi programado, conforme solicitação, para um público-alvo de 16 pessoas, nos dias 14 e 15 de setembro, em instalações da própria agência.

No dia 14, primeiro dia do treinamento, ·················· **Desenvolvimento**
constatou-se, logo ao chegar ao local, a
pouca afluência dos participantes. Dos
16 previstos, estavam no local somente
quatro empregados.

Aqui começa a apresentação das ideias a serem desenvolvidas.
Observe que o texto faz inicialmente uma referência à situação cronológica.
O texto continua acrescentando à abordagem cronológica uma ordem lógica.
Há uma sequência que ressalta o trabalho como um todo.

O trabalho transcorreu normalmente, com adaptações das dinâmicas programadas para atender à realidade de uma quantidade menor de pessoas que o previsto.

Nas avaliações de reação passadas ao final do segundo dia de treinamento, foi unânime a satisfação dos participantes, assim como a constatação da necessidade de um maior número de empregados participarem deste curso, uma vez que ele é diretamente aplicável nas tarefas do dia a dia.

113

> Podemos concluir que o treinamento realizado foi ao encontro das expectativas dos alunos, conforme constatado nos exercícios técnicos, durante os quais muitas dúvidas foram eliminadas, e na avaliação de reação, com comentários sempre positivos sobre o trabalho.
>
> Sugerimos, entretanto, que seja estabelecido um contato com a coordenação de cursos da Agência Centro para uma melhor programação da disponibilidade dos participantes.

Conclusão
É interessante observar que a conclusão foi aberta com uma expressão ou palavra que remete à ideia de fechamento.
Observe também que se encaixa aqui um comentário.

8.4.3 Estrutura por grupos de ideias

A estruturação por grupos se concretiza com base na afinidade de algumas informações. O grupo de ideias nada mais é do que um conjunto de informações ao qual você é capaz de dar o mesmo título.

FIGURA 8.3 **Estrutura por grupos de ideias**

Fonte: elaborada pela autora.

É importante ressaltar também que a organização da estrutura dependerá sempre do conteúdo das informações. Por isso, vamos analisar uma situação normalmente presente na vida profissional, demonstrando como a estruturação por grupos auxilia a organização e eficácia das ideias.

Imaginemos que você tenha participado de uma reunião (um grupo de trabalho, por exemplo) em que foram discutidos vários assuntos relativos a melhorias que deverão ser implantadas em seu setor. Evidentemente, esse tipo de assunto provoca intensos debates, com apresentação de argumentos favoráveis às hipóteses levantadas, argumentos contrários, retorno a ideias já citadas em outras ocasiões e descartadas – mas que no momento parecem válidas –, egos se vangloriando,

PARTE I • ELABORAÇÃO DO TEXTO EMPRESARIAL

egos feridos, e muitas outras situações. Como, então, apresentar um relatório claro das ideias que foram discutidas?

A melhor solução para casos como esse, no qual há muitas informações a serem transmitidas, é a estruturação por grupos de ideias. Uma das possibilidades de elaborar o relatório proveniente de uma pauta de melhorias no setor seria o seguinte esquema:

1. Introdução
2. Cenário atual
3. Melhorias sugeridas
    3.1. Melhoria A
        3.1.1. Apresentação
        3.1.2. Benefícios
    3.2. Melhoria B
        3.2.1. Apresentação
        3.2.2. Benefícios
4. Sugestões descartadas
    4.1. Sugestão A e consequências negativas
5. Conclusão

Embora essa não seja a única estruturação possível, voltamos a lembrar que todas dependem das informações a serem transmitidas. Se, na reunião apresentada, as melhorias só pudessem ser aprovadas em relação ao custo, por exemplo, seria necessário incluir no relatório uma análise dos custos de cada melhoria, ou delas como um todo. Neste caso, o esquema ficaria da seguinte forma:

1. Introdução
2. Cenário atual
3. Melhorias sugeridas
    3.1 Melhoria A
        3.1.1 Apresentação
        3.1.2 Benefícios
        3.1.3 Custos
    3.2 Melhoria B
        3.2.1 Apresentação
        3.2.2 Benefícios
        3.2.3 Custos

4. Sugestões descartadas
    4.1 Sugestão A
        4.1.1 Custo
5. Conclusão

Muitos relatórios do dia a dia empresarial seguem o esquema de blocos de informação. Podemos citar como exemplo os relatórios de análise de investimentos, de atualizações sobre processo de qualidade, de análise e pesquisa etc. Também encontramos a estruturação por grupos de ideias na parte central das monografias, quando o desenvolvimento apresenta várias análises e as informações se desdobram em blocos. Essa determinação de partes esquematiza a informação, trazendo a possibilidade de um melhor encadeamento lógico. Depois do próximo exemplo, vamos mostrar algumas possibilidades de planos (ou esqueletos) de relatórios.

Exemplo:
O escritor Graciliano Ramos foi prefeito de Palmeira dos Índios em 1929 e escreveu este relatório ao governador de Alagoas.[2] Vale a pena lê-lo não só como um exemplo de organização lógica mas também para verificar que muitas coisas em nossa história não mudaram. Além disso, há toda uma linguagem menos formal e estilística que o torna muito interessante.

Exmo. Sr. Governador, ...	**Vocativo (para relatório oficial)**
Trago a V. Exa. um resumo dos trabalhos realizados pela Prefeitura de Palmeira dos Índios em 1928.	**Introdução**
Não foram muitos, que os nossos recursos são exíguos. Assim minguados, entretanto, quase insensíveis ao observador afastado, que desconheça as condições em que o Município se achava, muito me custaram.	
COMEÇOS	**Cenário**
O principal, o que sem demora iniciei, o de que dependiam todos os outros, segundo creio, foi estabelecer alguma ordem na administração.	

---

[2] RAMOS, G. *Relatório da Prefeitura Municipal de Palmeira dos Índios, 1929.* Disponível em: <http://www.revistadehistoria.com.br/secao/conteudo-complementar/relatorio-da-prefeitura-municipal-de-palmeira-dos-indios-1929>. Acesso em: jan. 2017.

PARTE I • ELABORAÇÃO DO TEXTO EMPRESARIAL

Havia em Palmeira inúmeros prefeitos: os cobradores de impostos, o comandante do destacamento, os soldados, outros que desejassem administrar. Cada pedaço do município tinha a sua administração particular, com prefeitos coronéis e prefeitos inspetores de quarteirões. Os fiscais, esses, resolviam questões de polícia e advogavam.

Dos funcionários que encontrei em janeiro do ano passado restam poucos: saíram os que faziam política e os que não faziam coisa nenhuma. Os atuais não se metem onde não são necessários, cumprem as suas obrigações e, sobretudo, não se enganam em contas. Devo muito a eles.

RECEITA E DESPESA ··· **Desenvolvimento**

Iluminação ··· **Subitens**

A iluminação da cidade custou 8:921$800. Se é muito, a culpa não é minha; é de quem fez o contrato com a empresa fornecedora de luz.

Obras públicas

Gastei com obras públicas 2:908$350, que serviram para construir um muro no edifício da Prefeitura, aumentar e pintar o açougue público, arranjar outro açougue para gado miúdo, reparar as ruas esburacadas, desviar as águas que, em épocas de trovoadas, inundavam a cidade, melhorar o curral do matadouro e comprar ferramentas. Adquiri picaretas, pás, enxadas, martelos, marrões, marretas, carros para aterro, aço para brocas, alavancas etc. Montei uma pequena oficina para consertar os utensílios estragados.

Limpeza pública — estradas

No orçamento, limpeza pública e estradas incluíram-se em uma só rubrica. Consumiram 25:111$152.

Cuidei bastante da limpeza pública. As ruas estão varridas; retirei da cidade o lixo acumulado pelas gerações que por aqui passaram; incinerei monturos imensos, que a Prefeitura não tinha recursos para remover.

Houve lamúrias e reclamações por se haver mexido no cisco preciosamente guardado em fundos de quintais; reclamações e ameaças porque mandei matar algumas centenas de cães vagabundos; lamúrias, reclamações, ameaças, guinchos, berros e coices dos fazendeiros que criavam bichos nas praças.

CONCLUSÃO ··· **Conclusão**

Procurei sempre os caminhos mais curtos. Nas estradas que se abriram só há curvas onde as retas foram inteiramente impossíveis. Evitei emaranhar-me em teias de aranha.

117

REDAÇÃO EMPRESARIAL

Certos indivíduos, não sei por que, imaginam que se devem ser consultados; outros se julgam autoridade bastante para dizer aos contribuintes que não paguem impostos. Não me entendi bem com esses.

Há quem ache tudo ruim, e ria constrangidamente, e escreva cartas anônimas, e adoeça, e se morda por não ver a infalível maroteira-zinha, a abençoada canalhice, preciosa para quem a pratica, mais preciosa ainda para os que dela se servem como assunto invariável; há quem não compreenda que um ato administrativo seja isento de lucro pessoal; há até quem pretenda embaraçar-me em coisa tão simples como quebrar as pedras dos caminhos.

Fechei os ouvidos, deixei gritarem, arrecadei 1:325$500 de multas.

Não favoreci ninguém. Devo ter cometido numerosos disparates. Todos os meus erros, porém, foram erros da inteligência, que é fraca.

Perdi vários amigos, ou indivíduos que possam ter semelhante nome. Não me fizeram falta.

Há descontentamento. Se a minha estada na Prefeitura por estes dois anos dependesse de um plebiscito, talvez eu não obtivesse dez votos.

Paz e prosperidade.

Palmeira dos Índios, 10 de janeiro de 1929.

Graciliano Ramos

Como você pode ver, a divisão em grupos lógicos organiza as informações tanto para quem as lê quanto para quem as escreve. Observe como ficou o plano (ou esqueleto) do relatório:

1. Apresentação ou Introdução
2. Cenário
3. Receita e despesa
    3.1 Iluminação
    3.2 Obras públicas
    3.3 Limpeza pública – estradas
4. Conclusão

Pode-se perceber que há muitos esquemas possíveis e a escolha do mais adequado deve levar em conta o modo de apresentação das informações.

8.5 Tipos de plano para relatórios

Há muitas possibilidades de planos de relatórios ou monografias divididos em grupo. Seguem algumas possibilidades. Entretanto, cada relatório tem sua particularidade e seu conjunto de informações. Assim, cabe ao redator do texto analisar e escolher a melhor maneira de estruturar suas ideias.

Exemplo 1
Introdução
Apresentação dos itens observados
Comentários
Conclusão

Exemplo 2
Introdução
Relato cronológico dos acontecimentos
Apresentação dos itens observados
Análise de causas
Proposta de soluções
Conclusão

Exemplo 3
Cenário
Enumeração de fatos
Relações de consequência
Comentários
Conclusão

Exemplo 4
Cenário
Aspectos positivos
Aspectos negativos
Considerações gerais
Conclusão

REDAÇÃO EMPRESARIAL

APLICANDO A TEORIA NA PRÁTICA

Como vimos, a definição das ideias e sua estruturação por grupos trazem a possibilidade de um melhor encadeamento lógico, facilitando, inclusive, a compreensão por parte do leitor.

No texto a seguir você poderá observar que os parágrafos *não estão dispostos em uma sequência adequada*. Depois de lê-los, vamos ordená-los, relacionando-os em sequência lógica, e ao final vamos organizar um plano geral (ou esqueleto) do texto.

TEXTO COM ERRO

Título: Como vencer os desafios da comunicação empresarial escrita
Parágrafo 1 Na comunicação escrita, os desafios são enormes. Desde os tempos de escola, ficávamos perturbados quando nos era solicitada uma redação. De início, não sabíamos por onde começar o texto, depois o problema deslocava-se para as tentativas de acertar as concordâncias e vírgulas e, finalmente – quando nos alertavam –, checávamos se o texto tinha início, meio e fim.
Parágrafo 2 E quando se tem que transmitir uma mensagem por correio eletrônico? Aí a história vira tragédia ou, muitas vezes, comédia – para os que leem, é claro. Como as mensagens são escritas de forma muito rápida, em função do tempo disponível e da falta de noção de que o correio é, de fato, um documento empresarial, a consequência é que geralmente tais mensagens contêm desde erros grosseiros de gramática até informações confusas, ambíguas e imprecisas.
Parágrafo 3 Em recente pesquisa realizada nos Estados Unidos chegou-se a uma constatação que interessa também aos brasileiros: dos 100 recém-formados submetidos a um teste de comunicação oral e escrita, os 10% que obtiveram as melhores notas ocupariam cargos de chefia e direção cinco anos mais tarde. Claro que temos variações culturais que talvez modifiquem esse percentual aqui no Brasil. Uma coisa, porém, é certa: quanto maior a desenvoltura com a comunicação – oral ou escrita –, maiores são as perspectivas de sucesso profissional.
Parágrafo 4 É, escrever bem não é fácil mesmo. Mas também não é nenhum bicho de sete cabeças. Escrever bem é disciplinar a mente para apresentar as informações em uma sequência coerente, com início, meio e fim, sem saltos mirabolantes de uma informação para outra.
Parágrafo 5 Hoje em dia, envolvidos nos trabalhos do dia a dia empresarial, acontece quase a mesma coisa, com as devidas variações. Ao responder a uma carta, por exemplo, fica-se sem saber se o começo é pela explicação – ou justificativa – ou pela resposta simples e direta.
Parágrafo 6 Escrever bem é cuidar para que não haja duplo sentido nem falta de informação. É tratar as palavras com carinho para que elas não digam demais nem digam de menos.
Parágrafo 7 Essa, entretanto, é a teoria. E na prática, como fazer para redigir uma comunicação empresarial eficaz?

PARTE I • ELABORAÇÃO DO TEXTO EMPRESARIAL

Parágrafo 8
É preciso ter também um pouco de paciência e não entender como desperdício o tempo necessário à reflexão para que o texto realce as ideias e tenha uma sequência lógica. É bom lembrar que o tempo usado para a elaboração da mensagem é mínimo se comparado com o tempo desperdiçado para corrigir os mal-entendidos.

Parágrafo 9
Para isso é preciso analisar as ideias e separá-las em principais e secundárias, refletir sobre os nexos que estabelecem a melhor sequência das informações, evitar construções que prejudiquem a clareza, e conhecer algumas regras gramaticais básicas que confiram o necessário grau de correção ao texto.

Parágrafo 10
Podemos, sem dúvida, afirmar que uma empresa será proporcionalmente mais dinâmica e produtiva à medida que tiver melhores sistemas de informação e, é evidente, pessoal motivado e capacitado para elaborar de maneira adequada cartas, relatórios, mensagens internas e de repasse de informações.

Depois de analisar a apresentação das ideias e entendermos as informações, teremos como resultado o seguinte ordenamento lógico.

TEXTO CORRETO

Título: Como vencer os desafios da comunicação empresarial escrita

Parágrafo 1
Em recente pesquisa realizada nos Estados Unidos chegou-se a uma constatação que interessa também aos brasileiros: dos 100 recém-formados submetidos a um teste de comunicação oral e escrita, os 10% que obtiveram as melhores notas ocupariam cargos de chefia e direção cinco anos mais tarde. Claro que temos variações culturais que talvez modifiquem esse percentual aqui no Brasil. Uma coisa, porém, é certa: quanto maior a desenvoltura com a comunicação – oral ou escrita –, maiores são as perspectivas de sucesso profissional.

Parágrafo 2
Na comunicação escrita, os desafios são enormes. Desde os tempos de escola, ficávamos perturbados quando nos era solicitada uma redação. De início, não sabíamos por onde começar o texto, depois o problema deslocava-se para as tentativas de acertar as concordâncias e vírgulas e, finalmente – quando nos alertavam –, checávamos se o texto tinha início, meio e fim.

Parágrafo 3
Hoje em dia, envolvidos nos trabalhos do dia a dia empresarial, acontece quase a mesma coisa, com as devidas variações. Ao responder a uma carta, por exemplo, fica-se sem saber se o começo é pela explicação – ou justificativa – ou pela resposta simples e direta.

Parágrafo 4
E quando se tem que transmitir uma mensagem por correio eletrônico? Aí a história vira tragédia ou, muitas vezes, comédia – para os que leem, é claro. Como as mensagens são escritas de forma muito rápida, em função do tempo disponível e da falta de noção de que o e-mail é, de fato, um documento empresarial, a consequência é que geralmente tais mensagens contêm desde erros grosseiros de gramática até informações confusas, ambíguas e imprecisas.

REDAÇÃO EMPRESARIAL

Parágrafo 5
É, escrever bem não é fácil mesmo. Mas também não é nenhum bicho de sete cabeças.
Escrever bem é disciplinar a mente para apresentar as informações em uma sequência
coerente, com início, meio e fim, sem saltos mirabolantes de uma informação para outra.

Parágrafo 6
Escrever bem é cuidar para que não haja duplo sentido nem falta de informação. É tratar as
palavras com carinho para que elas não digam demais nem digam de menos.

Parágrafo 7
Essa, entretanto, é a teoria. E na prática, como fazer para redigir uma comunicação
empresarial eficaz?

Parágrafo 8
Para isso é preciso analisar as ideias e separá-las em principais e secundárias, refletir sobre
os nexos que estabelecem a melhor sequência das informações, evitar as construções
que prejudiquem a clareza, e conhecer algumas regras gramaticais básicas que confiram o
necessário grau de correção ao texto.

Parágrafo 9
É preciso ter também um pouco de paciência e não entender como desperdício o tempo
necessário à reflexão para que o texto realce as ideias e tenha uma sequência lógica. É bom
lembrar que o tempo usado para a elaboração da mensagem é mínimo se comparado com o
tempo desperdiçado para corrigir os mal-entendidos.

Parágrafo 10
Podemos, sem dúvida, afirmar que uma empresa será proporcionalmente mais dinâmica e
produtiva à medida que tiver melhores sistemas de informação e, é evidente, pessoal motivado
e capacitado para elaborar de maneira adequada cartas, relatórios, mensagens internas e de
repasse de informações.

Observe como a ordenação adequada dos parágrafos torna possível o estabelecimento de um plano geral coerente.

Plano geral (ou esqueleto)

1. Apresentação do assunto (parágrafo 1)
2. Os desafios
    2.1 Os primeiros desafios (parágrafo 2)
    2.2 Os desafios atuais (parágrafos 3 e 4)
3. A solução
    3.1 A solução, na teoria (parágrafos 5 e 6)
    3.2 A solução, na prática (parágrafos 7, 8 e 9)
4. Conclusão (parágrafo 10)

PARTE I • ELABORAÇÃO DO TEXTO EMPRESARIAL

PARA AMPLIAR SEU CONHECIMENTO

Na elaboração de relatórios é necessário estar muito atento às palavras utilizadas. Para que uma palavra seja usada de modo adequado se devem levar em conta os elementos do processo de comunicação, verificando quem será o receptor da mensagem, por qual canal as informações se propagarão, o contexto, o envolvimento do emissor no assunto etc.

Além desses elementos, a escolha do vocabulário deve obedecer à precisão e ao valor positivo ou negativo suscitado. Veja, por meio dos exemplos selecionados, como cada vocábulo tem sua cadeia de valores: cara ≠ rosto, carteira ≠ cadeira, exibir ≠ apresentar, morrer ≠ falecer etc.

Nesse sentido, observe como um mesmo relatório pode apresentar diferentes perspectivas dependendo da escolha vocabular.

RELATÓRIO FINANCEIRO 1

O exercício de 2006 caracterizou-se por *um aceitável nível* das atividades da Empresa, *tendo sido atingidas as previsões* estabelecidas em seu orçamento anual. *O lucro líquido*, antes do Imposto de Renda, foi de *R$ 131.022.667,34*, do qual se deverão retirar R$ 67.511.067,69 para reserva de manutenção do capital de giro.

A Companhia, *esforçando-se por corresponder* às demandas para os investimentos programados pelo Planasa – Plano Nacional de Saneamento, produziu e expediu neste ano 88.947 toneladas, *19% a mais do que o ano anterior*. O *faturamento líquido* foi de *R$ 563.115.980,44*.

Para o ano de 2007 *está sendo previsto um aumento* na produção e nas vendas de aproximadamente *7%* (em peso), *na expectativa de que o mercado permita atingir esse objetivo*. Estima-se que o *faturamento líquido* projetado *possa atingir* aproximadamente *R$ 770 milhões*.

RELATÓRIO FINANCEIRO 2

O exercício de 2006 caracterizou-se por *superar as previsões* estabelecidas no seu orçamento anual. *O lucro líquido*, antes do Imposto de Renda, foi de *R$ 131.022.667,34*, do qual se deverão retirar R$ 67.511.067,69 para reserva de manutenção do capital de giro.

A companhia *correspondeu* às demandas para os investimentos programados pelo Planasa – Plano Nacional de Saneamento, produzindo e expedindo neste ano 88.947 toneladas, o que *reflete um acréscimo de 19% sobre o ano anterior, sem aumento do contingente de trabalho*. O *faturamento líquido* foi de *R$ 563.115.980,44*.

REDAÇÃO EMPRESARIAL

Para o ano de 2007, *a previsão* é de um *aumento na produção e nas vendas* de aproximadamente *7%* (em peso). Estima-se que o *faturamento líquido* projetado *atinja* aproximadamente *R$ 770 milhões*.

☰ TESTE O QUE VOCÊ APRENDEU

1. Complete as frases a seguir com as palavras ou expressões adequadas.
    a) O primeiro passo para a construção de um relatório é _____ _____ (estabelecer a linha de pensamento que será seguida – estabelecer as ideias principais e secundárias que farão parte do texto).
    b) A estruturação por grupos se concretiza com base na _____ (semelhança – afinidade – diferença) entre as informações.
    c) A monografia distingue-se do relatório por conter _____ (um sumário – uma conclusão).

2. Complete as lacunas da frase abaixo.
    Depois de fixar o objetivo, você pode seguir dois caminhos: um é simplesmente _____; o outro é _____.

3. A introdução apresenta um cenário geral de onde serão inseridas as informações ao longo do relatório ou da monografia. Essa afirmativa está certa ou errada? Justifique.

    _____

4. A conclusão é uma parte dispensável do relatório. Essa afirmativa está certa ou errada? Justifique.

    _____

III APLIQUE O QUE VOCÊ APRENDEU

1. O trabalho de planejamento das informações possibilita eliminar excessos e adicionar informações realmente necessárias, tornando o relatório uma peça fundamental à tomada de decisões. Leia a história abaixo e depois faça o que se pede.

PARTE I • ELABORAÇÃO DO TEXTO EMPRESARIAL

— Acho que vou buscar cigarros — diz o marido para a esposa. — Quer que traga alguma coisa?

— Estou com vontade de comer uvas — ela responde.

Enquanto ele caminha até o armário para pegar a camisa, ela continua:

— Talvez fosse bom comprar mais um pouco de leite.

Ele tira a roupa do armário, enquanto ela se dirige à cozinha.

— Deixe-me olhar no armário se temos batatas suficientes. Já percebi que estamos sem frutas. Sim, precisamos de batatas.

— Cenouras — ela grita — e talvez algumas laranjas.

Ele abre a porta.

— Manteiga!

Ele desce os degraus.

— Maçãs!

Ele entra no carro.

— E creme de leite.

— Só isso?

— Sim, querido, obrigada.

Tarefas: 1) Organize os itens solicitados pela esposa em três grupos, distribuindo neles os elementos.

2) Dê título aos grupos.

2. Todo relatório tem início, meio e fim. Relacione a coluna da direita com a da esquerda, organizando as informações em uma ordem lógica.

Coluna A		Coluna B
1 Introdução	☐	Nossas religiões derivam de livros: o Corão, escrito por Maomé, propaga o islamismo; os Dez Mandamentos, de Moisés, foi um livro escrito em pedra; e a Bíblia, base da civilização cristã, também é um livro.
2 Desenvolvimento – primeira parte	☐	Em uma expressão quase absurda, podemos dizer que o registro gráfico vale mais que todas as evidências.
3 Desenvolvimento – segunda parte	☐	A civilização ocidental é marcada pela linguagem gráfica. Desde a criação dos símbolos que unem som à grafia, a escrita é uma convenção social tão forte quanto o conceito de Nação e de Estado. Por meio da escrita produzimos livros pelos quais acumulamos conhecimentos, transmitimos ideias, fixamos nossa cultura.

125

REDAÇÃO EMPRESARIAL

4	Desenvolvimento – terceira parte	☐ No início da escolarização, temos a cartilha, depois, o livro escolar. Nossa literatura é expressa graficamente, assim como o jornal é responsável pela transmissão dos fatos cotidianos. Mesmo a televisão lança mão dos recursos da linguagem escrita (legenda) para facilitar a comunicação.
5	Conclusão	☐ Além desses aspectos, na engrenagem da sociedade moderna a comunicação escrita também é poder supremo. Nada é possível sem as certidões, os atestados, os relatórios, os diplomas.

3. Relacione a coluna da direita com a da esquerda, organizando os trechos do relatório em ordem lógica.

Coluna A		Coluna B
1 Introdução	☐	Na década de 1990, observou-se que, em tempos de menor demanda e de custo de capital elevado, a construção de um polo relativamente menor e abastecido por gás natural da Bacia de Campos poderia constituir uma alternativa mais coerente.
2 Desenvolvimento	☐	Nos anos 1980, foi proposta a construção de um quarto polo petroquímico em Itaguaí, no Rio de Janeiro, nos moldes dos polos já existentes na Bahia e no Rio Grande do Sul, ou seja, um polo formado em torno de uma grande central petroquímica abastecida por nafta, que implicaria investimento inicial de dois bilhões de dólares. A conjuntura econômica desfavorável, entretanto, levou o projeto à inviabilidade.
3 Conclusão	☐	Assim, em julho de 1995, após intensas e complexas negociações, o Governo Federal anunciou a decisão de apoiar a implantação de um quarto polo petroquímico no país, autorizando a Petrobras a participar de sua instalação, com 30%. A instalação está prevista para localizar-se ao lado da refinaria Reduc e perto das plantas de elastômeros já existentes da Petroflex e Nitriflex.

4. A monografia a seguir está dividida em quatro grandes blocos: Introdução, Justificativa, Desenvolvimento e Conclusão, embora não tenhamos a especificação de onde começa e termina cada um. Depois de ler o texto, separe-o nos blocos citados.

PARTE I • ELABORAÇÃO DO TEXTO EMPRESARIAL

Dissertação: As competências essenciais distintivas da Illycaffè[3]

Este trabalho tem por objetivo correlacionar a estratégia da Illycaffè – um grupo composto atualmente por sete sociedades controladas, 350 dependentes e um faturamento de cerca de 130 milhões de dólares – para a obtenção de vantagem competitiva com a abordagem da teoria da competição baseada em competências.

Embora possamos conjecturar que toda administração estratégica aborde a questão da vantagem competitiva, o desempenho das empresas difere em função de seu pensamento estratégico, que pode ser orientado ora pela escola de posicionamento estratégico – e seu foco no comportamento dos agentes econômicos em relação a preços e custos –, ora pela teoria baseada em recursos – cuja ênfase recai na competência gerencial para administrar recursos e competências –, e ora pela referência ao conceito de competências essenciais, relacionadas à teoria da competição baseada em competências.

A teoria da competição baseada em competências configurou-se nos últimos anos como a mais adequada para a obtenção de vantagem competitiva em um quadro marcado por uma realidade que apresenta como elemento marcante ser extremamente dinâmica.

Concebida por Prahalad e Hamel, em 1998, a teoria da competição baseada em competências integra as perspectivas de duas teorias anteriores (a da organização industrial e a baseada em recursos), combinando uma visão positivista e econômica com uma competitividade dependente de forças internas baseada em processos cognitivos.

Entretanto, não se pode afirmar que essa nova teoria seja tão somente a conjugação das outras duas, pois seu resultado é maior – e melhor – do que a soma das partes, uma vez que substitui a competição relacionada a um conjunto fixo de produtos ou serviços por uma visão holística, em que entram em cena ativos materiais e imateriais integrantes de tecnologias, habilidades e processos, que viabilizam o acesso a uma diversidade de mercados.

O caso da empresa Illycaffè traz componentes diversos relacionados às *core competences*, como veremos a seguir.

Em um primeiro momento, há o confronto entre a necessidade de manutenção de qualidade de seu produto diante de uma relativa limitação de recursos econômicos. Esse fato poderia provocar uma acomodação, caso fosse levada em consideração apenas a teoria do posicionamento estratégico. Entretanto, é desse fato aparentemente limitador que nasce a estratégia de pensar de maneira pulverizada (a noção do pensamento pulverizado está em acordo com o pensamento socrático que reconhece brechas a serem preenchidas por novas ideias).

Ao pulverizar cada etapa do processo tem-se uma visão mais clara das oportunidades, de forma a agir para obter melhorias que, posteriormente, interliguem-se. Assim é que foi possível ao corpo gerencial uma abordagem diferenciada dos recursos, abrindo novas perspectivas de estratégia empresarial.

Em um segundo momento, o processo de seleção do grão de qualidade funciona como o começo de um processo de *partnership* com os fornecedores. Presentifica-se outra competência essencial distintiva neste processo da Illycaffè: as relações funcionam como alavancadoras de competências.

---

[3] GOLD, M. *As competências essenciais distintivas da Illycaffè*. 2010. Dissertação (pós-graduação em Gestão de Competências) – Fundação Getulio Vargas, Rio de Janeiro, 2010.

127

REDAÇÃO EMPRESARIAL

Outra característica distintiva da Illycaffè é a capacidade de inovar. Por meio de pesquisas, a empresa foi responsável pela idealização, construção e comercialização da predecessora das modernas máquinas de café expresso. A inovação original utilizou, pela primeira vez, uma fonte de pressão de água separada da de calor.

O investimento em pesquisa e desenvolvimento tem se mantido constante e processa-se em estreita colaboração com técnicos da empresa. Assim, a Illycaffè demonstra atenção à outra característica das competências essenciais: na troca de experiências e conhecimentos, a aprendizagem se torna um moto contínuo, propiciando constantemente novos caminhos para inovações.

Em toda a série de eventos descrita acima, pode-se perceber que o grande desafio da vantagem competitiva é manter constante o processo de geração de inovações. Nesse sentido, o conhecimento humano como recurso crítico – para além do saber constituído – é a fonte de onde podem brotar novos conhecimentos.

O caso Illycaffè ilustra o ponto nodal da vantagem competitiva: a criação de competências, e não só sua mera gestão. São as novas articulações de ideias, engendrando conhecimentos tácitos e explícitos, produzidos pelo ser humano pensante e criador do caminho para a geração permanente de inovações. São as ideias criadas, analisadas, discutidas e postas em prática que podem levar à conquista da vantagem competitiva sustentável.

1. Introdução: vai de _____ até _____

2. Justificativa: vai de _____ até _____

3. Desenvolvimento: vai de _____ até _____

4. Conclusão: vai de _____ até _____

5. Organize agora o plano geral do texto acima, desdobrando o desenvolvimento em três grupos de ideias e especificando o início e fim de cada uma delas.

1. Introdução
2. Justificativa
3. Desenvolvimento

   3.1 _____

   (vai de _____ até _____).

   3.2 _____

   (vai de _____ até _____).

   3.3 _____

   (vai de _____ até _____).

4. Conclusão

128

CAPÍTULO 9

Construção estratégica do currículo

9.1 A importância do currículo

Saber apresentar-se por meio de um currículo (*curriculum vitae* – CV) é um conhecimento que *vale para toda a vida*. Um bom currículo, com boa apresentação e bem redigido, aumenta muito as chances de se ingressar em um processo seletivo e garantir um emprego. Além disso, organiza as ideias e facilita a exposição das conquistas relativas à carreira em uma entrevista e até mesmo no *networking*.

O currículo é um dos instrumentos necessários na transição de carreira. Nele deve constar, sobretudo, o resultado das principais informações relativas à vida profissional de um indivíduo. Mais do que simplesmente contar a história profissional da pessoa, esse documento precisa ser atrativo, despertar o interesse do leitor.

O currículo pode ser a diferença entre a pessoa conseguir ou não determinada oportunidade.

$$CV = Forma + Conteúdo$$

Assim como os documentos empresariais, o currículo tem forma e conteúdo, ou seja, em sua leitura são valorizadas tanto a organização e a linguagem quanto as informações expressas.

Ao enviar seu currículo a um *headhunter*, a um amigo ou ao setor de recursos humanos de uma empresa, seu documento apresentará automaticamente informações não só sobre sua vida profissional mas também sobre sua competência em se expressar de maneira adequada e sua capacidade de organização.

A principal finalidade do currículo é despertar a atenção do leitor e fazer com que ele deseje saber mais sobre você em um contato pessoal. Portanto, em vez de se preocupar em fazer um levantamento exaustivo de todos os seus momentos

REDAÇÃO EMPRESARIAL

profissionais anteriores, inclua apenas o que for mais interessante e pertinente para seus objetivos de carreira.

Vale a pena lembrar que seu currículo servirá de base para as entrevistas. Assim, domine realmente o conteúdo e, principalmente, seja verdadeiro, pois o entrevistador dispõe de técnicas que podem identificar informações falsas.

Quanto à forma do currículo, é importante atentar-se para questões como extensão do documento; tamanho, estilo e cor da fonte; margens da folha; organização e, sobretudo, correção gramatical. No Quadro 9.1, você encontra uma análise detalhada desses pontos.

QUADRO 9.1 **Pontos importantes sobre a forma do currículo**

Extensão do currículo	É preferível que o currículo seja apresentado em duas folhas, embora em situações excepcionais ele possa ter apenas uma ou até três páginas. Vale a pena ressaltar que o número ideal de duas páginas se refere à apresentação final das informações e que, não raro, é preciso refletir e relatar ideias que podem atingir seis, sete ou mais laudas para só depois realizar a seleção a ser apresentada na forma final.
Tamanho e estilo da fonte	As fontes mais comumente utilizadas – e por isso chamadas de fontes profissionais – são a Times New Roman, a Arial, a Calibri e a Verdana. Dê preferência a essas e evite utilizar as mais rebuscadas para chamar a atenção. Não utilize mais de uma fonte! Quanto ao tamanho, ele pode variar para que o conteúdo fique ajustado ao número perfeito de páginas, desde que as informações estejam legíveis (tamanho mínimo: 9 / tamanho máximo: 12).
Cor da fonte	Evite colorir o currículo. As melhores cores são as clássicas preta ou cinza-escuro.
Margens da folha	As margens podem ser variáveis e ajustarem-se ao tamanho final. Devem ser evitadas margens muito estreitas ou muito largas. Lembre-se de que a harmonia é uma qualidade.
Organização	Tudo que vier expresso deve obedecer a alguma ordem ou lógica, formando grupos de ideias. Nada poderá ser aleatório ou extemporâneo. Atenção especial ao tempo – as últimas experiências devem aparecer primeiro.
Correção gramatical	Você deve ter especial atenção em relação às regras da língua portuguesa para não ferir nenhuma norma ortográfica ou sintática em seu currículo.

Fonte: elaborado pela autora.

9.2 Estratégia de construção do currículo

Um currículo bem elaborado ressalta os talentos e as capacidades do indivíduo, tornando mais consistentes as qualidades que podem assegurar o alcance da meta pretendida, conforme a Figura 9.1.

130

PARTE I • ELABORAÇÃO DO TEXTO EMPRESARIAL

FIGURA 9.1 **Elementos de um currículo bem elaborado**

Fonte: elaborada pela autora.

Primeiro, indicaremos as informações que poderão constar no currículo para, posteriormente, verificar qual a melhor forma de apresentá-las. Assim, chegamos a uma metodologia, mostrada a seguir, que visa facilitar a compilação das informações essenciais.

9.2.1 Primeira etapa: elaborar sua experiência profissional

Para que o currículo obedeça a uma organização lógica, é importante elaborar, antes de qualquer coisa, um resumo de sua experiência profissional. Redija-o de acordo com o modelo e exemplo a seguir.

MODELO

> **Nome da empresa: data de início e fim**
> Breve apresentação da empresa: segmento de atuação e faturamento, número de funcionários ou número de contratos.
>
> Cargo ocupado – data de início e fim
>   Responsabilidades

EXEMPLO

> **ENCOP: 2001 a 2008**
> Empresa de serviços de alimentação, líder de mercado brasileiro, administrando cerca de 500 contratos e com 1.500 funcionários.
>
> Gerente de operações – RJ – jan./06 a out./08
>   Responsável por desenvolver estratégias e coordenar as operações de distribuição em todo o Estado do Rio de Janeiro, monitorando os escritórios regionais e administrando cerca de 60 contratos.
>
> Supervisor fabril – maio/01 a dez./05
>   Responsável por supervisionar as operações fabris, liderando seis gerentes e um total de 430 funcionários.

REDAÇÃO EMPRESARIAL

9.2.2 Segunda etapa: redigir suas realizações

Para relembrar e redigir suas realizações – uma, pelo menos, para cada posição ocupada –, o ideal é seguir o esquema da narrativa de uma história, lembrando-se de eventos marcantes e da resolução de problemas.

A narrativa da realização profissional tem três elementos básicos:

1. o que foi realizado;
2. como foi realizado;
3. resultado obtido.

A redação das realizações deve seguir, preferencialmente, a construção sintática abaixo.

1. Verbo de ação (pode estar na primeira ou na terceira pessoa) e seu complemento. Exemplo:

   - Elaborei planejamento financeiro...
   - Participei, com um grupo de quatro pessoas, da renegociação de taxas e empréstimos...
   - Reestruturei a regional Sudeste...
   - Fui responsável pela coordenação da campanha publicitária...

2. O modo como se desenvolveu a ação, resumindo e expressando os pontos principais do processo. Exemplo:

   - (Elaborei planejamento financeiro) definindo nova estrutura de capital e política de investimentos...
   - (Participei, com um grupo de quatro pessoas, da renegociação de taxas e empréstimos) alongando os prazos de cumprimento...
   - (Reestruturei a regional Sudeste) centralizando tarefas e padronizando processos...
   - (Fui responsável pela coordenação da campanha publicitária) com novos e agressivos padrões de comunicação visual para as lojas...

3. A consequência da ação, buscando resultados tangíveis sempre que houver. Exemplo:

PARTE I • ELABORAÇÃO DO TEXTO EMPRESARIAL

- (Elaborei planejamento financeiro, definindo nova estrutura de capital e política de investimentos) e gerando ganhos financeiros da ordem de 500 mil dólares por ano.
- (Participei, com um grupo de quatro pessoas, da renegociação de taxas e empréstimos, alongando os prazos de cumprimento) e gerando economia de 330 mil dólares.
- (Reestruturei a regional Sudeste, centralizando tarefas e padronizando processos), transformando um déficit de 300 mil dólares/ano em lucro, variando de 700 a 950 mil dólares/ano.
- (Fui responsável pela coordenação da campanha publicitária com novos e agressivos padrões de comunicação visual para as lojas), tornando-as pontos de referência no mercado.

MODELOS DE REALIZAÇÕES

> - Elaborei planejamento financeiro para alavancar resultados estimados para o ano, gerando ganhos financeiros da ordem de 500 mil dólares/ano.
> - Participei, com um grupo de quatro pessoas, da renegociação de taxas e empréstimos da Caixa Econômica Federal, alongando os prazos de cumprimento e gerando economia de 330 mil dólares.
> - Reestruturei a regional Sudeste, centralizando tarefas e padronizando processos, transformando um déficit de 300 mil dólares/ano em lucro, variando de 700 a 950 mil dólares/ano.
> - Fui responsável pela coordenação da campanha publicitária com novos e agressivos padrões de comunicação visual para as lojas, tornando-as pontos de referência no mercado.

9.2.3 Terceira etapa: resumir suas qualificações

Em cada realização estão refletidas suas competências, capacidades ou habilidades, pois são o motor que tornou possível as ações desenvolvidas em sua vida profissional.

Na primeira página do currículo – como você observará adiante neste capítulo – deve existir um resumo, em poucas linhas, de quem você é, do ponto de vista de suas competências profissionais, credenciando-o a seu objetivo.

O resumo é atualmente composto de frases simples, destacadas umas das outras para facilitar a leitura. Elas devem ser iniciadas pelas palavras relacionadas a seguir – ou ideias que remetam ao mesmo sentido –, de acordo com o conjunto de seus diferenciais em relação a outros candidatos:

133

REDAÇÃO EMPRESARIAL

- Competência.
- Vivência.
- Experiência.
- Habilidade.
- Conhecimento.
- Orientação.
- Domínio.
- Foco etc.

Para construir essa parte de seu currículo, você deve listar saberes, conhecimentos, habilidades etc. que propiciaram suas realizações. Não se preocupe, neste momento, em elaborar as frases, porque as ideias só poderão ocorrer ao resumir todos os itens inicialmente listados, ou seja, ao listar o conjunto de suas qualificações.

Veja exemplos de realizações e competências.

- Elaborei planejamento financeiro para alavancar resultados estimados para o ano, gerando ganhos financeiros da ordem de 500 mil dólares/ano.

  - Competência em planejamento financeiro
  - Foco em resultados

Se você teve de utilizar outras capacidades, pode aumentar sua lista de competências, embora a realização não se prolongue sobre o assunto. Por exemplo: se para a aprovação desse planejamento financeiro você teve que defender sua ideia perante os diretores e conselho da empresa, teremos também as seguintes competências:

  - liderança;
  - capacidade de argumentação;
  - poder de comunicação.

- Participei, com um grupo de quatro pessoas, da renegociação de taxas e empréstimos da Caixa Econômica Federal, alongando os prazos de cumprimento e gerando economia de 330 mil dólares.

  - Capacidade de negociação
  - Conhecimento técnico
  - Experiência de trabalho em equipe
  - Foco em resultado
  - Cumprimento de meta

PARTE I • ELABORAÇÃO DO TEXTO EMPRESARIAL

- Reestruturei a regional Sudeste, centralizando tarefas e padronizando processos, transformando um déficit de 300 mil dólares/ano em lucro, variando de 700 a 950 mil dólares/ano.
  - Capacidade de identificação de problemas, tomada de decisão e implementação
  - Pensamento analítico e sistematizado
  - Habilidade em lidar com desafios
  - Foco em resultado
  - Liderança
  - Habilidade da gestão de relacionamento

- Fui responsável pela coordenação da campanha publicitária com novos e agressivos padrões de comunicação visual para as lojas, tornando-as pontos de referência no mercado.
  - Liderança
  - Domínio técnico de ferramentas de marketing
  - Conhecimento das dinâmicas de mercado
  - Gestão de relacionamento

9.3 Formatos mais comuns de apresentação do currículo

Os formatos mais comuns de apresentação do currículo constam na Figura 9.2.

FIGURA 9.2 **Formatos de currículo**

Fonte: elaborada pela autora.

- *Currículo cronológico*: relaciona a experiência profissional em ordem cronológica, da mais recente para a mais antiga. Sua vantagem é a apresentação

REDAÇÃO EMPRESARIAL

mais direta e coordenada das informações, permitindo que o leitor tenha uma visão geral de seu desenvolvimento de carreira. É especialmente adequado para profissionais que tiveram um histórico regular de empregos.

- *Currículo funcional*: tira o foco do histórico de carreira, enfatizando as experiências e realizações em cada área funcional. Ele é mais indicado quando não há uma sequência regular na carreira ou quando você deseja tirar a atenção do último desempenho.

- *Currículo misto*: como o nome indica, mescla os dois formatos, sendo mais flexível para ser adaptado ao objetivo que se deseja alcançar.

Como você pode observar, cada formato de currículo corresponde a um enfoque sobre as informações apresentadas. A escolha de qual formato é mais adequado deve ser feita depois que sua meta (ou seu objetivo) de carreira e suas realizações em sua experiência profissional já tiverem sido elaboradas.

9.3.1 Elementos do currículo

No Quadro 9.2 você pode ver quais são os componentes de um currículo.

QUADRO 9.2 **Componentes do currículo**

Nome	Seu nome não deve ter abreviações. Você pode colocar o nome pelo qual é conhecido no mercado de trabalho.
Contatos	Devem-se indicar dois telefones: um celular e um fixo. Não é preciso escrever tel. ou cel. É fundamental colocar um e-mail.
Endereço	É facultativo. Se optar por colocá-lo, escreva só o essencial, ou seja, é desnecessário colocar o país. Descarte informações excessivas ou desnecessárias.
Dados pessoais	São facultativos a idade, o estado civil e o número de filhos. A tendência atual é deixar para comentar essas informações na entrevista, caso seja questionado a respeito. Outra possibilidade é colocá-los no final do currículo. A não ser que seja expressamente solicitado, nunca escreva sua pretensão salarial no currículo. Essa informação deverá ser negociada posteriormente.
Objetivo	É a frase-chave pela qual o leitor se interessará. Não se deve colocar o cargo, e sim a posição e a área pretendidas. Evite especificar demais para não limitar oportunidades.

PARTE I • ELABORAÇÃO DO TEXTO EMPRESARIAL

Sumário ou qualificações	É uma das partes mais importantes do currículo. Nela estarão os tópicos que relatam suas características profissionais mais importantes. Em geral, o primeiro tópico corresponde a uma afirmação estritamente ligada ao objetivo declarado.
Experiência profissional	Listagem de experiências sempre iniciada pela última atividade exercida. Mantenha o mesmo padrão de apresentação em todos os itens. Especifique os cargos exercidos e suas responsabilidades. Evite escrever as palavras cargo, função, missão etc.
Realizações	Lembre-se que a informação deve ser clara e objetiva. Não escreva parágrafos longos. Evite informações desnecessárias. Seja assertivo e elegante. Não se valorize. Conte apenas a realização e seus resultados.
Formação acadêmica	Devem ser informados: formação universitária (ou curso equivalente à graduação), pós-graduação e MBAs, com os respectivos nomes das instituições e datas de término.
Cursos	Cite apenas os cursos mais importantes e os que merecem destaque em função de seu currículo profissional. Hoje em dia supõe-se o domínio das ferramentas básicas de informática. Portanto, não liste tais cursos.
Exposição internacional	Vale citar as vivências profissionais no exterior, mas não as viagens de férias. Você pode incluir congressos e seminários em que você apresentou trabalhos ou palestras, mas não aqueles em que foi apenas ouvinte.
Idiomas	Temos três níveis de conhecimento dos idiomas: fluente, intermediário e básico. Escolha o que melhor se ajuste à sua realidade. Lembre-se de que ser fluente em alguma língua significa poder ser entrevistado nessa língua!

Fonte: elaborado pela autora.

APLICANDO A TEORIA NA PRÁTICA

Veja, a seguir, alguns modelos de currículos.

REDAÇÃO EMPRESARIAL

CURRÍCULO CRONOLÓGICO

ANTONIO DIAS FERREIRA

21 91111.0000 (celular) / 21 2222.3333 (res.)
antoniodfxxx@antonio.com
Brasileiro, casado, 45 anos

Objetivo

Posição executiva sênior na área financeira

Perfil de qualificações

- Profissional com vivência e liderança na área tributária e financeira em empresas nacionais e multinacionais de diversos segmentos.
- Experiência em projetos de reestruturação societária no Brasil e em outros países da América do Sul.
- Competência na elaboração e gerenciamento de projetos financeiros e estratégicos, nacionais e internacionais: *feasibility studies*, operações estruturadas, M&A.
- Habilidade para negociação e interface com diversos escalões governamentais.
- Perfil de liderança participativa, com experiência em pequenas, médias e grandes equipes multidisciplinares e multiculturais.
- Coordenador e membro de diversos comitês nacionais, palestrante e professor de graduação e pós-graduação em instituições nacionais de renome.

Formação acadêmica

Advogado – Universidade Cândido Mendes – 2007.
MBA Finanças – Instituto Brasileiro de Mercado de Capitais (IBMEC) – 2000.
Contador – Universidade Federal do Rio de Janeiro (UFRJ) – 1994.

Idiomas

Inglês fluente / espanhol avançado.

Experiência profissional

Empresa A
2008 a 2009
Multinacional do setor de óleo e gás, presente em mais de dez países no mundo
Gerente tributário da América Latina
   Responsável pela: (1) consultoria, *compliance* e contencioso do grupo no Brasil; (2) estratégia, planejamento e consultoria nos demais países, junto com as respectivas áreas financeira e jurídica.
- Reestruturei e reconstruí o *tax compliance*, estabelecendo novos processos e controles em alinhamento com a expressividade das atividades e dos princípios do grupo.
- Estabeleci o relacionamento com pessoas-chave nas áreas tributária e financeira do principal parceiro, gerando canal de comunicação assertivo e produtivo.
- Desenvolvi avaliações e reavaliações contratuais com parceiros estratégicos, com foco nos aspectos tributários e na maximização de utilização de incentivos fiscais, gerando *savings* significativos.
- Criei, desenvolvi e implementei ferramenta de informes periódicos sobre o cenário tributário brasileiro no setor de Oil & Gas, gerando instrumentos de informação para tomadas de decisão gerenciais mais ágeis.

138

PARTE I • ELABORAÇÃO DO TEXTO EMPRESARIAL

Empresa B
2005 a 2008
Gerente de planejamento tributário
Responsável por: (1) desenvolvimento e gerenciamento de projetos de planejamento tributário; (2) consultoria estratégica de tributos diretos e indiretos das empresas do grupo; e (3) relacionamento institucional com o governo.

- Centralizei e consolidei o relacionamento com representantes dos Governos Federal, Estadual e Municipal, renegociando com êxito diversas operações envolvendo créditos e débitos tributários.
- Coordenei avaliações da estrutura organizacional que resultaram em otimização da carga tributária e no suporte de decisões assertivas para operações de M&A.

Empresa C
1997 a 2005
Gerente de planejamento tributário e estratégico
Gerente de planejamento tributário
Especialista em planejamento tributário
- Negociei, com o Governo Federal e demais empresas do setor de papel e celulose, o melhor acolhimento legislativo para uma alteração nas contribuições previdenciárias das agroindústrias. Como resultado, promovi economia de cerca de dez milhões de reais e inibi expressivo aumento de custos para as demais empresas do setor.
- Elaborei estudos de viabilidade de projetos de investimento, tais como a implementação da nova unidade de produção de celulose no Nordeste e o projeto pioneiro de logística para transporte de matéria-prima entre a Bahia e o Espírito Santo.
- Liderei projeto de reestruturação societária e tributária das atividades e dos resultados *off shore*, por meio de análise de cenário e legislação de diversos países, em especial da União Europeia, economizando centenas de milhões de dólares em tributos sobre renda.
- Organizei e implementei melhor gerenciamento de oportunidades relativas ao contencioso tributário, promovendo redução de *cash outflow*.

Outras qualificações

Membro do Comitê Tributário do Instituto Brasileiro de Petróleo (IBP), 2008/2009.
Participação ativa em cursos e seminários, nacionais e internacionais, na área tributária.
Programa de Desenvolvimento Gerencial ministrado pela Adigo, 2009.
Participante em trabalhos voluntários de assistência social.

Atividades acadêmicas

IBMEC/RJ – LLM de Direito Corporativo – desde 2007.
UERJ – Especialização em Direito Tributário – 2002/2006.
UFRJ – Graduação em Ciências Contábeis – 1996/1997.

REDAÇÃO EMPRESARIAL

CURRÍCULO FUNCIONAL

JOÃO CARLOS DA SILVA
Rua Haddock Lobo, 1   Brasileiro
24.220-300, Niterói – RJ   Casado
(21) 2727-2727 – (21) 9-8888-9999
jcsilvaxxx@jcsilva.com

OBJETIVO

Posição executiva na gestão estratégica de produtos

RESUMO DE QUALIFICAÇÕES

- Profissional com larga vivência em negociações comerciais "business to business" em telecomunicações, com atuação em ambientes multiculturais.
- Experiência na área de desenvolvimento e gestão de produtos e serviços, liderando equipes multidisciplinares e conduzindo a implementação de novos negócios.
- Vivência gerencial no *start up* de novas unidades.
- Conhecimentos e atuação nas áreas de qualidade e regulamentação.
- Domínio das línguas inglesa e espanhola.

FORMAÇÃO

Pós-graduação em Engenharia de Avaliações e Perícias Judiciais – PUC-RJ – 2007.
Especialização em Gestão Empresarial – Fundação Dom Cabral – 2005.
MBA Executivo em Gestão de Negócios – IBMEC – RJ – 2000.
Pós-graduação em Engenharia da Qualidade – Universidade Católica de Petrópolis – 1992.
Pós-graduação em Análise de Sistemas – UERJ – CEPUERJ – 1986.
Graduação em Engenharia Elétrica – Telecomunicações – UERJ – RJ – 1983.

PRINCIPAIS REALIZAÇÕES

Desenvolvimento e gestão de produtos
- Criei, desenvolvi e implantei os serviços HDI e HCD que permitiram um incremento de 50% de chamadas telefônicas internacionais, além de proporcionar este serviço aos brasileiros no exterior.
- Negociei acordos, desenvolvi formato de numeração e criei o algoritmo de código de segurança para o lançamento do Cartão Telele Internacional da XMN, em um cenário desfavorável pela cotação de moedas estrangeiras em relação à moeda brasileira, obtendo um aumento de 30% no volume de chamadas internacionais.

Negociações comerciais
- Participei do *start up* dos serviços de longa distância da ASA, atuando nas negociações de interconexão, e em especial do Serviço de Encaminhamento de Chamadas, com todas as operadoras, em âmbito nacional, *case* considerado posteriormente como de maior sucesso na conquista de *market share* nacional.
- Identifiquei e desenvolvi novos negócios por meio da definição de modelos, diretrizes, estratégias e ferramentas de vendas para o mercado de atacado da BMN, proporcionando a expansão de atuação em serviços não regulados.

Qualidade e regulamentação
- Adequei processos e pessoas às melhores práticas empresariais, dentro dos critérios do Prêmio Nacional de Qualidade, viabilizando uma mudança cultural.

PARTE I • ELABORAÇÃO DO TEXTO EMPRESARIAL

- Analisei as não conformidades nos procedimentos e custos operacionais elevados na Divisão de Configuração de Rede, redesenhei seus processos e seu controle estatístico e promovi o *job rotation*, obtendo a redução nos tempos de configuração de 72 horas para 24 horas e a integração da equipe de 300 empregados distribuídos em três cidades brasileiras.
- Realizei a terceirização de uma ilha de atendimento do serviço de informações, obtendo redução de custos operacionais nos centros de atendimento.

HISTÓRICO PROFISSIONAL

ASA
2008 até o presente
Membro do conselho consultivo

BMN
2007 a 2009
Gerente de desenvolvimento de negócios atacado

FUNDAÇÃO CS
2007
Assessor comercial

TELEFÔNICA TELELE
2001 a 2007
Superintendente comercial de operadoras

INFOTEL S.A.
1983 a 2001
Gerente da divisão de administração de redes internacionais
Consultor em regulamentação
Gerente da seção de atendimento aos serviços (Centros de Atendimento)
Assessor da superintendência de operações internacionais

REDAÇÃO EMPRESARIAL

CURRÍCULO MISTO

JORGE COUTO

Rua Barão de Itambé, 2222 A, ap. 40
21-2222-3333/ 21-94444-0000
Rio de Janeiro – 22.411-100
j.coutoxxx@jcouto.br

Objetivo

Atuação sênior no atendimento de pré e pós-venda de produtos e serviços

Qualificações

- Profissional com experiência em empresas de telecomunicações, ocupando posições gerenciais na área de atendimento em todo o território nacional.
- Domínio da cadeia de valor de atendimento, com vivência em estratégia, desenho e implantação de todos os processos relacionados aos segmentos corporativo e empresarial.
- Atuação como gestor em reestruturação e em qualidade total, com resultados positivos nas operações de centralização.
- Liderança e capacidade de mobilização de equipes multifuncionais e multiculturais, com foco em satisfação e resultados.
- Ampla capacidade de comunicação na cadeia hierárquica, bem como na motivação de times.
- Perfil relacional e pragmático, com forte motivação para desafios e ótima performance em situações sob pressão.

Formação acadêmica e Idiomas

MBA em Serviços – COPPEAD – 2003.
Engenharia Elétrica, especialização em Telecomunicações – PUC-RJ – 1977.
Inglês, francês e espanhol intermediários.

Histórico profissional

Empresa A
1998 a 2009

Gerente de atendimento (2007 a 2009)
Responsável pela gestão do atendimento dos segmentos corporativo, empresarial e de alto valor dos produtos VG, VB e internet, em âmbito nacional, atuando na estratégia, desenho e implantação de processo, bem como na implementação de ações de adequação na prestadora de serviços CBX. Reporte ao diretor de atendimento.

Gerente de atendimento clientes corporativos e empresariais (2005 a 2007)
Responsável pela gestão do atendimento dos segmentos corporativo e empresarial.

Gerente de gestão de entrega a clientes corporativos e empresariais (2003 a 2004)
Responsável pela gestão do *follow up* desde a entrada da solicitação até a prestação do serviço. Reporte direto ao diretor B2B.

Gerente de processo B2B (2001 a 2003)
Responsável pelo redesenho dos processos B2B em toda a sua cadeia de valor. Reporte direto ao diretor B2B.

PARTE I • ELABORAÇÃO DO TEXTO EMPRESARIAL

Gerente de comunicação de dados (1999 a 2000)
Responsável pela prestação de serviços de instalação e manutenção de dados no Estado do Rio de Janeiro. Reporte ao diretor de clientes RJ.

Empresa B
1975 a 1998
Gerente de vendas empresariais (1997 a 1998)
Gerente de vendas corporativas (1993 a 1997)
Gerente de marketing (1991 a 1993)
Gerente de manutenção de planta interna (1986 a 1991)
Gerente do centro de operações — Leblon (1978 a 1986)
Supervisor de planta interna (1977 a 1978)

Principais realizações

- Coordenei e gerenciei a transferência da estrutura de atendimento do produto VG da central Rio de Janeiro para Belo Horizonte, num total de 1,2 milhão de clientes, realizando a mudança sem perda de qualidade e obtendo: (1) elevação no nível de satisfação dos clientes (6,3 para 7,1); (2) queda de 73% nas reclamações e (3) redução de custo da operação.
- Criei, implantei e geri a centralização das atividades de *input* de solicitações de serviços resultantes das vendas aos clientes corporativos e empresariais, em nível nacional, aumentando a nota do quesito "entrega" da pesquisa de satisfação (6,2 para 7,2) por meio da alteração no tempo de *input* de 11 para dois dias.
- Criei, implantei e coordenei a centralização/padronização, em nível nacional, das atividades de solicitações de viagens, fechamento das despesas e acompanhamento de horas extras de 300 colaboradores dos segmentos corporativo e empresarial, com diminuição de 30% das despesas com custeio e de 60% das despesas de horas extras, em 2007.
- Criei e gerenciei a área de gestão de entrega, com o objetivo de acompanhar da entrada do pedido até a prestação do serviço, as solicitações de dados e voz avançada para 600 mil clientes do segmento corporativo e empresarial, o que resultou em: (1) aumento de três pontos percentuais na pesquisa de satisfação desses segmentos e (2) diminuição do churn de 18% para 3% em oito meses, em 2004.
- Concebi e implantei a área de gestão de processos, para garantir o desenho e a aplicação de processos de toda a cadeia de valor dos produtos de dados e voz avançada, nos segmentos corporativo e empresarial, entre 2001 e 2003.
- Concebi e implantei o atendimento personalizado dos clientes corporativos (cerca de 5.000 CNPJs) no call center, o que resultou no aumento da satisfação dos clientes do segmento, tornando-se *benchmark* no atendimento desse segmento de mercado desde fevereiro de 2002.
- Coordenei o atendimento das solicitações de serviços de 163 países participantes, antes e durante o evento Rio 92. Recebemos o reconhecimento mundial pelo atendimento no evento, com elogio do jornal *The Economist* e agradecimentos formais de 14 governos, incluindo o brasileiro, o norte-americano, o francês, o alemão e o espanhol.
- Coordenei, implantei e geri o atendimento centralizado das solicitações de serviços de comunicação de dados e voz avançada de 400 clientes do segmento corporativo da Telege, em nível estadual, o que resultou no aumento de 3% para 11% de participação de mercado nestes serviços, entre 1991 e 1995.

REDAÇÃO EMPRESARIAL

PARA AMPLIAR SEU CONHECIMENTO

A elaboração de um currículo bem construído implica reflexões sobre si mesmo, gerando autoconhecimento. Um dos recursos utilizados pelas empresas como indicador de tipos psicológicos é o instrumento Myers-Briggs Type Indicator (MBTI®).[1] Ele foi criado na década de 1930 por Katherine Briggs e Isabel Myers com base na teoria de Jung. Trata-se de um questionário que tem por finalidade identificar preferências individuais em atitudes e processos psicológicos. Desse questionário resultaram quatro tipos de perfis: o reflexivo, o racional, o afetivo e o pragmático.

Veja, no Quadro 9.3, as características dos quatro perfis e faça uma autoanálise para verificar qual é o mais próximo de seu tipo.

QUADRO 9.3 **Características dos perfis**

Tipo	Descrição	Pontos fortes	Pontos fracos
Reflexivo	Valoriza inovações, conceitos novos e originais que têm implicações em longo prazo. Tem uma mente imaginativa, boa para desafios ou identificação de problemas. Capta facilmente teorias e aprecia a pesquisa intelectual.	Idealista, inovador, conceitual, original, visão global e estratégica.	Autocentrado, pouco prático, dogmático, fantasioso, desligado e arrogante.
Racional	Valoriza fatos, lógica, precaução. Prima pela análise detalhada de situações e eventos. É focado em procedimentos. Avalia alternativas que levam a decisões e conclusões sobre ações.	Objetivo, analítico, prudente, planejador, organizado, bom ouvinte e persistente.	Frio no relacionamento, lento na tomada de decisões, pouco dinâmico, controlador, excessivamente sério e rígido.
Afetivo	Valoriza interação humana, é persuasivo e demonstra emoção e compreensão pelas pessoas. Preocupa-se com os impactos humanos na organização.	Empático, espontâneo, leal, compreensivo, paciente, bom ouvinte, confidente e persuasivo.	Subjetivo, postergador, impulsivo, emocional, manipulativo, pouco assertivo.
Pragmático	Valoriza a ação e os resultados. Suas ações falam mais alto que as palavras. É direto e franco; realista e prático no trabalho.	Prático, objetivo, decidido, assertivo, realizador, implementador e dedicado.	Autoritário, arrogante, desorganizado, desconfiado, superficial.

Fonte: elaborado pela autora.

---

[1] MYERS-BRIGGS TYPE INDICATOR (MBTI). Disponível em: <http://www.myersbriggs.org/my-mbti--personality-type/mbti-basics/>. Acesso em: nov. 2016.

PARTE I • ELABORAÇÃO DO TEXTO EMPRESARIAL

☰ TESTE O QUE VOCÊ APRENDEU

1. Marque V (verdadeiro) ou F (falso) nas afirmações abaixo.
   ☐ a) O currículo é o principal instrumento da transição de carreira.
   ☐ b) O currículo é o resultado de um processo de análise e síntese das principais informações relativas à vida profissional.
   ☐ c) O aspecto mais importante do currículo é a forma com que as informações são apresentadas.
   ☐ d) Devem-se colocar na primeira página do currículo as informações relativas à vida acadêmica.

2. Coloque em ordem de apresentação curricular os segmentos identificados pelas palavras abaixo.

   Objetivo – Experiência profissional – Contatos – Formação acadêmica – Qualificações

3. Relacione a coluna A com a coluna B, identificando a frase adequada.

Coluna A		Coluna B
1 Objetivo	☐	Profissional com experiência em mercados nacionais e internacionais.
2 Qualificação	☐	Implementei novos processos e procedimentos gerando economia da ordem de 500 mil reais/ano.
3 Realização	☐	Posição de liderança na gestão de novos negócios.

4. Complete as frases com a palavra adequada.
   a) As informações sobre a experiência profissional devem ser iniciadas pela _____ empresa em que se trabalhou. (primeira – última)
   b) É _____ informar a idade e o estado civil. (obrigatório – facultativo)

III APLIQUE O QUE VOCÊ APRENDEU

1. Identifique a única afirmativa correta.
   ☐ a) Determinados dados pessoais, como número da identidade e CPF, devem sempre constar do currículo.
   ☐ b) No objetivo deve-se afirmar o cargo pretendido para que não haja mal--entendidos e possa ser agendada a entrevista com a pessoa adequada.

145

REDAÇÃO EMPRESARIAL

☐ c) É importante montar um currículo cuja leitura seja atraente por meio de vários tipos de fonte, itálico e negrito, destacando datas e informações.

☐ d) O objetivo não deve ser muito especificado para não restringir suas oportunidades.

2. Depois de ler as afirmativas a seguir, assinale a opção correta sobre elas.

I. Deve-se especificar no currículo, quando for o caso, o tipo de exposição internacional e sua data.

II. Na formação acadêmica, deve-se informar a data de início e a de término dos cursos.

III. Com a importância crescente da informática, convém listar todos os cursos realizados.

IV. Deve-se, sempre que possível, informar o resultado ou o benefício que suas realizações ofereceram à empresa.

☐ a) Todas as afirmativas estão corretas.
☐ b) Somente a afirmativa 4 está correta.
☐ c) As afirmativas 1 e 3 estão corretas.
☐ d) Somente as afirmativas 2 e 3 estão erradas.

2. Leia as frases que seguem e coloque (R) quando se referirem a realizações e (Q) quando se referirem a qualificações.

☐ a) Perfil empreendedor e analítico, com forte visão de negócio e competência negocial para compra e venda de terrenos.

☐ b) Desenvolvi e implantei um projeto de atendimento ao cliente que diminuiu sensivelmente a insatisfação dos clientes na comunicação com a empresa.

☐ c) Competência em vendas e merchandising, com grande experiência no desenvolvimento e acompanhamento de iniciativas de alto valor agregado.

☐ d) Participei do processo para a realização do IPO da empresa, que foi concluído no exíguo prazo de seis meses, realizando a maior emissão feita por empresa privada.

☐ e) Coordenei as atividades do departamento jurídico relacionadas a contencioso, contratos e documentos dos empreendimentos e supervisionei as atividades de cobrança e financiamento.

☐ f) Atuação no desenvolvimento de parcerias e distribuição de produtos, com ênfase em realização de objetivos.

PARTE II

PADRONIZAÇÃO DOS DOCUMENTOS EMPRESARIAIS

CAPÍTULO 10

Documentos empresariais

Neste capítulo, trataremos da redação de documentos empresariais diversos, instrumentos fundamentais de comunicação, marketing e controle externo e interno.

10.1 A correspondência empresarial moderna

A correspondência empresarial tem sofrido modificações ao longo do tempo, impostas pela dinamicidade exigida pelas organizações modernas. São mudanças que se refletem tanto na forma quanto no estilo da linguagem.

A correspondência empresarial escrita de antes de 1980 está muito distante do estilo, da linguagem e dos canais atuais.

FIGURA 10.1 **Mudanças nos documentos empresariais**

Correspondência empresarial 1950-1980	Mudanças	Correspondência empresarial 1980-2010
Prolixo: uso abusivo de vocabulário mais sofisticado, clichês, subterfúgios.	No estilo	Objetivo: apresentação das informações necessárias com clareza.
Denteado: com espaços na margem esquerda e na abertura de parágrafos.	Na disposição dos elementos	Bloco: uma única margem vertical do lado esquerdo.
Carta	No meio de transmissão	E-mail

Fonte: elaborada pela autora.

149

As mudanças mais importantes nos documentos das empresas privadas relacionam-se ao estilo da linguagem, à disposição dos elementos e, principalmente, ao meio de transmissão da informação.

10.2 Correspondência empresarial: informação, marketing e controle

Atualmente, a correspondência empresarial não é apenas um meio de comunicação. Como mostra a Figura 10.2, é também um instrumento de marketing e de controle: de marketing, porque a comunicação empresarial é a responsável pela imagem da organização diante de seu público, interno ou externo, e se insere na realidade de um mercado competitivo, em que todas as nuances de comportamento adquirem sentido; de controle, porque cristaliza informações e responsabilidades.

Vemos também que existe um cuidado cada vez maior para adequar a eficiência da mensagem à sua forma. É importante notar que, como, em geral, cada empresa tem os próprios valores, fluxogramas e aspectos culturais, elas apresentam variações nas normas da correspondência de acordo com sua própria realidade da tramitação de informações.

FIGURA 10.2 **Correspondência empresarial**

Fonte: elaborada pela autora.

10.3 As informações transmitidas por e-mail

O e-mail é o meio de comunicação mais utilizado atualmente nas empresas. Por meio dele são transmitidas informações para clientes internos ou externos.

Por isso, cabe aqui uma observação importantíssima: o e-mail é um meio moderno e eficaz de enviar com rapidez informações diversas, no entanto é preciso ter cuidado com sua adequação a cada situação.

Não se pode confundir linguagem de e-mail com o e-mail como canal de comunicação.

PARTE II • PADRONIZAÇÃO DOS DOCUMENTOS EMPRESARIAIS

Quando a informação se dirige a um cliente externo, o correio eletrônico é apenas um meio moderno e eficaz de fazer chegar com rapidez a informação. Assim, mantém-se a formalidade exigida pela situação.

Certamente, nas correspondências trocadas habitualmente, ou seja, no dia a dia corporativo, com os clientes internos, a linguagem é mais informal, ao passo que em outras situações a linguagem será determinada pelo assunto.

Atenção: a linguagem do correio eletrônico depende do destinatário e do assunto!

10.3.1 Como deve ser um texto de e-mail para um cliente externo?

No caso do envio de uma carta por correio eletrônico, por exemplo, a padronização estética de uma carta é preferencialmente mantida, bem como a estrutura formal da mensagem, com apresentação inicial, desenvolvimento e fecho.

Quanto à linguagem, o grau de formalidade será determinado pelo conteúdo e pelo destinatário. Leia adiante aspectos importantes sobre a correta formatação de uma carta.

Entretanto, quando o correio eletrônico é utilizado como documento empresarial interno, observamos uma significativa diferença na linguagem e na forma empregadas, se o compararmos a documentos tradicionais.

10.3.2 Como deve ser um texto de e-mail para um cliente interno?

Ao assumir o papel do bilhete ou do contato telefônico, a linguagem do e-mail tem um alto grau de informalidade, aproximando-se da fala.

Entretanto, quando o correio eletrônico funciona como memorando ou comunicação interna, verificamos um cuidado maior com o planejamento textual, a gramática e o grau de formalidade, também determinado pelo conteúdo da mensagem e pelo destinatário.

Seja qual for o caso, o importante é ressaltar que a formalidade da linguagem sempre será determinada pelo assunto tratado e pelo destinatário da mensagem.

Apresentamos a seguir três exemplos sobre o mesmo assunto. Observe como a informalidade sofre ligeiras modificações de acordo com a situação e a cultura interna da empresa.

REDAÇÃO EMPRESARIAL

EXEMPLO 1

Pessoal,

Estou confirmando nossa reunião de quinta-feira, às 14 horas. Não se atrasem, pois temos vários assuntos para analisar. Vocês estão sabendo que as conclusões deverão ser apresentadas à diretoria na próxima segunda-feira, portanto tragam já os assuntos estudados.

Um abraço,
Teresa

EXEMPLO 2

Pessoal,

Vocês não podem se atrasar pra reunião de quinta-feira, às 14 horas. Temos vários assuntos pra analisar. Tragam esses assuntos já estudados, OK?

Um abraço,
Teresa

EXEMPLO 3

Equipe,

Estou confirmando nossa reunião de quinta-feira, às 14 horas.

Solicito que não se atrasem, pois temos vários assuntos para analisar. Como as conclusões serão apresentadas à diretoria na próxima segunda-feira, tragam os assuntos já estudados.

Atenciosamente,
Teresa

10.3.3 Algumas questões sobre a utilização do e-mail

1. Você sabe qual é o maior problema com relação às mensagens empresariais por e-mail?
    O maior problema observado hoje em dia nas empresas é que a informalidade chegou a um ponto em que o assunto é redigido como se fosse uma fala despreocupada, há má organização das ideias e falta de clareza.

PARTE II • PADRONIZAÇÃO DOS DOCUMENTOS EMPRESARIAIS

2. Como evitar que a mensagem se mostre descuidada, prejudicando a clareza das ideias e a imagem de quem a redigiu?

Para evitar isso, organize a sequência das informações que você deseja transmitir. Outro cuidado é não cometer erros gramaticais. Não se esqueça de que, embora informal, o texto é um documento empresarial.

O exemplo a seguir é típico de um e-mail escrito às pressas.

TEXTO COM ERRO

Foi solicitado mais informações sobre o Sistema de Frequência e ficou fechado que a reunião será às dez horas.

TEXTO CORRETO

Foram solicitadas mais informações sobre o Sistema de Frequência e ficou combinado que a reunião será às dez horas.

Veja no Quadro 10.1 algumas dicas para a redação de um e-mail correto.

QUADRO 10.1 **Tira-dúvidas para um e-mail correto**

Vocativo	São possíveis várias formas de vocativo no e-mail, dependendo do assunto, da formalidade e do destinatário: a) Prezado Jorge, b) Olá, Jorge, c) Bom dia, Jorge, d) Jorge, e) Caro Jorge, f) Equipe, g) Pessoal etc.
Início do texto	O início do texto pode ser com letra: a) minúscula – quando se tratar de assunto rotineiro e destinatário de tratamento informal; b) maiúscula – quando o assunto for mais complexo e/ou mais delicado.
Linguagem	A linguagem dependerá do assunto tratado e do destinatário do e-mail, e sempre deve primar pela elegância e clareza. Pode-se iniciar pela ideia principal ou pela secundária.
Fecho	O fecho deve se conciliar com a mensagem. Em e-mails mais formais usa-se "atenciosamente", e em mensagens mais informais, dependendo da cultura da empresa, pode-se usar "um abraço".

Fonte: elaborado pela autora.

REDAÇÃO EMPRESARIAL

10.4 Disposição das informações em carta impressa e por e-mail

A carta moderna sofreu muita influência dos modelos norte-americanos, tanto na forma quanto no estilo.

Entre as décadas de 1950 e 1980, o modelo que vigorava era o chamado *denteado* (assim nomeado por causa das aberturas de parágrafos). Com a influência norte-americana, essa estética sofreu variações, até que, no final da década de 1980, foi assimilado totalmente o estilo *em bloco*. A Figura 10.3 ilustra bem a diferença entre os dois estilos.

FIGURA 10.3 **Modelo denteado e modelo em bloco**

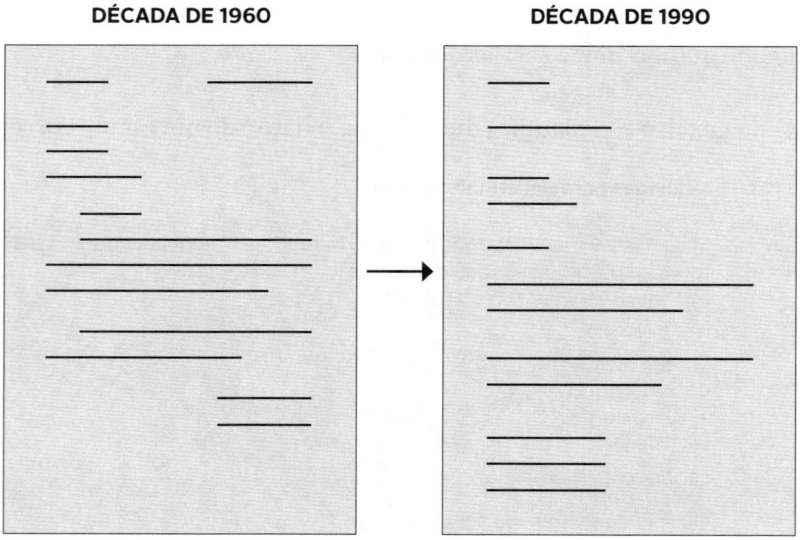

DÉCADA DE 1960

DÉCADA DE 1990

Fonte: elaborada pela autora.

A seguir, apresentamos no Quadro 10.2 uma relação de modernizações que aconteceram no conteúdo da carta impressa.

QUADRO 10.2 **Modernizações na estrutura da carta**

Número de expedição (no papel)	Pode aparecer isolado ou combinado ao setor ou à abreviatura da espécie do documento: Ex.: *657, SETRE/657, SETRE – 657* Por tradição, tem sido posto à esquerda, mas também pode ser colocado à direita para facilitar o arquivamento.

PARTE II • PADRONIZAÇÃO DOS DOCUMENTOS EMPRESARIAIS

Data	• O dia e o mês aparecem sem o zero à esquerda. Ex.: *Porto Alegre, 3 de maio de 2016.* Com relação à data no meio do texto, pode-se optar por escrevê-la com dois dígitos, ou com um dígito só: Ex.: *Em resposta à sua carta de 03/05/16* ou *Em resposta à sua carta de 3/5/16.* • O nome do mês é escrito em minúscula, inclusive a letra inicial. Ex.: *São Paulo, 1º de janeiro de 2016.* • Não há ponto ou espaço depois do milhar. • Depois da data, usa-se o ponto-final. Só na carta com pontuação aberta ele será dispensável. Pontuação aberta é um recurso norte-americano que consiste em não se colocar nenhum sinal de pontuação em três elementos: data, vocativo e fecho. Em nossa cultura, esse recurso não é aceito por todos, portanto não aconselhamos seu uso.
Destinatário ≠ Endereçamento	Na carta moderna, não se coloca o endereço do destinatário por uma questão de lógica: por que a pessoa que recebe a correspondência precisa saber o próprio endereço? É claro que caberá a cada empresa organizar seus arquivos de forma a associar o destinatário a seu endereço. A única situação em que será pertinente o uso do endereço no próprio corpo da carta será no caso de envelopes janelados. Eis algumas variações de como se pode estruturar o destinatário: *À* (facultativo) *Petróleo Brasileiro S.A. – Petrobras* (Observe o uso do *a* craseado. Deve ser usado sempre que ficar subentendida a palavra empresa) ou *Ao* (facultativo) *Banco do Brasil S.A.* *Agência Centro* ou ainda *À* (facultativo) *Sul América Capitalização* *Setor de Treinamento*
Att., At. ou A/C?	A/C → Este código deve ser utilizado somente no envelope, indicando *aos cuidados* de quem se direciona o documento. Att. → Abreviatura do inglês *attention*; não é usado em língua portuguesa. At. → Significa "em atenção de quem se destina o documento". Pode vir junto do destinatário ou logo abaixo: *À* *Petróleo Brasileiro S.A. — Petrobras* *Setor de Treinamento* *At.: Sra. Eliana de Souza*

REDAÇÃO EMPRESARIAL

Att., At. ou A/C?	ou À *Petróleo Brasileiro S.A. — Petrobras* *At.: Sra. Eliana de Souza* *Setor de Treinamento*
Referência ≠ Assunto	A referência diz respeito ao número do documento mencionado. O assunto refere-se ao tema que será abordado na correspondência. Assim, é errado: *Referência: Instalação de microcomputadores* Mas é correto: *Assunto: Instalação de microcomputadores* Quando houver a necessidade de se colocar o assunto e a referência, a melhor solução é: *Assunto: Instalação de microcomputadores* *Sua Carta-Proposta n.º 22*
Vocativo	Uma vez que o vocativo é uma invocação ao destinatário, ele deve concordar em gênero e número com este. Veja os exemplos: À *Sul América Capitalização* *Setor de Treinamento* *Prezados senhores,* ou À *Petróleo Brasileiro S.A. – Petrobras* *Setor de Treinamento* *At.: sra. Eliana de Souza* *Prezada senhora,* É importante ressaltar que, depois do vocativo, usa-se a vírgula, por determinação da IN nº 4/92, constante no *Manual de Redação da Presidência da República*.* Convém também observar que, gramaticalmente, o correto seria o uso dos dois-pontos, uma vez que depois se inicia uma frase com letra maiúscula. Em muitas cartas é oportuno usar o vocativo personalizado, quando se deseja fazer um apelo mais direto e que contenha maior força de venda.
Texto	O texto se inicia sempre sem abertura de parágrafo e não é mais imprescindível o alinhamento pela margem direita (cf. IN nº 133/82), embora depois do incremento do uso dos computadores seja mais usual este alinhamento, pois basta clicar no ícone "justificar". A separação dos parágrafos é indicada por um espaço maior entre uma linha e outra.

* BRASIL. Presidência da República. Manual de redação da Presidência da República. Brasília, 2002. 130 p. Disponível em: <www.planalto.gov.br/ccivil_03/manual/ManualRedPR2aEd.PDF>. Acesso em: out. 2016.

PARTE II • PADRONIZAÇÃO DOS DOCUMENTOS EMPRESARIAIS

Texto	Observe que até o fecho "Atenciosamente" tudo vem alinhado na mesma margem esquerda.
Nome e cargo/função	Atualmente, não se coloca mais a linha para a anteposição da assinatura, pois todos são capazes de assinar de maneira correta, independentemente da linha. É importante ressaltar que não se antepõe título ao nome do signatário que, geralmente, vem somente com as iniciais em maiúscula na carta. (Como veremos no Capítulo 11, nos ofícios o nome virá em letra maiúscula.) Não se deve deixar de registrar o nome de quem está assinando, pois a assinatura é sempre de uma pessoa, e não de um setor ou uma divisão: Jairo da Silva Setor de Cobrança
Anexos	A palavra *anexo*, no canto esquerdo da carta impressa, tem a finalidade de apontar, de forma simplificada, a inclusão de outros documentos. Como ela tem por objetivo conferir os documentos inclusos, não faz sentido o uso já disseminado da expressão "os citados", pois a pessoa teria de ler todo o texto para, só depois, saber se os documentos estão de acordo. Portanto, embora não se tenha este costume, o mais lógico é colocar o nome do documento citado ou a quantidade dos documentos incluídos. *anexos: Comunicado AMB n.º 7* *Tabela de Honorários Médicos* Ou *anexos: 2*

Fonte: elaborado pela autora.

Apresentaremos, agora, alguns exemplos.

EXEMPLO DE CARTA IMPRESSA

Rio de Janeiro, 6 de março de 2012.

À
Empresa Tal S.A.

At.: Dr. Flávio de Castro

Assunto: Padrão datilográfico

REDAÇÃO EMPRESARIAL

Prezado senhor,

Esta carta ilustra o preenchimento das novas correspondências das empresas. As instruções que se seguem, responsáveis pela manutenção da imagem de modernidade da empresa, devem ser repassadas a todos os funcionários.

A única margem aceita, a partir dos anos 1990, é a da esquerda, começando-se com a data e terminando com a assinatura. Não deve haver nenhum elemento do lado direito, à exceção da padronização recomendada para o Ofício e para o Memorando das repartições públicas.

Observe-se que não se coloca mais o endereço do destinatário no corpo da carta, a menos que o envelope seja janelado. Entretanto, pode ser discriminado o setor ao qual a carta está sendo enviada.

Com relação à margem direita, ela pode, conforme Instrução Normativa de 1982, não estar alinhada. Porém, com o uso do computador cada vez mais disseminado, a tendência é manter o alinhamento.

Registre-se que a entrada de cada parágrafo já deixou de existir e a separação entre parágrafos é feita por uma linha em branco. Essa orientação é válida inclusive para o último parágrafo, cuja tendência é resumir-se na palavra "atenciosamente".

Esperando que as novas normas reflitam o espírito de modernidade da empresa, desejamos sucesso.

Atenciosamente,

Miriam Gold

Observe que:

a] não há o ano junto à numeração da carta, que vem com a sigla do departamento;

b] a data vem à esquerda, junto com todo o resto do texto, e fecha-se com o ponto-final;

c] o mês é indicado com inicial minúscula;

d] não se coloca o endereço na folha da carta, só no envelope;

e] não se usa o pronome *senhorita*;

f] não há abertura de parágrafos;

g] toda carta deve ser assinada por alguém que possa ser identificado.

PARTE II • PADRONIZAÇÃO DOS DOCUMENTOS EMPRESARIAIS

EXEMPLO DE E-MAIL PARA CLIENTE INTERNO, COM LINGUAGEM FORMAL

Caro Gomes,

Estou enviando, para análise e comentários, os dados colhidos entre as secretárias da empresa, visando à elaboração do Manual da Secretária.

Atenciosamente,

Jorge

EXEMPLO DE E-MAIL PARA CLIENTES INTERNOS, COM LINGUAGEM FORMAL

Prezados,

Encaminhamos anexos os novos padrões de correspondência interna e externa que serão utilizados por nossa empresa.

Essa reformulação faz parte do processo de modernização que estamos implantando e trará implicações tanto na agilidade das tomadas de decisão internas quanto na melhoria da qualidade da relação com o cliente.

Esclarecemos que cada novo padrão encontra sua aplicação explicitada no arquivo e é resultado de estudos elaborados pela consultoria externa junto com nossos colaboradores internos.

Solicitamos, então, a divulgação das novas orientações para todos os setores, com a recomendação de utilização imediata.

Agradecemos sua colaboração.

Atenciosamente,

Andrade

159

REDAÇÃO EMPRESARIAL

APLICANDO A TEORIA NA PRÁTICA

A carta abaixo está redigida de forma bastante antiquada, tanto nos aspectos formais quanto na linguagem. Faça as modificações necessárias para que ela se transforme numa moderna correspondência empresarial.

Ct- 43/97 — DIVPES

18 de Abril de 1997

ASSOCIAÇÃO COMERCIAL DE VITÓRIA
A/C: sr. Fernando Matos

Ass.: suas cartas 113/97 e 117/97 — reunião 22 ABR 97

Prezado senhor

Informamos que o sr. Paulo Garcia Júnior estará acompanhando a comitiva do Governo do Estado ao Chile. Estaremos enviando dois representantes para a reunião referenciada, são os senhores: **CARLOS JOSÉ DA SILVA** e **JURANDIR DE SOUZA**.

Em relação a solicitação de um coordenador para o projeto "TURISMO ESPETACULAR", esclarecemos que para este prezado evento estaremos indicando o sr. Antonio Moura Brasil.

Sem mais para o momento.

Atenciosamente

Paulo Garcia Júnior
Presidente

160

| CAPÍTULO 11 |

Correspondência oficial

Neste capítulo, estudaremos a padronização vigente do ofício (correspondência externa) e do memorando (correspondência interna) dos órgãos públicos, ressaltando que seguiremos o *Manual de redação da Presidência da República*,[1] mais atualizado documento de normatização das comunicações oficiais brasileiras, editado primeiramente em 1992 e revisto em 2002.

11.1 Uniformização da correspondência oficial

No serviço público não se podia, até pouco tempo, falar em unidade nos padrões de correspondências relacionadas aos atos administrativos oficiais.

No entanto, em 1991, foi criada pela Presidência da República uma comissão para uniformizar e simplificar as normas de redação de atos e comunicações oficiais. Como resultado do trabalho dessa comissão foi elaborado, em 1992, o *Manual de redação da Presidência da República*, com a finalidade de racionalizar e padronizar a redação das comunicações oficiais.

Desse estudo também resultou a Instrução Normativa n. 4, de 6 de março de 1992, que visa consolidar tais normas e torná-las obrigatórias no âmbito federal.

11.2 O ofício

O ofício é uma forma de correspondência oficial trocada entre chefes ou dirigentes de mesma hierarquia ou enviada a alguém de hierarquia superior à daquele que assina. Ele é empregado na comunicação de assuntos oficiais pelos órgãos da administração pública entre si e com órgãos particulares, e sua

---

[1]   BRASIL. Presidência da República. *Manual de redação da Presidência da República*. Brasília, 2002. 130 p. Disponível em: <www.planalto.gov.br/ccivil_03/manual/ManualRedPR2aEd.PDF>. Acesso em: out. 2016.

finalidade é informar, com o máximo de clareza e precisão, utilizando para isso o padrão culto da língua.

Como ele circula entre agentes públicos ou entre um agente público e um particular, sua linguagem deve ser formal sem ser rebuscada, pois "as comunicações que partem dos órgãos públicos federais devem ser compreendidas por todo e qualquer cidadão brasileiro".[2]

Veja, a seguir, um modelo de ofício do *Manual de redação da Presidência da República*.

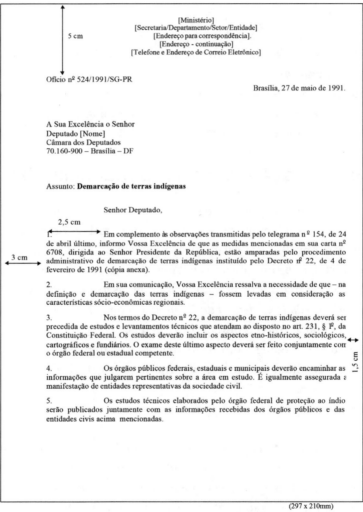

---

[2] BRASIL, 2002, p. 5.

Observação: quando o ofício tiver mais de uma página, como este exemplo, a continuação se dará na página seguinte, com o fecho e a assinatura. O destinatário e o endereçamento ficam sempre na primeira página.

Veja como ficaria a continuação do ofício:

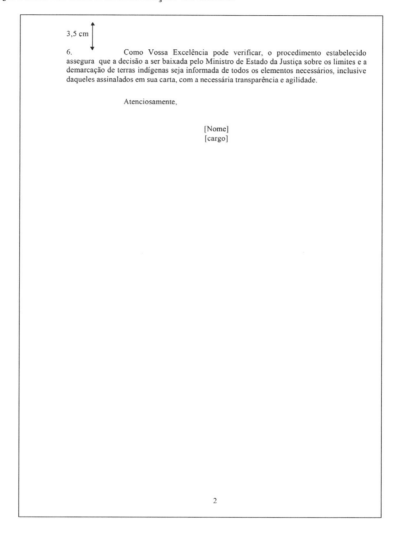

Você poderá encontrar muitas diferenças entre esse modelo de ofício e outros utilizados por diversos órgãos públicos. Em geral, isso acontece porque cada secretaria – estadual ou municipal – cria seus próprios modelos, contrariando a disposição federal de padronizar os documentos oficiais.

Sugerimos que, quando necessário, você utilize a padronização recomendada pela Secretaria de Administração Federal. As principais observações são as que seguem.

REDAÇÃO EMPRESARIAL

- Não há mais indicação do ano junto com a numeração do ofício.
- Há ponto-final após a data.
- O assunto é facultativo.
- O vocativo compõe-se da seguinte formalização: Senhor + Cargo (em maiúscula) do destinatário. Exemplo: Senhor Chefe da Divisão de Serviços Gerais.
- O primeiro parágrafo (o vocativo) e o último parágrafo (o fecho) não são numerados.
- A numeração dos outros parágrafos é feita a 2,5 cm da margem esquerda da folha, é seguida de ponto e deve-se alinhar o começo de cada parágrafo pelo primeiro.
- Quanto ao endereçamento no envelope, se as comunicações forem dirigidas às autoridades tratadas por Vossa Excelência, terá a seguinte forma:

Excelentíssimo Senhor
Fulano de Tal
Juiz de Direito da 10ª Vara Cível
Rua ABC, n. 123
01010-000 – São Paulo/SP

No Manual, descobrimos também que fica "abolido o uso do tratamento Digníssimo [...]", pois "a dignidade é pressuposto para que se ocupe qualquer cargo público, sendo desnecessária a sua repetida evocação".[3]

Quando não se empregar o tratamento de Excelência ao destinatário, é necessário dirigir-se a ele como Vossa Senhoria, e o endereçamento ficará assim:

Senhor
Eduardo Maia
Secretário Municipal de Saúde
Rua XYZ, n. 789
012301 – Rio de Janeiro/RJ

Conforme o Manual, "fica dispensado o emprego do superlativo ilustríssimo para as autoridades que recebem o tratamento de Vossa Senhoria e para particulares. É suficiente o uso do pronome de tratamento 'Senhor'".[4]

---

[3] BRASIL, 2002, p. 18.
[4] BRASIL, 2002, p. 10.

PARTE II • PADRONIZAÇÃO DOS DOCUMENTOS EMPRESARIAIS

Há ainda uma observação muito interessante sobre o uso do já convencional título "doutor":

> Acrescente-se que 'doutor' não é forma de tratamento e, sim, título acadêmico. Não deve ser usado indiscriminadamente. Seu emprego deve restringir-se a pessoas que tenham tal grau por terem concluído curso universitário de doutorado.[5]

- O último parágrafo (fecho) deve estar centralizado na folha e foi simplificado e uniformizado da seguinte forma:

  - *Respeitosamente* – para autoridades superiores, inclusive o Presidente da República, e
  - *Atenciosamente* – para autoridades da mesma hierarquia ou de hierarquia inferior.

- O sinal de pontuação que se segue ao fecho é, obrigatoriamente, a vírgula.

11.3 O memorando oficial

O memorando é a modalidade de comunicação entre unidades administrativas de um mesmo órgão, que podem ter ou não a mesma hierarquia. Trata-se, portanto, de uma forma de comunicação eminentemente interna.

Sua principal característica é a agilidade. A tramitação do memorando em qualquer órgão deve pautar-se pela rapidez e pela simplicidade de procedimentos burocráticos. Por isso, para evitar desnecessário aumento no número de comunicações e de papel, os despachos ao memorando devem ser dados no próprio documento. Veja um modelo de memorando oficial.

---

[5] BRASIL, 2002, p. 10.

REDAÇÃO EMPRESARIAL

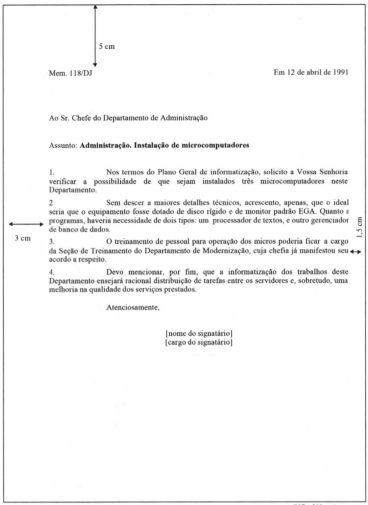

Considere as observações a seguir.

- Tal como no ofício, da numeração do memorando também não consta o ano.
- A data deve figurar na mesma linha do número e da identificação do memorando.
- O destinatário do memorando é mencionado pelo cargo que ocupa. Quanto ao emissor, já foi mencionado na numeração e virá explícito na assinatura.
- O assunto esclarece o teor da comunicação.
- Em relação ao texto, ele segue o mesmo padrão do ofício.
- O fecho também segue a mesma normatização que o ofício.

PARTE II • PADRONIZAÇÃO DOS DOCUMENTOS EMPRESARIAIS

APLIQUE O QUE VOCÊ APRENDEU

O memorando seguinte talvez esteja na forma recomendada por alguma instituição, mas certamente está fora dos padrões oficiais.

Memorando FJG/DOP/CCP N. 14   Em 18/5/2000

Senhor Diretor da Divisão de Apoio Administrativo

Solicitamos a V.S.ª cientificar os interessados de que o curso de língua portuguesa, programado para o mês de maio, somente começará no dia 4 de agosto, permanecendo o horário anteriormente estabelecido.

Encaminhamos, anexo, o conteúdo programático do curso.

Atenciosamente,

Nome

Cargo do signatário

Reescreva esse memorando de acordo com o *Manual de redação da Presidência da República.*

CAPÍTULO 12

Documentos administrativos

Neste capítulo, aprenderemos, por meio de modelos, a estrutura de diversos documentos administrativos necessários em nosso dia a dia profissional.

12.1 Acordo

O acordo é um ajuste, uma convenção de regras que servem às partes nele destacadas. Observe o exemplo a seguir.

ACORDO

Pelo presente acordo de trabalho, celebrado entre a firma _____, estabelecida nesta cidade, na _____, de um lado, e seus empregados abaixo assinados, de outro, fica estipulado o seguinte:

a) de segunda a sexta-feira os empregados terão seus horários prorrogados em uma hora diária;

b) os empregados receberão o acréscimo de 10% (dez por cento) sobre o valor da hora normal durante a hora suplementar de trabalho;

c) o presente contrato poderá ser denunciado por qualquer das partes mediante aviso prévio de 15 (quinze) dias.

E, como ambas as partes estão de pleno acordo, firmam o presente contrato em 3 (três) vias do mesmo teor, perante as testemunhas infra-assinadas.

São Paulo, 15 de maio de 2016.

Testemunhas:
Assinatura do representante dos trabalhadores
Assinatura do representante da empresa
Assinatura dos trabalhadores

PARTE II • PADRONIZAÇÃO DOS DOCUMENTOS EMPRESARIAIS

12.2 Ata

Ata é o registro escrito do que se passa ou do que se passou em uma reunião, assembleia ou convenção. Seu objetivo principal é expressar as ocorrências de uma reunião de forma clara e precisa. É um dos documentos mais difíceis de ser elaborado em virtude da necessidade de se interpretar, selecionar e expressar informações geradas por vários emissores com a maior fidelidade e clareza possíveis. O redator de ata deve analisar as informações expostas e saber distinguir as ideias principais e as secundárias. É mais fácil o texto ser escrito posteriormente, pois há tempo para reflexão e análise das informações, bem como para a correta estruturação das frases.

Elementos básicos de uma ata:

- dia, mês, ano e hora da reunião;
- local da reunião;
- relação e identificação das pessoas presentes;
- ordem do dia ou pauta;
- identificação do presidente e do secretário;
- fecho.

Em caso de erro:

- nos casos de erros constatados no momento de redigi-la, emprega-se a partícula corretiva "digo";
- quando o erro é notado após a redação de toda a ata, recorre-se à expressão "em tempo", que é inserida após o texto. Exemplo: *Em tempo: na linha onde se lê "bata", leia-se "pata".*

Observação importante: atualmente, nota-se a tendência de modernizar as atas para que fiquem mais fáceis de ser compreendidas.

EXEMPLO DE ATA TRADICIONAL

ATA DE REUNIÃO DE DIRETORIA

Aos cinco dias do mês de fevereiro de 2016, às 14 horas, na sede da Rua dos Mananciais, n. 82 – São Paulo – SP, reuniu-se a Diretoria da Jalento Industrial S.A., estando presentes todos os seus membros, conforme infra-assinados, sob a presidência do Sr. Antonio de Souza, que convidou a mim, João Ângelo, para secretário. Assim reunidos, os senhores diretores,

REDAÇÃO EMPRESARIAL

depois de comentar os relatórios da Consultoria Dédalo sobre a necessidade de melhorias no Atendimento ao Cliente, deliberaram sobre a liberação de verbas para o treinamento da qualidade profissional daquele setor. Ficou resolvido também que cada Diretor efetuará uma previsão orçamentária sobre sua disponibilidade financeira para tal treinamento e o assunto será discutido na próxima reunião semanal de diretoria. Nada mais havendo a tratar, foi encerrada a reunião, lavrando-se a presente Ata, que, lida e achada conforme, vai ser assinada por todos os presentes.

São Paulo, 5 de fevereiro de 2016.

EXEMPLO DE ATA MODERNA

ATA DE REUNIÃO DE DIRETORIA

Data: 5/2/2016

Hora: 14 horas

Local: Rua dos Mananciais, n. 82 – São Paulo – SP

Pauta:

1. Análise do relatório da Consultoria Dédalo.

2. Deliberação sobre a liberação de verbas para treinamento do Setor de Atendimento ao Cliente.

Presentes:

Presidente – Sr. Antonio de Souza

Diretor Administrativo – Sr. João Ângelo

Diretor de Produção e Comercialização – Sr. Germano Bracht

Diretora Financeira – Sra. Clarice Sá

Considerações:

1. Há necessidade real de melhoria do Atendimento ao Cliente.

2. Há necessidade de verbas para a realização de treinamentos.

Deliberações:

1. Cada Diretor efetuará uma previsão orçamentária sobre sua disponibilidade financeira para realizar treinamentos que visem à melhoria no Atendimento ao Cliente.

2. As verbas disponíveis para os treinamentos e um cronograma de treinamento serão discutidos na próxima reunião semanal da Diretoria.

São Paulo, 5 de fevereiro de 2016.

Assinatura dos presentes:

PARTE II • PADRONIZAÇÃO DOS DOCUMENTOS EMPRESARIAIS

EXEMPLO DE ATA TRADICIONAL DE CONDOMÍNIO

ATA DA ASSEMBLEIA GERAL ORDINÁRIA DO CONDOMÍNIO DO
EDIFÍCIO BARROS SÁ, REALIZADA NO DIA 22 DE MARÇO DE 2016

Aos vinte e dois dias do mês de março do ano de dois mil e dezesseis, por não ter havido número legal de condôminos presentes às vinte horas em primeira convocação, reuniram-se em Assembleia Geral Ordinária às vinte horas e trinta minutos em segunda e última convocação os Srs. Condôminos do Edifício **BARROS SÁ**, situado na Rua Santa Clara, nº 333, nesta cidade, para, previamente convocados por Edital distribuído aos interessados, mediante protocolo e/ou correspondência postal, no próprio prédio deliberarem sobre a seguinte Ordem do Dia: **1) PRESTAÇÃO DE CONTAS; 2) ELEIÇÃO DE SÍNDICO E CONSELHO CONSULTIVO; 3) PREVISÃO ORÇAMENTÁRIA; 4) ASSUNTOS GERAIS**. Aberta a sessão foi indicada para presidir os trabalhos a Sra. Sandra Vieira (ap. 301), que, aceitando, convidou a Sra. Neide Gomes, representante da HOUSE & QUALITY, para secretariar os trabalhos. Procedeu-se à leitura do Edital de Convocação, não se registrando nenhuma reclamação ou impugnação. Passou-se ao primeiro item, **PRESTAÇÃO DE CONTAS**, e, por unanimidade, as contas do Sr. Síndico foram aprovadas. No segundo item, **ELEIÇÃO DE SÍNDICO E CONSELHO CONSULTIVO**, foi reeleito por unanimidade para o cargo de síndico o Sr. José Ribeiro (Cob. 02) e para compor o Conselho Consultivo foram eleitos os condôminos: Sra. Sandra Vieira (ap. 301 – Presidente do Conselho), Sra. Sueli (ap. 601), Dr. Marcos Nascimento (ap. 303) e Sra. Regina Melo (ap. 906). Finalizando este item, fica a administração ora eleita empossada pelo período de um ano. No terceiro item, **PREVISÃO ORÇAMENTÁRIA**, foi apresentado ao plenário um estudo orçamentário, o qual consignava uma receita no valor de R$ 9.360,00 (nove mil, trezentos e sessenta reais), perfazendo um reajuste na atual receita de 26,74%. Colocada a matéria em votação, foi decidido por unanimidade não reajustar a cota condominial, mantendo a mesma receita líquida no valor de R$ 7.385,02 (sete mil, trezentos e oitenta e cinco reais e dois centavos) rateados pela fração ideal de cada unidade. Ainda neste item, ficou deliberado, por unanimidade, que o Sr. Síndico poderá repassar para a conta do condomínio na House & Quality a verba da caderneta de poupança do Banerj, quando houver necessidade de cobrir o saldo devedor. Ficou também aprovado por unanimidade que o Sr. Síndico, com o Conselho Consultivo, poderá reajustar a cota condominial quando julgar necessário, independentemente de aprovação de assembleia, até o percentual de 30% (trinta por cento). No quarto e último item, **ASSUNTOS GERAIS**, foram abordados os seguintes assuntos: 1) Foi solicitado que a House & Quality comunique ao procurador da unidade 902 o dano causado na caixa de telefone do nono andar, bem como que seja retirado o entulho, proveniente de obras realizadas em seu apartamento, da garagem, num prazo de três dias úteis, caso contrário o condomínio tomará as medidas necessárias; 2) Os condôminos presentes solicitam aos moradores que seja feita uma manutenção nos aparelhos de ar-condicionado, para evitar gotejamento irregular, o que é proibido conforme a Lei nº 2749, de 23 de março de 1999; 3) O Sr. Síndico providenciará o conserto do tubo barbará entupido na garagem, bem como do furado; 4) O Sr. Síndico informou que está negociando o contrato com a empresa de elevadores no valor de R$ 780,00 (setecentos e oitenta reais); 5) Foi solicitado que sejam lixadas e pintadas as portas dos elevadores, como também que seja verificado um local para colocação do escaninho; 6) Será colocado borrachão no elevador de serviço e corrimão nas escadas; 7) Foi informado que a unidade

REDAÇÃO EMPRESARIAL

> 1005 joga lixo pela janela, conforme papel encontrado por moradores no lixo, identifican-do a unidade. Nada mais havendo a ser tratado, a Sra. Presidente deu por encerrados os trabalhos, dos quais, eu, secretária, lavrei a presente ata, a qual segue assinada por mim e pela Sra. Presidente.
>
> Rio de Janeiro, 22 de março de 2016.
>
> PRESIDENTE: SANDRA VIEIRA
> SECRETÁRIA: NEIDE GOMES

12.3 Atestado

O atestado é uma declaração, um documento firmado por uma *autoridade* em favor de alguém que certifica, afirma, assegura, demonstra algo que interessa a outrem.

O atestado e a declaração são documentos semelhantes, não havendo, no aspecto formal, nenhuma particularidade que os distinga. Contudo, a declaração prescinde de uma autoridade que a certifique.

EXEMPLO

ATESTADO DE IDONEIDADE MORAL

Eu, (nome), (profissão), atesto para os devidos fins que conheço _____
há _____ (...) anos e que é pessoa de alto conceito, digna de toda confiança e que nada
existe que possa desaboná-la.

Por ser expressão de verdade, firmo o presente atestado.

_____, __ de _____ de 20__.

....
    (assinatura)

12.4 Aviso ou comunicação interna

O aviso, ou comunicação interna, é um comunicado formal que serve para orde-nar, cientificar, prevenir, noticiar, convidar. Suas características básicas são: texto breve e linguagem clara.

O aviso, em empresa particular, tem características muito diferentes do aviso utilizado na administração pública.

PARTE II • PADRONIZAÇÃO DOS DOCUMENTOS EMPRESARIAIS

EXEMPLO DE AVISO EM EMPRESA PARTICULAR

> **AVISO**
>
> O Departamento de Pessoal informa que as cestas de Natal de todos os empregados estarão disponíveis a partir do dia 18 de dezembro, no Grêmio.

EXEMPLO DE AVISO NA ADMINISTRAÇÃO PÚBLICA DO *MANUAL DE REDAÇÃO DA PRESIDÊNCIA DA REPÚBLICA*

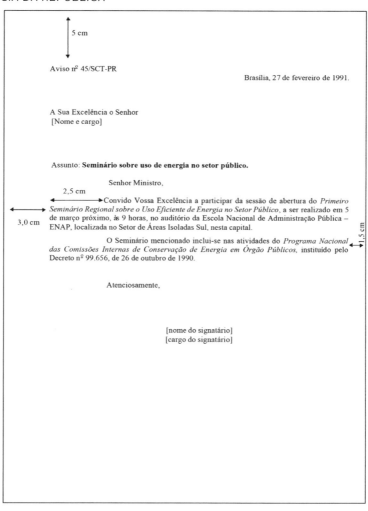

REDAÇÃO EMPRESARIAL

12.5 Bilhete

O bilhete é um texto simples e breve, em que se informa algo de maneira bem informal. Hoje, com a informatização dos escritórios, ele é muitas vezes substituído pelo e-mail. Quando é escrito em papel, é necessário o uso do bom senso: não esquecer a boa educação e a gramática!

EXEMPLO

Ana,

Preciso que você dê uma conferida nos números do relatório que deixei em sua mesa.

Obrigada,

Teresa

12.6 Circular

A circular é uma comunicação (carta, manifesto ou ofício) que, reproduzida em muitos exemplares, é dirigida a diversas pessoas ou a um órgão.

Em uma carta do tipo circular, o receptor deve ter a impressão de que o texto foi redigido especialmente para ele. Em muitos casos, o nome do destinatário é citado de maneira explícita no vocativo.

EXEMPLO

Prezado Advogado,

Nossa empresa desenvolve suas atividades de tratamento da informação na área jurídica e conta com a experiência de mais de 15 anos. Por ocasião de sua formatura, estamos lhe oferecendo promocionalmente nossa revista bimensal *Língua Jurídica*, que trata especificamente do assunto.

Além de informes periódicos sobre questões de linguagem na área jurídica, dispomos de uma Central de Consultas, que oferece orientações para os nossos assinantes sobre a melhor redação de determinado trecho de documento ou petição.

Com este número promocional da revista, colocamos à sua disposição uma consulta gratuita a nossa Central de Consultas durante o próximo período de três meses. Basta mencionar o código encontrado na capa de sua revista e imediatamente será oferecida a informação desejada.

PARTE II • PADRONIZAÇÃO DOS DOCUMENTOS EMPRESARIAIS

> Temos a certeza de que nosso trabalho propiciará habilidades e informações adicionais a seu desenvolvimento profissional. Para assinatura posterior da revista *Língua Jurídica*, basta ligar para (21) 2244-5566.
>
> Atenciosamente,
>
> Paulo Renato de Almeida
>
> Diretor-Presidente

12.7 Comunicação interna

Para explorar este tema, veja o item 10.3, *As informações transmitidas por e-mail*, no Capítulo 10.

12.8 Convocação

Convocação é uma espécie de convite em que não há cunho social, e sim administrativo.

EXEMPLO

> ASSEMBLEIA GERAL EXTRAORDINÁRIA
>
> CONVOCAÇÃO
>
> Convocamos os Srs. Acionistas a participarem da ASSEMBLEIA GERAL EXTRAORDINÁRIA que será realizada em 26 de janeiro de 2016, às 15 horas, na sede social da empresa, na Av. Copacabana, 567, conj. 01, nesta cidade, a fim de deliberarem sobre os seguintes assuntos:
>
> a) Alteração do artigo 12 do Estatuto Social, para a reestruturação dos cargos do Conselho de Administração;
>
> b) Fixação da nova remuneração dos membros do Conselho.
>
> São Paulo, 4 de janeiro de 2016.
>
> Álvaro de Sá
>
> Presidente do Conselho de Administração

12.9 Declaração

A declaração é um depoimento, conforme veremos nos exemplos a seguir.

175

REDAÇÃO EMPRESARIAL

EXEMPLO 1

DECLARAÇÃO

Eu, _____, declaro, para os devidos fins, que me foram furtados em __/__/__ RG, CPF, CNH, bem como os cartões Credicard, American Express, cartão Banco 24 Horas, talões de cheques Banco X, agência Y. Assim, comunico que não me responsabilizo por cheques emitidos nem pelo mau uso dos documentos. Ocorrência registrada em _____ B.O. no _____ no mesmo dia.

local e data

_____

EXEMPLO 2

DECLARAÇÃO

Declaramos para os devidos fins que o Sr. _____, portador da Carteira de Trabalho nº _____ da série _____ , foi nosso funcionário no período de _____ a _____, exercendo a função de _____.

Informamos, ainda, que o referido empregado, durante o tempo em que aqui trabalhou, exerceu sua função a contento, não havendo nada que possa desaboná-lo.

local e data

_____

EXEMPLO 3

DECLARAÇÃO À PRAÇA – HOMÔNIMO

João da Silva, brasileiro, casado, aposentado, portador do RG _____e do CPF _____, nascido aos __/__/__, filho de _____ e de _____, residente em apartamento próprio na Rua _____, nesta Capital, declara à praça e a quem possa interessar o seguinte:

1º) Que não se referem à sua pessoa a emissão de cheques sem fundos divulgados em aviso do Banco Bradesco, tratando-se, nesses casos, de um homônimo a quem desconhece e com o qual não tem parentesco;

2º) Que quaisquer irregularidades surgidas por meio de certidões obtidas nos Cartórios de Protestos, nos Distribuidores do Poder Judiciário do Rio de Janeiro e da Justiça Federal não se referem à sua pessoa, que sempre primou pela retidão de suas ações e pontualidade nos pagamentos de sua responsabilidade.

São Paulo, __ de _____ de 20__.

João da Silva

PARTE II • PADRONIZAÇÃO DOS DOCUMENTOS EMPRESARIAIS

12.10 Procuração

A procuração é um documento pelo qual uma pessoa autoriza outra a tratar de um assunto ou a agir em seu nome. Ela só terá validade legal se a assinatura vier com firma reconhecida.

EXEMPLO DE TEXTO PARA QUALQUER PROCURAÇÃO PARTICULAR

PROCURAÇÃO

[Abertura] ············ (nome) _____, (nacionalidade) _____,
(est. civil) _____ , (profissão) _____ , residente na
_____ (cidade) _____ , (estado) _____ , portador do RG nº _____ , CPF nº _____ , pelo presente
instrumento de procuração constitui e nomeia seu bastante procurador (nome) _____, (nacionalidade) _____, (est. civil)
_____, (profissão) _____, residente na _____
(cidade) _____ , (estado) _____ , portador do RG nº
_____ CPF nº _____ , para _____

[Texto] ············ _____
_____
específico _____
_____

[Fecho fixo] ············ podendo, para tanto, realizar todos os atos necessários para esse fim.

(cidade) _____ , (dia) ____ de (mês) _____ de 20____

(assinatura) _____
firma reconhecida

12.11 Recibo

Em um recibo, declara-se o recebimento de algo ou de alguma quantia. A quantia pode vir em destaque no lado direito do documento (conforme exemplo 2).

EXEMPLO 1

RECIBO

Recebi da empresa TOP EVENTOS a quantia de R$ 150,00 (cento e cinquenta reais) referente ao valor da diária para o seminário Comunicação Empresarial Escrita, realizado em São Paulo, em 28 de novembro de 2015.

Rio de Janeiro, 30 de novembro de 2015.

Miriam Gold

REDAÇÃO EMPRESARIAL

EXEMPLO 2

RECIBO

R$ 5.000,00

Recebi do Sr. Antonio Flores a importância de R$ 5.000,00 (cinco mil reais) como sinal de compra do apartamento 504, situado na Rua das Laranjeiras, 350, Laranjeiras, Rio de Janeiro, de minha propriedade.

O preço total da venda é de R$ 155.000,00 (cento e cinquenta e cinco mil reais), dos quais foram pagos os presentes R$ 5.000,00 (cinco mil reais) e o restante será pago em três parcelas de R$ 50.000,00 (cinquenta mil reais) nos dias 15 de outubro, 15 de novembro e 15 de dezembro de 2000.

Rio de Janeiro, 10 de setembro de 2000.

Augusto Toledo de Barros

12.12 Requerimento

Requerimento é um instrumento pelo qual se solicita algo a uma autoridade. Em muitos casos, ele traz a citação do amparo legal do pedido.

É aconselhável deixar sete espaços entre o destinatário e o texto do despacho.

Os fechos do requerimento são bem específicos:

Por extenso	Abreviados
Nestes Termos,	N. T.
Pede Deferimento. (ou)	P. D.
Espera Deferimento.	E. D.

PARTE II • PADRONIZAÇÃO DOS DOCUMENTOS EMPRESARIAIS

EXEMPLO 1

> Senhor Diretor da Faculdade de Economia da UFRJ,
>
>
>
>   Nair de Souza, aluna regularmente matriculada no segundo semestre de Economia desta Universidade, vem requerer o trancamento de sua matrícula, em virtude de problemas de saúde.
>
> N.T.
>
> P.D.
>
> Data
>
> Assinatura

EXEMPLO 2

> Senhor Diretor da Faculdade de Economia da UFRJ,
>
>
>
>   Eu, Nair de Souza, aluna regularmente matriculada no segundo semestre de Economia desta Universidade, venho requerer o trancamento de minha matrícula, em virtude de problemas de saúde.
>
> N.T.
>
> P.D.
>
> Data
>
> Assinatura

REDAÇÃO EMPRESARIAL

APLIQUE O QUE VOCÊ APRENDEU

Uma secretária de repartição pública brigou com o noivo e, arrependida, redigiu o texto a seguir, em forma de requerimento. Transforme-o em uma declaração que apresente introdução e três parágrafos de desenvolvimento.

Requerimento:

Ilmo. Senhor Diretor do meu coração.

Amália Amélia da Silva, residente e domiciliada em São Paulo, na Rua do Tijuco Preto n. 13, portadora do RG n. 500631421, vem respeitosamente requerer o perdão de V.S.ª para as rudes palavras que proferiu ao final da Festa do Vinho do Atlético Clube Pinheirense, no domingo, dia 8 de maio.

A requerente reconhece que exorbitou quando jogou o garrafão de vinho sobre a capota do carro de V.S.ª e que assim agiu movida pelas forças desconhecidas do ciúme. Reconhece ainda que muito o ama e declara que jamais pensou em ofendê-lo.

Nestes termos,

Pede deferimento.

São Paulo, 13 de maio de 2015.

Amália Amélia da Silva.

PARTE III

NORMATIZAÇÃO GRAMATICAL

| CAPÍTULO 13 |

Grafia: usos e significados

Na língua portuguesa, assim como em várias outras em que há a componente falada e a componente escrita, os fonemas distinguem-se das letras. Ou seja, a forma
acústica distingue-se da letra, sinal representativo do sistema sonoro na escrita.

Como os fonemas não são letras, a identidade perfeita entre estas e as formas
acústicas não existe, bem como inexiste a possibilidade de uma ortografia absolutamente coerente ou ideal. Há situações similares de pronúncia, mas díspares na
grafia, e vice-versa, tornando complexo o sistema ortográfico das línguas.

13.1 Orientações sobre grafia correta

Há várias situações em nossa língua escrita em que ocorrem dúvidas quanto ao
uso da grafia da palavra. A fim de evitá-los, apresentamos a seguir os Quadros 13.1
a 13.4 para dirimir as dúvidas.

Primeiramente, há uma relação dos principais problemas com palavras e expressões (os usos mais recorrentes), depois abordaremos as formas verbais, o uso
dos porquês e, por fim, o uso dos pronomes e das formas de tratamento.

QUADRO 13.1 **Principais problemas de grafia e expressão**

Casos	Explicação	Exemplos
A	a – não pode ser substituído por *tem*.	Daqui **a** pouco serão três horas.
HÁ	há – 3ª pessoa do singular do verbo haver; pode ser substituído por *tem*.	**Há** (*tem*) três anos que não o vejo.
ABAIXO	abaixo – situação ou posição de menor importância.	Ele está **abaixo** de mim.
A BAIXO	a baixo – substitui-se por *até embaixo*.	Olhou-me de alto **a baixo**.

REDAÇÃO EMPRESARIAL

Casos	Explicação	Exemplos
À BEÇA	**à beça** – expressão popular de intensidade	Ela está feliz **à beça**.
À BESSA	**à bessa** – expressão errada	
ACERCA DE	**acerca de** – sobre	Ele falou **acerca** do filme.
A CERCA DE	**a cerca de** – aproximadamente	O sítio fica **a cerca de** dez km.
HÁ CERCA DE	**há cerca de** – faz aproximadamente	Estive lá **há cerca de** dez dias.
	Observação: Como a expressão envolve a ideia de número aproximado, não se deve usar um número preciso.	**Cerca de** 90 pessoas compareceram.
ACIMA	**acima** – um lugar de importância.	Ele está **acima** de mim.
A CIMA	**a cima** – substitui-se por *até em cima*.	Eles correram rua **a cima**.
A FIM DE	**a fim de** – ideia de finalidade	Ele adotou a medida **a fim de** ser popular. / Ele está **a fim de**la.
AFIM	**afim** – ideia de afinidade	Nossa ideia de gestão é **afim**.
A FOLHAS	**à folha / a folhas** – expressões indicadoras de página única	O despacho está **à folha** 21. O despacho está **a folhas** 32.
ÀS FOLHAS	**às folhas** – expressão indicadora de páginas múltiplas	As declarações estão **às folhas** 21 a 32.
À FOLHAS	**à folhas** — expressão errada	
À MEDIDA QUE	**à medida que** – relação de proporção (à proporção que)	Ele cresce profissionalmente **à medida que** amadurece.
NA MEDIDA EM QUE	**na medida em que** – relação de causa-consequência ou efeito. Observação: esta expressão é uma construção moderna; por este motivo, alguns gramáticos ainda não a aceitam.	**Na medida em que** convivemos com pessoas, tornamo-nos mais maduros.
À MEDIDA EM QUE	**à medida em que** – expressão errada	
A MEU VER	**a meu ver** – na minha opinião	**A meu ver**, a crise acabará logo.
EM MEU VER	**em meu ver** – na minha opinião	**Em meu ver**, a crise acabará logo.
AO MEU VER	**ao meu ver** – expressão errada	

184

PARTE III • NORMATIZAÇÃO GRAMATICAL

Casos	Explicação	Exemplos
A NÍVEL DE	**a nível de** – expressão errada	
EM NÍVEL DE	**em nível de** – refere-se a níveis hierárquicos	A decisão foi tomada **em nível de** diretoria.
AONDE ONDE	Ambos referem-se a lugar, mas se distinguem pela regência verbal.	Ele procurou o livro **onde** o guardou. (procurar *em* algum lugar) Ele iria **aonde** o amigo fosse. (ir *a* algum lugar)
A PAR	**a par** – estar ciente	Todos estavam **a par** do que acontecia.
AO PAR	**ao par** – relação de reciprocidade relativa a câmbio e a ações	Houve época em que o câmbio da moeda brasileira com o dólar esteve **ao par**.
A PONTO DE AO PONTO DE	**a ponto de** – prestes a **ao ponto de** – expressão errada	O lucro da empresa a posiciona **a ponto de** ocupar os primeiros lugares.
A RIGOR EM RIGOR	As duas formas estão corretas.	**A rigor**, as medidas não estão corretas. **Em rigor**, as medidas não estão corretas.
A TODO O MOMENTO A TODO MOMENTO	**a todo o momento** – sempre **a todo momento** – expressão errada Observação: Todo + artigo = inteiro, sempre Todo (sem artigo) = qualquer	As crianças querem presentes **a todo o momento**. Elas comem **a todo o instante**. Ele transmite confiança **a toda a** hora. **Em todo o** caso, optamos pela segunda opção. **Todo** presidente deve ser honesto.
BEM-VINDO	**bem-vindo** – recepção de boas-vindas	Todos são **bem-vindos**.
BENVINDO	**Benvindo** – nome de pessoa	**Benvindo** Siqueira é ótimo ator.
DE FÉRIAS EM FÉRIAS	Tanto faz usar a preposição *de* ou a preposição *em*	Ele saiu **de férias**. Ele saiu **em férias**.
EM FACE DE	**em face de** – em decorrência de algo	**Em face do** exposto, solicitamos sua aprovação.
FACE A	**face a** – expressão errada	

185

REDAÇÃO EMPRESARIAL

Casos	Explicação	Exemplos
EM MÃO	**em mão** – maneira de entregar ou receber algo	O convite foi entregue **em mão**.
EM MÃOS	**em mãos** – expressão errada	
EM TODO O CASO	**em todo o caso** – expressão que designa concessão	**Em todo o caso**, solicitaremos o reembolso.
EM TODO CASO	**em todo caso** – expressão errada	
ESTE (ISTO)	**este (isto)** – aqui Pode indicar: • o último elemento citado • o que se vai anunciar • um tempo futuro próximo do momento presente	Durante **esta** semana, quase não dormi. Consultado o diretor, **este** não aprovou a medida. A decisão dependerá **destes** dados que seguem. A lei deverá ser votada **este** mês.
ESSE (ISSO)	**esse (isso)** – aí Pode indicar: • um elemento que já foi mencionado • um tempo passado mas próximo do presente • um tempo passado distante • aquilo de que desejamos distância	**Esse** ano não me sai da cabeça. **Esses** argumentos comprovam a tese apresentada. Um dia **desses** esteve aqui o presidente. **Nesse** tempo eu era jovem e irresponsável. Não quero mais pensar **nisso**!
GROSSO MODO	**grosso modo** – expressão latina que significa "de modo grosseiro", "aproximadamente".	**Grosso modo**, podemos dizer que a inflação voltou.
A GROSSO MODO	**a grosso modo** – expressão errada	
NO MEU PONTO DE VISTA	**no (em) meu ponto de vista** – expressão que designa opinião pessoal	**No (em) meu ponto de vista**, a decisão da diretoria foi equivocada.
SOB MEU PONTO DE VISTA	**sob meu ponto de vista** – expressão errada	
PAGAMENTO A MAIOR	**pagamento a maior** – expressão errada	Obs.: A maneira correta é: Pagamento **maior do que** o devido.
PAGAMENTO A MENOR	**pagamento a menor** – expressão errada	Pagamento **menor do que** o devido.

186

PARTE III • NORMATIZAÇÃO GRAMATICAL

Casos	Explicação	Exemplos
PERCENTAGEM PORCENTAGEM	As duas formas são corretas.	A **percentagem** de faltas foi de 10 por cento. A **porcentagem** de faltas foi de 10 por cento.
POR TODA A PARTE POR TODA PARTE	**por toda a parte** – expressão de lugar **por toda parte** – expressão errada	Os documentos estão **por toda a parte**.
TER DE TER QUE	As duas formas estão corretas. Alguns gramáticos consideram a forma "ter de" mais culta, outros apontam para uma leve diferença de sentido, em que "ter de" teria um valor maior de obrigatoriedade.	Eles **têm de** analisar o processo. Eles **têm que** analisar o processo.
TODA VEZ QUE TODA VEZ EM QUE	**toda vez que** – sempre **toda vez em que** – expressão errada	**Toda vez que** ele sai, chove.
VER VIR	**ver** – O futuro do subjuntivo é vir **vir** – O futuro do subjuntivo é vier	**Quando eu vir** seu marido, lhe telefono. **Quando você vir** meu marido, me telefone. **Quando eu vier** de Paris, lhe telefono. **Quando você vier** de Paris, me telefone.
VIGER VIGIR	**viger** – estar em vigência **vigir** – expressão errada	O contrato deverá **viger** até dezembro de 2010.

Fonte: elaborado pela autora.

QUADRO 13.2 **Uso de formas verbais**

VERBOS CRER, DAR, LER E VER	ele crê – eles creem ele dê – eles deem ele lê – eles leem ele vê – eles veem
VERBOS OBTER, CONTER E DETER	ele obtém – eles obtêm ele contém – eles contêm ele detém – eles detêm
VERBOS TER E VIR	ele tem – eles têm ele vem – eles vêm

REDAÇÃO EMPRESARIAL

VERBOS TERMINADOS EM -EAR	Acrescenta-se *i* após a vogal *e* tônica. Exemplo: eu pass*ei*o – nós pass*ea*mos 　　　　　　　　↑　　　　　　↑ 　　　　vogal tônica　　vogal átona
VERBOS TERMINADOS EM -IAR	São regulares Exemplo: eu copio Exceção: grupo do Mario (**M**ediar, **A**nsiar, **R**emediar, **I**ncendiar, **O**diar) – acrescenta-se **e** *antes* do **i** que *seria* tônico. Exemplo: eu odeio (se fosse regular, seria eu od*i*o). 　　　nós odi*a*mos 　　　　　　　↖ vogal tônica
VERBOS TERMINADOS EM -UAR, -OAR	Normalmente grafados com **e**. Exemplos: contin**uar** – continu**e** efet**uar** – efetu**e**
VERBOS TERMINADOS EM -UIR	Geralmente grafados com **i**. Exemplos: contrib**uir** – contribu**i** poss**uir** – possu**i**
VERBOS USAR, PÔR E QUERER	Não têm formas com **z**. Exemplo: u**s**ei, pu**s**emos, qui**s**emos

Fonte: elaborado pela autora.

QUADRO 13.3 **Uso dos porquês**

POR QUE	em frases interrogativas diretas e indiretas	Exemplos: *Por que ele saiu?* *Ela quer saber por que ele saiu.*
	quando equivalente a *pelo/a(s) qual(is)*	Exemplo: *A razão por que saímos será esclarecida.*
POR QUÊ	em final de frase	Exemplo: *Você fez isto por quê?*
PORQUE	em frases afirmativas	Exemplo: *Só porque o repreenderam, chorou.*
PORQUÊ	É substantivo e vem antecedido por artigo.	Exemplo: *Você sabe os porquês daquele fato?*

Fonte: elaborado pela autora.

PARTE III • NORMATIZAÇÃO GRAMATICAL

QUADRO 13.4 **Uso dos pronomes e das formas de tratamento**

Autoridades de Estado	Por escrito	Pessoalmente	Abreviatura
Presidente da República Senadores Ministros Governadores Deputados Federais Deputados Estaduais Prefeitos Embaixadores Vereadores	Excelentíssimo Senhor	Vossa Excelência	V.Ex.ª
Cônsules	Senhor Cônsul	Vossa Excelência	V.Ex.ª
Reitores de Universidade	Magnífico Reitor	Vossa Magnificência	V. M.
Chefes das Casas Civis e Casas Militares	Excelentíssimo Senhor	Vossa Excelência	V.Ex.ª
Diretores de Autarquias Federais, Estaduais e Municipais	Senhor Diretor	Vossa Senhoria	V.S.ª
Autoridades Judiciárias	**Por escrito**	**Pessoalmente**	**Abreviatura**
Desembargador da Justiça	Excelentíssimo Senhor Desembargador	Vossa Excelência	V.Ex.ª
Juízes de Direito	Excelentíssimo Senhor Juiz	Meritíssimo Juiz	M. Juiz
Curador	Excelentíssimo Senhor Curador	Vossa Excelência	V.Ex.ª
Promotor	Excelentíssimo Senhor Promotor	Vossa Excelência	V.Ex.ª
Autoridades Militares	**Por escrito**	**Pessoalmente**	**Abreviatura**
Oficiais de coronéis até generais	Excelentíssimo Senhor	Vossa Excelência	V.Ex.ª
Outras patentes	Senhor	Vossa Senhoria	V.S.ª

Fonte: elaborado pela autora.

13.2 Uso das siglas e seu plural

As siglas formadas pelas letras iniciais das palavras que a compõem são chamadas de *siglas próprias*; as demais são denominadas *siglas impróprias*. Até quatro letras, devem vir obrigatoriamente em maiúsculas.

Exemplos:

UFRJ – Universidade Federal do Rio de Janeiro → sigla própria

PETROBRAS – Petróleo Brasileiro S. A. → sigla imprópria

REDAÇÃO EMPRESARIAL

As siglas formadas até três letras ficam todas em maiúscula.
Exemplos: EUA, USP, CPF, ONU.

Se houver mais de três letras e formar palavra, ou seja, for pronunciável, somente a primeira letra virá com maiúscula (podendo haver exceções).
Exemplos: Unesp, Embratur, Eletropaulo.

Caso haja mais de três letras e não forme palavra (as letras são pronunciadas separadamente), devem vir todas em maiúscula.
Exemplos: BNDS, CPFL, URSS.

Algumas siglas têm apresentação diferenciada, podendo ter letras maiúsculas e minúsculas em sua estrutura.
Exemplos: CNPq, UnB, InCor, MinC (Ministério da Cultura).

No texto, as siglas já conhecidas do leitor dispensam explicitação. As que não são conhecidas devem vir por extenso, seguidas da sigla. Na referência posterior, no mesmo texto, deve aparecer somente a sigla.

O plural das siglas é feito ao acrescentar-se um *s*, sem apóstrofo.
Exemplos:
Unidades fiscais de referências – UFIRs
Notas ficais – NFs

13.3 Uso das unidades de medida e hora

Abreviações de unidade de medida são escritos sem ponto, com letra minúscula, após o número e sem *s* para indicar o plural. Exemplos: 10 cm, 100 kg.
Para *hora* há duas possibilidades de escrita:

a] conforme a definição proposta pela Associação Brasileira de Normas Técnicas (ABNT). Exemplo: 14h30min;
b] seguindo o padrão norte-americano. Exemplo: 14:30h.

Observações:
1. Não há ponto-final depois da letra *h*, pois ela é uma abreviação.

PARTE III • NORMATIZAÇÃO GRAMATICAL

2. Quando nos referimos a um tempo determinado de duração, devemos escrever a palavra *horas* e não usar a abreviação. Exemplo: duração da reunião – 2 horas.

13.4 Uso das iniciais maiúsculas

a] No início do período.

b] Em datas oficiais e nomes de fatos históricos, atos solenes e grandes empreendimentos públicos. Exemplos: Sete de Setembro, Revolução Francesa, Acordo Luso-Brasileiro, Plano Diretor.

c] Em títulos de livros, artigos, jornais, peças teatrais etc. Exemplos: *Os sertões*, *Jornal da Tarde*, *Guernica*.

d] Em leis ou normas econômicas e políticas consagradas por sua importância. Exemplos: Imposto de Renda, Decreto-Lei n. 56.

e] Em nomes de vias ou logradouros públicos, estabelecimentos, igrejas, monumentos etc. Exemplos: Rua do Ouvidor, Torre Eiffel, Shopping Center Iguatemi.

f] Em nomes que designam altos cargos. Exemplos: Governador do Estado, Ministro da Educação.

g] Em títulos e pronomes de tratamento e suas abreviaturas. Exemplos: Vossa Senhoria, V. S.ª etc.

h] Em nomes de instituições e repartições. Exemplo: Ministério da Educação, Diretoria-Geral.

13.5 Uso da inicial minúscula

a] Depois da vírgula, do ponto e vírgula e dos dois-pontos.

Exemplo: "Ele fez uma paródia: vim, vi e venci; ela riu".

b] Na designação das profissões e dos ocupantes de cargos, seguidos de especificação ou nome próprio: o presidente Luís Inácio Lula da Silva, o prefeito César Maia, o diretor da Receita Federal etc.

Na correspondência empresarial, os critérios são diferentes. Em uma carta, por exemplo, o vocativo vem seguido de vírgula e o parágrafo inicial começa por letra maiúscula.

No correio eletrônico, o uso da maiúscula ou da minúscula no início do texto, após o vocativo, seguirá o critério de maior ou menor formalidade da correspondência.

REDAÇÃO EMPRESARIAL

13.6 Uso de -ção, -são, -ssão

Usa-se -*ção* em todos os substantivos derivados dos verbos *ter* e *torcer*, e seus derivados:

reter	→	retenção
ater	→	atenção
abster	→	abstenção
obter	→	obtenção
torcer	→	torção
distorcer	→	distorção
contorcer	→	contorção

Usa-se -*são* em todos os substantivos derivados de verbos terminados em -*ender*, -*verter*, -*pelir*:

distender	→	distensão
compreender	→	compreensão
apreender	→	apreensão
pretender	→	pretensão
ascender	→	ascensão
verter	→	versão
converter	→	conversão
subverter	→	subversão
expelir	→	expulsão
repelir	→	repulsão

Usa-se -*ssão* em todos os substantivos derivados de verbos terminados em -*gredir*, -*mitir*, -*ceder*:

agredir	→	agressão
regredir	→	regressão
progredir	→	progressão
transgredir	→	transgressão
omitir	→	omissão
admitir	→	admissão
permitir	→	permissão
transmitir	→	transmissão
ceder	→	cessão
suceder	→	sucessão
conceder	→	concessão

PARTE III • NORMATIZAÇÃO GRAMATICAL

13.7 Uso de -isar

Usa-se -*isar* nos verbos derivados de palavras que já tem *s*:

análise	→	analisar
aviso	→	avisar
paralisia	→	paralisar
pesquisa	→	pesquisar

13.8 Uso de -izar

Usa-se -*izar* nos verbos derivados de palavras que não têm a letra *s*:

ameno	→	amenizar
civil	→	civilizar
legal	→	legalizar
normal	→	normalizar
real	→	realizar
suave	→	suavizar

13.9 Uso de -sinho

Usa-se -*sinho* em todos os diminutivos derivados de palavras que já tem *s* em sua sílaba final:

lápis	→	lapisinho
mesa	→	mesinha
país	→	paisinho
tênis	→	tenisinho

13.10 Uso de -zinho

Usa-se -*zinho* em todos os diminutivos derivados de palavras que não tem **s** em sua sílaba final:

animal	→	animalzinho
café	→	cafezinho
flor	→	florzinha

193

REDAÇÃO EMPRESARIAL

pai	→	paizinho
papel	→	papelzinho
pão	→	pãozinho

■ APLIQUE O QUE VOCÊ APRENDEU

1. Preencha a lacuna com a forma correta que consta entre parênteses.
   a) Ele gostaria de saber _____ vocês estavam. (onde/aonde)
   b) Afirmaram que conheciam tudo _____ assunto. (acerca do/ a cerca do)
   c) Mantenham-se informados _____ agilizar o processo. (afim de/ a fim de)
   d) Ela saiu, mas não sabe _____ irá. (onde/aonde)
   e) Aquele documento deveria estar assinado _____ bastante tempo. (a/há)
   f) _____ vários meses resolveram modificar estes processos. (A cerca de/Há cerca de)
   g) Daqui _____ pouco, o resultado será conhecido. (a/há)
   h) _____ não danificar o material, manteve-se a máquina em funcionamento. (Afim de/A fim de)

2. Coloque C (certo) ou E (errado):
   ☐ a) O lucro a posiciona a nível das grande organizações.
   ☐ b) A diretoria estava ao par dos problemas.
   ☐ c) A decisão foi tomada em nível presidencial.
   ☐ d) A empresa estava a ponto de renegociar suas ações.
   ☐ e) Elas nos interrompem a todo o instante.
   ☐ f) Em todo o caso, optamos pela segunda opção.
   ☐ g) Todo mundo aprovou a decisão.
   ☐ h) Ao meu ver, não haverá crise.

3. Complete as frases utilizando *por que, porque, por quê* ou *porquê*.
   a) Ignoramos _____ eles optaram por aquela decisão.
   b) Há pessoas demais neste setor. _____ tanta gente?
   c) Os relatórios atrasaram _____?
   d) Decidiram _____ opções?
   e) Todos queriam saber o _____ daquela decisão.

194

PARTE III • NORMATIZAÇÃO GRAMATICAL

4. Complete com -*ção*, -*são* ou -*ssão* as palavras abaixo.

    a) reten_____

    b) ce_____

    c) conver_____

    d) agre_____

    e) absten_____

    f) obten_____

    g) preten_____

    h) transmi_____

    i) conce_____

    j) progre_____

    k) ascen_____

    l) distor_____

    m) omi_____

5. Identifique a opção que não está grafada corretamente.

    ☐ a) Não há ninguém acima dele.

    ☐ b) Os edifícios vieram abaixo.

    ☐ c) Pusemos o lençol encima da cama.

    ☐ d) Procure logo ali embaixo.

6. Identifique a opção em que *o porquê* não esteja corretamente grafado.

    ☐ a) Ele saiu porque quis.

    ☐ b) Ele não disse por que.

    ☐ c) Todos saíram porque quiseram.

    ☐ d) Não sei por que ele quis sair.

7. Identifique a opção em que há palavras ou expressões incorretas.

    ☐ a) Eles estranharam a decisão e optaram por reunir cerca de 40 pessoas.

    ☐ b) A cerca de 50 pessoas no evento.

    ☐ c) Todos estranharam à beça a decisão.

    ☐ d) Foram muitos comentários acerca da decisão.

8. Identifique a única opção correta.

    I. Ele contribue há cerca de cinco anos para o desenvolvimento do projeto.

    II. Eles anseiam para que as retificações sejam aceitas.

    III. Todos os gerentes intermediam as negociações.

REDAÇÃO EMPRESARIAL

   ☐ a) Apenas a frase 1 está grafada corretamente.
   ☐ b) Apenas a frase 2 está grafada corretamente.
   ☐ c) As frases 2 e 3 estão grafadas corretamente.
   ☐ d) As frases 1 e 2 estão grafadas de forma errada.

9. Identifique a única opção correta.
   I.   Eles têm muitos problemas a resolver.
   II. Espero que eles deem tudo de si.
   III.Todos crêem que não haverá demissões.

   ☐ a) Apenas a frase 1 está grafada corretamente.
   ☐ b) Apenas a frase 3 está grafada corretamente.
   ☐ c) As frases 2 e 3 estão grafadas corretamente.
   ☐ d) As frases 1 e 2 estão grafadas corretamente.

10. Identifique a opção em que todas as palavras e expressões estão grafadas corretamente.
   ☐ a) Toda vez em que eles se reúnem, correções de rumo são feitas.
   ☐ b) Elas se reunem toda a vez em que há necessidade de reorientação.
   ☐ c) Por toda a parte encontrava-se acolhimento.
   ☐ d) Deixaram os documentos por toda parte.

11. Identifique a opção em que o pronome sublinhado não esteja empregado corretamente.
   ☐ a) A decisão dependerá *desses* dados que seguem explanados.
   ☐ b) *Esses* argumentos comprovam a tese exposta no início do relatório.
   ☐ c) Consultados os diretores, *estes* não aprovaram a medida.
   ☐ d) O material foi solicitado a *essa* gerência.

12. Pode-se afirmar sobre as frases abaixo que:
   I.   A grosso modo, podemos dizer que a crise passou.
   II. Ele melhora à medida em que ganha experiência.
   III.Face ao exposto, solicitamos a revogação da decisão.
   ☐ a) Apenas a frase 1 está errada.
   ☐ b) As frases 1 e 2 estão erradas.
   ☐ c) As frases 1, 2 e 3 estão erradas.
   ☐ d) Apenas a frase 1 está correta.

CAPÍTULO 14

Regras de acentuação

As regras de acentuação da língua portuguesa foram determinadas pelo Novo Acordo Ortográfico.[1] Apesar de elas terem modificado a acentuação de um grande número de palavras, muitas bastante recorrentes, como "ideia", as regras que foram alteradas, em si, não são muitas. Uma vez assimiladas, portanto, torna-se fácil aplicá-las no dia a dia.

O Quadro 14.1 resume o que foi mantido e o que mudou com o Novo Acordo Ortográfico.

QUADRO 14.1 **Regras de acentuação**

Regras	Exemplos clássicos	Exemplos curiosos
REGRA 1 Proparoxítonas: todas são acentuadas. Proparoxítonas → a sílaba tônica é a antepenúltima. Atenção: as palavras de origem latina não são acentuadas. Hoje em dia, entretanto, encontramos no Vocabulário Ortográfico da Língua Portuguesa (Volp), da Academia Brasileira de Letras,* alguns termos (como superávit e déficit) já com acento.	**cé**dula **êx**tase **í**dolo	alíquota biótipo elétrodo ínterim monólito pântano pólipo protótipo réquiem
REGRA 2 Oxítonas: são acentuadas as terminadas em **a(s)**, **e(s)**, **o(s)**, **em**, **ens**. Oxítonas → a sílaba tônica é a última.	ca**já** ca**jás** ca**fé** ca**fés** ci**pó** ci**pós** tam**bém** para**béns** am**á**-lo vend**ê**-lo comp**ô**-lo par**ti**-lo	balcãs cateter condor Eifel hangar harém Nobel recém refém ruim transistor Timor

* Sistema de busca do VOLP, disponível em: <http://www.academia.org.br/nossa-lingua/busca-no-vocabulario>.

---

[1] Para mais informações sobre o Novo Acordo Ortográfico, acesse: <http://www.portaldalinguaportuguesa.org/acordo.php>.

REDAÇÃO EMPRESARIAL

REGRA 3 Paroxítonas: *não* são acentuadas quando terminadas em **a(s)**, **e(s)**, **o(s)**, **em**, **ens** (com todas as outras terminações, inclusive ditongos, as paroxítonas são acentuadas). Paroxítonas → a sílaba tônica é a penúltima.	casa casas pele peles copo copos item itens fácil éter abdômen tórax bílis ônus bíceps álbum sótão túneis	âmbar avaro boêmia cateteres circuito decano dúplex filantropo fluido fortuito gratuito ibero libido pudico rubrica transistores xérox
REGRA 4 Monossílabos tônicos: são acentuados quando terminados em **a(s)**, **e(s)**, **o(s)**, **em**, **ens**.	má más pé pés pó pós	
REGRA 5 Ditongos abertos das palavras oxítonas: são acentuados. Observação importante: os ditongos abertos **éi** e **ói** das palavras paroxítonas *não* são mais acentuados, em decorrência do Novo Acordo Ortográfico.	herói, heróis chapéu, chapéus Exemplo: joia, ideia, claraboia.	
REGRA 6 Segunda vogal do hiato: se for **i** ou **u**, será acentuada se vier sozinha na sílaba ou seguida de **s**. Exceção: i + nh. Exemplo: rainha. Observação importante: *não* se acentuam mais o **i** e o **u** tônicos *quando vierem depois de ditongo*, nas palavras paroxítonas.	saída juízo jesuíta saúde reúnem egoísmo saístes construí-lo Exemplo: feiura.	

Fonte: elaborado pela autora.

No caso do **acento diferencial**, o Novo Acordo Ortográfico eliminou-os, mantendo-os apenas em dois casos.

PARTE III • NORMATIZAÇÃO GRAMATICAL

a] **Pôde/pode** – *pôde* é a forma do passado do verbo poder, enquanto *pode* é a forma do presente.

b] **Pôr/por** – *pôr* é verbo, e *por* é preposição.

Como era	Como fica
Ele **pára** o trem.	Ele **para** o trem.
Ele foi ao **pólo** Norte.	Ele foi ao **polo** Norte.
Ele gosta de jogar **pólo**.	Ele gosta de jogar **polo**.
Esses gatos têm **pêlos** escuros.	Esses gatos têm **pelos** escuros.
Comi uma **pêra**.	Comi uma **pera**.

Quando ao **trema**, não se usa mais. Ele permanece apenas em palavras estrangeiras e em suas derivadas, assim como em nomes próprios que já o utilizavam. Exemplo: Müller.

Nos casos de **vogais dobradas**, não se usa mais o acento circunflexo. Exemplos: v**oo**, eles cr**ee**m, que eles d**ee**m, eles l**ee**m, eles v**ee**m.

APLIQUE O QUE VOCÊ APRENDEU

1. Acentue as palavras a seguir de acordo com as regras 1, 2 e 3.

a) estampido	f) camara	k) ziper	p) especie
b) exito	g) timido	l) sutil	q) maximo
c) subito	h) gratis	m) bambu	r) recorde
d) incendio	i) perola	n) textil	s) item
e) magoa	j) apos	o) acido	t) tambem

2. Acentue as palavras, quando necessário.

a) Eles se veem pelos corredores.

b) Todos tem medo de morcegos.

c) Os papeis so serão assinados amanha.

d) O funcionario era assiduo no trabalho.

3. Acentue as palavras a seguir de acordo com as regras 5 e 6.

a) enjoo	e) areia	i) trofeu	m) gratuito
b) geleia	f) saude	j) anzois	n) tainha
c) sereia	g) juiz	k) sanduiche	o) poluido
d) ceu	h) juizes	l) ciume	

REDAÇÃO EMPRESARIAL

4. Assinale a opção em que as palavras não estão sujeitas à mesma regra de acentuação.

☐ a) saúde, saúva, país.

☐ b) céu, café, chapéu.

☐ c) estrela, casa, estampido.

☐ d) útil, xérox, fútil.

5. Marque a alternativa em que nenhuma palavra tem acento gráfico, mas que, obrigatoriamente, uma delas deveria ter.

☐ a) pera, itens, hifens.

☐ b) hifen, prejuizo, tranquilo.

☐ c) item, itens, hifens.

☐ d) para, pera, voo.

6. Assinale a frase que apresenta um ou mais vocábulos acentuados incorretamente.

☐ a) No Renascimento, a arte e o artesanato se separam na consciência e na prática dos artistas.

☐ b) No Renascimento, Da Vinci separa a prática – caráter manual – da consciência – ou caráter mental – nas artes.

☐ c) Arte e artesanato não se separam na escala de valores e de idéias.

☐ d) A afirmação do caráter mental da pintura teve várias consequências.

200

CAPÍTULO 15

Homônimos e parônimos

Palavras semelhantes – como é o caso dos parônimos (palavras parecidas, mas com sentido diferente) e dos homônimos (iguais na grafia ou na pronúncia, mas com significado diferente) – apresentam grande perigo na comunicação, tanto oral quanto escrita. Atualmente, por exemplo, estamos tão acostumados com várias formas erradas que há o risco de se "corrigir" a correta, quando ela é empregada. Exemplos:

1. Dirigiu-se ao bebedor para matar a sede → Não é bebedor, é bebedouro
2. Eles tiveram uma ótima estadia em Recife → Não é estadia, é estada

Convém destacar alguns parônimos e homônimos, como os que seguem no Quadro 15.1.

QUADRO 15.1 **Parônimos e homônimos**

Acedente	o que acede, concorda
Acidente	choque, colisão; forma geográfica
Incidente	desavença, desentendimento; o que incide
Acender	ligar, inflamar, acionar
Ascender	subir, elevar-se
Acento	inflexão de voz; sinal gráfico
Assento	lugar ou móvel onde sentamos
Acerto	combinação, ajuste; forma correta
Asserto	afirmação, assertiva
Acessório	dispensável, secundário
Assessor	que assessora
Apreçar	avaliar, dar preço
Apressar	apurar, acelerar
Arrear	colocar os arreios no animal
Arriar	baixar, descer
Atuar	agir, representar
Autuar	processar, lavrar os autos

201

REDAÇÃO EMPRESARIAL

Boça	cabo de atracação (náutica)
Bossa	aptidão, jeito
Boçal	rude, grosseiro, mal-educado
Buçal	focinheira
Bucho	estômago dos mamíferos e dos peixes; mulher muito feia
Buxo	arbusto ornamental
Caçar	perseguir, capturar animais
Cassar	anular, tornar sem efeito
Cadafalso	patíbulo, lugar de execução
Catafalco	estrado metálico que sustenta o caixão fúnebre
Censo	levantamento estatístico; recenseamento
Senso	juízo, razão
Cessão	doação, ato de ceder, entregar
Sessão	reunião; tempo de duração da atividade pública
Seção	parte, repartição, divisão; forma antiga
Chá	planta, bebida, infusão
Xá	título hierárquico, soberano do Irã
Chácara	sítio, granja
Xácara	forma narrativa em verso (popular)
Cheque	ordem bancária de pagamento
Xeque	sequência no jogo de xadrez; chefe árabe
Comprimento	extensão em linha, distância
Cumprimento	saudação, aceno; ato de cumprir
Concertar	combinar, harmonizar (música)
Consertar	reparar, emendar
Conjetura	suposição, hipótese
Conjuntura	situação, conjunto de circunstâncias
Coser	costurar
Cozer	cozinhar
Costear	navegar próximo ao litoral
Custear	arcar com as despesas
Deferir	conceder, aprovar
Diferir	adiar, transferir; diferenciar
Degradar	aviltar, rebaixar, humilhar
Degredar	banir, exilar
Descrição	ato de descrever
Discrição	qualidade do que é discreto; reserva
Descriminar	absolver, inocentar, tirar a culpa
Discriminar	separar, discernir, distinguir
Despensa	lugar onde se guardam as provisões
Dispensa	ato de dispensar, isenção
Dessecar	enxugar completamente
Dissecar	cortar, dividir em partes, examinar
Emergir	vir à tona, elevar-se
Imergir	afundar, submergir
Emigrar	sair de, abandonar um país ou região
Imigrar	entrar em, ingressar num país ou região

PARTE III • NORMATIZAÇÃO GRAMATICAL

Eminente	elevado; importante, destacado
Iminente	prestes a ocorrer, próximo, imediato
Esperto	astucioso, vivo, sagaz
Experto	experiente, perito
Estada	de pessoa
Estadia	de veículos
Estático	firme, imóvel, parado
Extático	deslumbrado, em êxtase
Flagrante	evidente, manifesto; no ato
Fragrante	aromático, perfumado
Fluir	correr
Fruir	desfrutar
Incerto	vago, impreciso, duvidoso
Inserto	inserido, introduzido
Incipiente	iniciante, principiante
Insipiente	ignorante, insensato
Indefeso	sem defesa, vulnerável
Indefesso	infatigável, laborioso
Infligir	aplicar (pena, castigo); submeter
Infringir	transgredir, violar, desrespeitar
Inerme	desprotegido, sem defesa
Inerte	imóvel, desacordado
Intercessão	ato de interceder, intervir
Interseção	corte, ponto de cruzamento
Mandado	ordem judicial
Mandato	missão
Precedente	antecedente
Procedente	proveniente
Previdência	antevidência
Providência	medida; sabedoria divina
Óptico	relativo à visão
Ótico	relativo ao ouvido (conferir otite)
Pleito	competição, disputa
Preito	homenagem, louvor
Prescrever	determinar, fixar; reafirmar
Proscrever	proibir, condenar, banir
Prescrito	determinado, fixado
Proscrito	banido, fora da lei
Ratificar	confirmar, manter, reafirmar
Retificar	corrigir, emendar, alterar
Sobrescrever	escrever sobre
Subscrever	assinar
Sortir	abastecer, fazer sortimento
Surtir	resultar, fazer efeito
Tachar	censurar, notar defeito
Taxar	estabelecer taxas

203

REDAÇÃO EMPRESARIAL

Tráfico	comércio ilícito, contrabando
Tráfego	trânsito, circulação, movimento
Vadear	passar a vau, cruzar o rio
Vadiar	vagabundear
Vultoso	volumoso, importante
Vultuoso	inchado, dilatado

Fonte: elaborado pela autora.

APLIQUE O QUE VOCÊ APRENDEU

1. Complete as frases com a forma adequada entre parênteses.
   a) O roubo envolveu uma _____ quantia. (vultuosa / vultosa)
   b) Com o aumento da pobreza, aumentou também o _____ de drogas. (tráfico / tráfego).
   c) Apesar das recomendações do clínico, _____ pelo cardiologista, ele continuava ingerindo muito carboidrato. (ratificada / retificada)
   d) Todas as medicações foram tentadas, mas nada parecia _____ efeito. (sortir / surtir)
   e) O juiz _____ uma pena suave ao réu. (infringiu / infligiu)

2. Relacione a palavra da coluna A com a significação da coluna B.

Coluna A		Coluna B	
1	inerme	☐	agir
2	inerte	☐	competição
3	preito	☐	sagaz
4	pleito	☐	experiente
5	indefeso	☐	vulnerável
6	indefesso	☐	desprotegido
7	esperto	☐	desacordado
8	experto	☐	infatigável
9	atuar	☐	homenagem
10	autuar	☐	processar

PARTE III • NORMATIZAÇÃO GRAMATICAL

3. Dentre as palavras abaixo, escolha a que completa adequadamente o sentido das frases.

| discriminação | proscritos | eminente |
| descriminação | iminente | prescritos |

a) A _____ surpreendeu a todos até mesmo ao advogado de defesa.

b) A _____ de todos os elementos mostrou-se eficaz.

c) Os medicamentos foram _____ por conterem substância tóxica.

d) Os medicamentos _____ devem ser administrados nos horários corretos.

e) O _____ político deixou o plenário sob vaias.

f) O _____ furacão trouxe pânico à população.

4. Dentre os pares de palavras abaixo, escolha a que completa adequadamente o sentido das frases.

arriar	arrear	descrição	discrição
descriminou	discriminou	eminente	iminente
flagrante	fragrante	mandato	mandado

a) Pediu a verificação do _____ de busca.

b) Foi preso em _____ delito.

c) A guerra era _____.

d) O júri _____ o réu por ser negro.

e) Contava com a _____ para evitar o escândalo.

f) Pensou em _____ a mala no chão.

5. Assinale a opção que completa corretamente as frases.

I. Todos estão de acordo com a _____ dos bens aos pobres.

II. O acontecimento passou _____ até aquele dia.

III. Os imigrantes chegaram _____ da Itália.

IV. Não é necessário _____ o e-mail.

☐ a) cessão – despercebido – provenientes – subscrever.

☐ b) sessão – despercebido – precedentes – subscrever.

☐ c) cessão – desapercebido – provenientes – subscrever.

☐ d) sessão – despercebido – precedentes – sobrescrever.

| CAPÍTULO 16 |

Uso do hífen

Uma das mudanças mais polêmicas do Novo Acordo Ortográfico[1] é, sem dúvida, a que impacta no uso do hífen. Apesar de a regra para sua aplicação em palavras compostas, como guarda-chuva, não ter mudado, os casos de hifenização em prefixos continuam gerando dúvidas para muitas pessoas.

A regra para diferenciar palavras compostas unidas pelo hífen continua a mesma e é bastante simples: *se cada palavra mantiver seu significado individual, não há hífen; se as palavras se unirem para criar outro significado, há hífen.* Exemplos:

A comida estava *sem sal.*
Ela conheceu um rapaz rico, porém *sem-sal.*
Ele está *sem terra* fértil.
O *sem-terra* ocupou a fazenda.

Apesar de ainda gerar muitas dúvidas, o caso de uso do hífen na união da palavra com prefixos ficou muito mais simples em palavras formadas com prefixos gregos ou latinos.

QUADRO 16.1 **Regras gerais para emprego do hífen**

CASOS	PREFIXOS	EXEMPLOS DE USO DO HÍFEN	NÃO SE USA HÍFEN
Quando a palavra começa com *h* ou *vogal igual* à última do prefixo	agro-, ante-, anti-, arqui-, auto-, contra-, extra-, infra-, intra-, macro-, mega-, micro-, maxi-, mini-, semi-, sobre-, supra-, tele-, ultra-	auto-hipnose, auto-observação, micro-ondas	autossustentável, autoanálise, autocontrole, microssaia

---

[1] Para mais informações sobre o Novo Acordo Ortográfico, acesse: <http://www.portaldalinguaportuguesa.org/acordo.php>.

PARTE III • NORMATIZAÇÃO GRAMATICAL

Quando a palavra seguinte ao prefixo começa com *h* ou *r*	hiper-, inter-, super-	super-homem, inter-regional	supersônico, hiperinflação
Quando a palavra seguinte ao prefixo começa com *b*, *h* ou *r*	sub-	sub-base, sub-reino, sub-humano, sub-região	subagente, subchefe, subsecretário
Quando a palavra seguinte ao prefixo começa com *h*, *m*, *n*, ou *vogais*	pan-, circum-	pan-americano, circum-ambiente,	pansexual, circunvizinhança
Sempre	vice-, ex-, sem-, além-, aquém-, recém-, pós-, pré-, pró-	vice-presidente ex-presidente recém-nascido pré-escola	

Fonte: elaborado pela autora.

APLIQUE O QUE VOCÊ APRENDEU

1. Complete as frases com a opção correta entre parênteses.
    a) Apareceu um _____ de casos muito sérios. (sem-número – sem número)
    b) Chegaram ao diretor vários _____. (abaixo-assinados – abaixo assinados)
    c) Já trabalhamos durante _____. (meio-dia – meio dia)

2. Identifique a opção em que a palavra se encontra grafada incorretamente.
    ☐ a) Autobiografia
    ☐ b) Contraproducente
    ☐ c) Microondas
    ☐ d) Antessala

3. Identifique a opção em que a palavra está grafada corretamente.
    ☐ a) Infra-estrutura
    ☐ b) Contrarregra
    ☐ c) Micro-economia
    ☐ d) Macro-estrutura

REDAÇÃO EMPRESARIAL

4. Complete as lacunas.
   a) Com os prefixos *ante-* e *anti-* só haverá hífen caso a palavra seguinte comece com _____ ou _____ .
   b) Com os prefixos *hiper-* e *super-* só haverá hífen caso a palavra seguinte comece com _____ ou _____ .
   c) Com os prefixos *infra-* e *intra-* só haverá hífen caso a palavra seguinte comece com _____ ou _____ .

5. Assinale a opção correta sobre as palavras a seguir.
   I. Semi-consciente
   II. Sub-desenvolvido
   III. Contra-cheque
   IV. Inter-ligação

   ☐ a) Todas estão erradas.
   ☐ b) Apenas as opções 1 e 3 estão corretas.
   ☐ c) Apenas as opções 1 e 4 estão corretas.
   ☐ d) Apenas a opção 3 está correta.

6. Assinale a opção correta a respeito das palavras a seguir.
   I. Ex-diretor
   II. Extraordinário
   III. Sub-item
   IV. Ultra-sensível

   ☐ a) Todas estão corretas.
   ☐ b) Apenas as opções 1 e 2 estão corretas.
   ☐ c) Apenas as opções 1 e 4 estão corretas.
   ☐ d) Apenas a opção 4 está correta.

CAPÍTULO 17

Plural dos nomes compostos

Os nomes compostos podem ser formados por substantivos, adjetivos, verbos e advérbios. Para definir se a palavra ficará no plural ou no singular, é preciso identificar a classe a que ela pertence.

Como princípio geral, a regra é bastante simples: na formação do plural dos substantivos compostos, os substantivos e adjetivos variam; os verbos e advérbios, por sua vez, ficam inalterados. Verifique os exemplos e suas especificidades nos Quadros 17.1 e 17.2.

QUADRO 17.1 **Uso do plural em palavras compostas por substantivos**

Varia apenas o primeiro elemento	a) Quando os elementos estão ligados por preposição. Exemplos: água-de-colônia = águas-de-colônia; pé-de-galinha = pés--de-galinha
Varia apenas o segundo elemento	a) Quando o primeiro elemento é uma palavra invariável ou um verbo. Exemplos: abaixo-assinado = abaixo-assinados; vira-lata = vira-latas b) O substantivo é composto de palavras repetidas ou onomatopaicas. Exemplo: tico-tico = tico-ticos
Variam os dois elementos	a) Quando o substantivo é composto de substantivo + substantivo. Exemplo: couve-flor = couves-flores b) Quando o substantivo é composto de substantivo + adjetivo. Exemplo: amor-perfeito = amores-perfeitos c) Quando o substantivo é composto de adjetivo + substantivos. Exemplo: boa-vida = boas-vidas

Fonte: elaborado pela autora.

REDAÇÃO EMPRESARIAL

QUADRO 17.2 **Uso do plural em palavras compostas por adjetivos**

Regra geral	a) Varia apenas o segundo elemento. Exemplo: torcedor rubro-negro = torcedores rubro-negros
Não ocorre variação	a) Os adjetivos compostos de um nome de cor + substantivo. Exemplos: olho verde-mar = olhos verde-mar; chapéu amarelo-ouro = chapéus amarelo-ouro b) Os adjetivos azul-marinho e azul-celeste. Exemplo: terno azul--marinho = ternos azul-marinho c) As locuções adjetivas formadas pela expressão cor + de + substantivo. Exemplo: blusa cor-de-rosa = blusas cor-de-rosa

Fonte: elaborado pela autora.

A seguir, algumas observações:

1. Os substantivos que se referem a cores, quando empregados em função adjetiva, permanecem invariáveis. Exemplos:

    meia cinza = meias cinza
    blusa gelo = blusas gelo
    chapéu pérola = chapéus pérola

2. O adjetivo *surdo-mudo* foge à regra: variam os dois elementos. Exemplo:

    garoto surdo-mudo = garotos surdos-mudos

3. Verbos repetidos: ambos variam ou só o segundo. Exemplo:

    o corre-corre = os corre(s)- corres

4. Verbos antônimos: nenhum varia. Exemplo:

    o ganha-perde = os ganha-perde.

PARTE III • NORMATIZAÇÃO GRAMATICAL

APLIQUE O QUE VOCÊ APRENDEU

1. Identifique a opção em que as palavras não estão sujeitas à mesma regra de formação do plural.
   - ☐ a) Blusa rosa; calça gelo; chapéu cinza.
   - ☐ b) Blusa cor-de-rosa; calça cor-de-gelo; chapéu cor-de-laranja.
   - ☐ c) Calça azul-marinho, blusa azul-celeste; meia azul-claro.
   - ☐ d) Calça branco-gelo; blusa amarelo-ouro; colar amarelo-tijolo

2. Marque a alternativa em que há erro na construção do plural.
   - ☐ a) Os bem-te-vis alegravam o dia ensolarado.
   - ☐ b) Os vice-presidentes das empresas fizeram uma confraternização.
   - ☐ c) As baias seriam alteradas para que não houvesse mais trocas-troca.
   - ☐ d) As relações ítalo-francesas esmoreceram-se.

3. Marque a alternativa em que não há erro na construção do plural.
   - ☐ a) No seminário, houve várias mesas-redondas.
   - ☐ b) Os primeiro-ministros assinaram o acordo.
   - ☐ c) Os estudos econômicos-financeiros apontavam para uma mudança de cenário.
   - ☐ d) O Brasil foi premiado por três curta-metragens.

211

CAPÍTULO 18

Colocação dos pronomes oblíquos átonos

Os *pronomes oblíquos átonos* são aqueles que apresentam flexão de número, gênero e pessoa e possuem fraca acentuação tônica. É importante conhecê-los bem para saber onde devem ser usados em relação ao verbo. Eles podem ser colocados *antes* do verbo (*próclise*), *depois* do verbo (*ênclise*) e *no meio* do verbo (*mesóclise*).

As normas da colocação pronominal da língua culta do Brasil assemelham-se às regras utilizadas em Portugal.

QUADRO 18.1 **Regras para utilização de pronomes oblíquos átonos**

Próclise	**Advérbios de maneira geral**. Exemplos:
Ocorre sempre que há palavras que atraem o pronome para antes do verbo, como as indicadas ao lado.	**Aqui** *se* trabalha muito. **Talvez** *o* encontre ainda hoje. **Pronomes relativos**. Exemplos: Fiquei observando a mulher **que** *se* dirigia ao portão. Foi Pedro **quem** *te* contou tamanho absurdo. Os alunos **que** *me* ouvirem sairão mais cedo. **Palavras ou expressões negativas**. Exemplos: **Jamais** *te* exponhas ao inimigo. **Ninguém** *lhe* falou a novidade. **Pronomes indefinidos**. Exemplos: **Todos** *te* ajudarão nessa hora difícil. **Tudo** *se* transforma. **Conjunções subordinativas**. Exemplos: Comprarei este livro **se** *me* for útil. **Quando** *me* procurares, estarei a quilômetros daqui. Observação importante: na língua escrita não se admite começar a frase com o pronome átono! Exemplo: Conte-me a verdade (correto) Me conte a verdade (errado)

PARTE III • NORMATIZAÇÃO GRAMATICAL

Ênclise Ocorre quando o pronome átono vem após o verbo.	As formas verbais do infinitivo impessoal, do imperativo afirmativo e do gerúndio exigem a ênclise. Exemplos: É difícil **contar**-*lhe* a verdade. Estes são os ladrões: **prenda**-*os*. Os alunos saíram **queixando**-*se* do professor. Observação: depois de vírgula ou ponto e vírgula o pronome deve vir enclítico. Exemplos: Aqui, **estuda**-*se* muito. Aventurou-se por aí, **afastando**-*se* do grupo.
Mesóclise	Usada somente com verbos no futuro do presente e futuro do pretérito, desde que antes do verbo não haja nenhuma palavra atrativa. Exemplo: Contar-**lhe**-ei tudo que sei.

Fonte: elaborado pela autora.

Vamos agora ao *pronome átono nas locuções verbais*: verbo auxiliar + infinitivo ou gerúndio.

Se não houver palavras atrativas, é indiferente a colocação do pronome átono, isto é, podemos colocá-lo depois do auxiliar ou do verbo principal. Exemplos:

Devemos lhe contar a novidade. (ou)
Devemos contar-lhe a novidade.

Você está me aborrecendo. (ou)
Você está aborrecendo-me.

Se houver palavras que exijam a próclise, só duas posições serão aceitas: antes do auxiliar ou depois do infinitivo. Exemplo:

Não lhe devemos contar a novidade. (ou)
Não devemos contar-lhe a novidade.

Observação: nunca usaremos o pronome átono depois do particípio. Exemplo:

Ele se tinha esquecido do teste. (ou)
Ele tinha se esquecido do teste.

REDAÇÃO EMPRESARIAL

APLIQUE O QUE VOCÊ APRENDEU

1. Coloque C (certo) ou E (errado) nas frases abaixo em função da posição dos pronomes pessoais.
    - ☐ a) Eu te encontrei lá embaixo.
    - ☐ b) Encontraremo-nos lá embaixo.
    - ☐ c) Ele me encontrou na praia.
    - ☐ d) Me encontre na livraria.
    - ☐ e) Não me ajudaste muito.
    - ☐ f) Você não me ajudou muito.

2. Identifique a opção em que a colocação do pronome oblíquo átono não esteja correta.
    - ☐ a) Devo agradecer-lhe.
    - ☐ b) Alguém nos ajude!
    - ☐ c) Vi a pessoa que te magoou.
    - ☐ d) Posso ter enganado-me.

3. Identifique a opção em que todas as colocações pronominais átonas estejam corretas.
    - ☐ a) Vi a pessoa que magoou-te. / Eu ajudarei-te sempre.
    - ☐ b) Eu ajudar-te-ei sempre. / Eu te ajudarei sempre.
    - ☐ c) Ela não me ajudaria assim. / Eu devo chamar-te mais tarde.
    - ☐ d) Devo te chamar mais tarde. / Estou ajudando-te.

CAPÍTULO 19

Formas verbais que suscitam dúvidas

Por causa da evolução histórica do latim para o português, alguns verbos do vocabulário da nossa língua apresentam anomalias em um ou mais tempos e pessoas. Esses verbos são denominados pela gramática tradicional como *verbos defectivos*, ou seja, que apresentam algum tipo de defeito.

Selecionamos alguns dos verbos defectivos mais utilizados no dia a dia empresarial e os listamos no Quadro 19.1, apresentando suas possibilidades de correção.

QUADRO 19.1 **Verbos defectivos**

ABOLIR	• Não possui a 1ª pessoa do singular do presente do indicativo e nenhuma do presente do subjuntivo. Exemplo: Ele quer que eu **retire** aquela citação.
ADEQUAR	• Só tem a 1ª e 2ª pessoas do plural no presente: nós adequamos e vós adequais. • Também não tem o presente do subjuntivo. Exemplo: O juiz solicitou que eu **corrija** os termos da petição.
ADERIR	• No presente ele fica assim: eu adiro, tu aderes, ele adere, nós aderimos etc. • No presente do subjuntivo, ficará: que eu adira, que tu adiras, que ele adira, que nós adiramos, que vós adirais, que eles adiram. Exemplo: O diretor quer que **nós adiramos** ao plano.
COLORIR	• Não possui a 1ª pessoa do singular do presente do indicativo e nenhuma do presente do subjuntivo. Exemplo: Eu **pinto/uso as cores** muito bem.
DETER	• O verbo é derivado de *ter*, por isso segue a sua conjugação: se eu tivesse, se eu detivesse etc. Exemplo: Eles **detiveram** a subida dos preços.

▶

REDAÇÃO EMPRESARIAL

DIZER	• O certo é disser: se eu disser, tu disseres, ele disser, nós dissermos, vós disserdes, eles disserem. Exemplo: Quando ele **disser** que sim, sairemos.
ESTAR	• O certo é que ele esteja. A forma "esteje", que ouvimos às vezes por aí, é erradíssima! Exemplo: Eles querem que você **esteja** pronta às seis horas.
ENTUPIR	• Os verbos entupir e desentupir têm duas formas: tu entopes ou entupes, ele entope ou entupe. As duas formas estão corretas.
INTERVIR	• O certo é interveio, porque intervir é derivado de vir. Vir: hoje eu venho, ele vem, eles vêm, ontem eu vim, ele veio, eles vieram, se eu viesse, quando eles vierem. Intervir: hoje eu intervenho, ele intervém, eles intervêm, ontem ele interveio, eles intervieram, se eu interviesse, quando eles intervierem. Exemplo: Ele **interveio** na discussão.
MANTER	• O verbo manter é derivado de ter, por isso segue o modelo do verbo primitivo: se eu tivesse, se eu mantivesse, ontem eles tiveram, eles mantiveram, quando nós tivermos, quando nós mantivermos. Exemplo: Se ela **mantivesse** a palavra, tudo teria dado certo.
MOBILIAR	• O verbo mobiliar só é irregular quanto à sílaba tônica. Presente: eu mo**bí**lio, tu mo**bí**lias, ele mo**bí**lia, nós mobili**a**mos, vós mobili**ais,** eles mo**bí**liam. Presente do subjuntivo: que eu mo**bí**lie, tu mo**bí**lies, ele mo**bí**lie, nós mobili**e**mos, vós mobili**eis,** eles mo**bí**liem.
PÔR	• Todas as formas do verbo pôr com som de zê são escritas com S: eu pus, tu puseste, ele pôs, pusemos, pusera, puserdes, puserem.
POSSUIR	• O certo é **possui**. • Os verbos terminados em **-uir** fazem a 3ª pessoa em **i**. Exemplos: ele influi, ele atribui
PRECAVER-SE	• Ele não se deriva de **ver** nem de **vir**. • No presente do indicativo, só possui **precavemos** e **precaveis**. • No pretérito e futuro, o verbo é regular: eu me precavi, tu te precaveste, ele se precaveu, nós nos precavemos, eles se precaveram, eu me precaverei etc. • No presente do subjuntivo, nada. • No pretérito imperfeito: **se eu me precavesse**, **precavesses** etc. • As formas inexistentes deste verbo são substituídas pelas correspondentes dos verbos prevenir ou acautelar.

Fonte: elaborado pela autora.

PARTE III • NORMATIZAÇÃO GRAMATICAL

APLIQUE O QUE VOCÊ APRENDEU

1. Complete cada frase com o verbo indicado quando for correto ou com um sinônimo adequado ao sentido delas.

   a) Ele quer que eu _____ (abolir, no presente) aquela observação do manual.

   b) O gerente solicitou que eu _____ (abolir, no presente) os termos do relatório.

   c) O diretor solicitou que eu _____ (adequar, no presente) os termos da correspondência.

   d) Ela pediu que nós _____ (aderir, no presente) à nova campanha publicitária.

2. Identifique a opção em que o verbo esteja corretamente empregado.

   ☐ a) Quando terminarem o desenho, quero que vocês o coloram.

   ☐ b) Como o passaporte não tinha visto, os federais o detiveram no aeroporto.

   ☐ c) Não colora o desenho, pois ainda não o terminei.

   ☐ d) Todos se deteram perante a polícia.

3. Identifique a opção em que o verbo não esteja corretamente empregado.

   ☐ a) De onde eu provenho não se escuta música brasileira.

   ☐ b) Eles não interviram na discussão.

   ☐ c) Eles intervieram na relação, mas arrependeram-se posteriormente.

   ☐ d) Eles provêm de lugares muito frios.

4. Coloque C (certo) ou E (errado) para as opções abaixo.

   ☐ a) Se ele se manter ocupado, não causará problemas.

   ☐ b) Se ele se mantivesse ocupado, não causaria problemas.

   ☐ c) É bom que elas se precavenham contra furtos.

   ☐ d) É bom que elas se precavejam contra furtos.

   ☐ e) É bom que elas se previnam contra furtos.

| CAPÍTULO 20 |

Emprego do infinitivo

O uso do infinitivo – flexionado ou não – é um aspecto bastante controverso na língua portuguesa atual. Neste capítulo, estudaremos as regras já consolidadas de sua aplicação.

Nos Quadros 20.1 e 20.2 procuramos apresentar apenas os aspectos que não remetem à dúvida, orientando-nos pelo estabelecimento de relações lógicas com as regras gramaticais.

QUADRO 20.1 **Uso do infinitivo impessoal**

Nas locuções verbais	Exemplo: Vocês não podem reagir assim.
Quando o sujeito do infinitivo for um pronome oblíquo átono (usado com os verbos mandar, fazer, deixar, ver, ouvir, sentir).	Exemplo: Mandou-os preparar os relatórios.
Quando o infinitivo não se refere a sujeito algum.	Exemplo: Viver é preciso.
Quando o infinitivo funciona como complemento de adjetivos.	Exemplo: São casos possíveis de contornar.
Quando assume valor de imperativo.	Exemplo: Veio a ordem decisiva: avançar!

Fonte: elaborado pela autora.

QUADRO 20.2 **Uso do infinitivo pessoal**

Quando o infinitivo tem sujeito diferente do sujeito da oração principal.	Exemplo: Eu te censuro por te queixares sem razão.
Para indeterminar o sujeito.	Exemplo: Deixe-os falar.
Quando vem no início da frase, para esclarecer a pessoa do sujeito.	Exemplo: Para encontrarmos um amigo, devemos procurar bem.

Fonte: elaborado pela autora.

PARTE III • NORMATIZAÇÃO GRAMATICAL

APLIQUE O QUE VOCÊ APRENDEU

1. Considerando o emprego do infinitivo, coloque C (certo) ou E (errado) nas frases abaixo.
   - ☐ a) Mandei-as redigirem o relatório até segunda-feira.
   - ☐ b) É preciso navegar por muitos mares para adquirir sabedoria.
   - ☐ c) Para elaborar a análise, eles precisavam dos dados corretos.

2. Associe o emprego do infinitivo a sua respectiva regra.
   I. Quando não houver dúvida a respeito do sujeito do infinitivo, ele virá, preferencialmente, sem flexão.
   II. A flexão será obrigatória se o verbo regido de preposição for pronominal ou se exprimir reciprocidade ou reflexibilidade de ação.
   III. Quando o infinitivo vier no início da frase, ele deverá ser flexionado, mesmo quando regido por preposição.

   - ☐ a) Sugiro que vocês saiam para se entenderem lá fora.
   - ☐ b) Ele obrigou os palestrantes a ficar quietos.
   - ☐ c) Ao entrarem na reunião, os gerentes agradeceram ao conselho consultivo.

3. Complete as frases com a forma correta do infinitivo.
   a) Devem essas criaturas, vítimas deste regime selvagem, ainda _____ (arcar – arcarem) com as consequências dos erros cometidos?
   b) O diretor forçou os gerentes a _____ (registrar – registrarem) o incidente.
   c) Apesar de _____ (estar – estarmos) sem motivação alguma, continuamos o processo.

4. Coloque C (certo) ou E (errado) na explicação sobre o emprego do infinitivo em cada uma das frases abaixo.
   - ☐ a) Ela saiu sem termos notado.
     Explicação: o infinitivo será flexionado quando tiver seu próprio sujeito.
   - ☐ b) Ouvimos as cigarras cantar todos os dias.
     Explicação: quando não houver dúvida a respeito do sujeito do infinitivo, ele virá, preferencialmente, sem flexão.
   - ☐ c) Pretendemos chegar cedo ao escritório.
     Explicação: nas locuções verbais, quem se flexiona é o auxiliar.

CAPÍTULO 21

Concordância verbal

A concordância é um dos aspectos que mais remetem à identificação do falante à classe das pessoas cultas. A falta do plural é exemplo clássico de falha na correção gramatical da norma culta. Dessa forma, é muito comum escutarmos em comércios informais de rua exemplos como: "Três gravata é cinco real!".

Em suma, concordância significa adaptação. No caso da concordância verbal, adaptação do verbo ao sujeito a que ele se refere. No caso de concordância nominal, assunto tratado no Capítulo 22, adaptação da palavra determinante ao gênero, número e grau da palavra determinada.

No exemplo da frase citada, temos:

21.1 Regra geral

O verbo concorda com seu sujeito em número e pessoa. Exemplos:

- Uma séria consequência decorreu da situação.
- Duas consequências decorreram da situação.
- Os passageiros e o motorista saíram ilesos.

PARTE III • NORMATIZAÇÃO GRAMATICAL

21.2 Casos especiais

a] Verbo *haver* (= existir) é impessoal. Exemplos:

- Há momentos bons na vida. (= Existem momentos bons na vida).
- Pode haver momentos bons na vida. (= Podem existir momentos bons na vida).

b] Verbo *fazer* (indicando tempo decorrido e condição meteorológica) é impessoal. Exemplos:

- Já faz três meses que o novo planejamento foi aprovado.
- Faz invernos terríveis na Europa.

c] Verbos relativos a fenômenos da natureza são impessoais. Exemplos:

- Ventava muito ontem.
- Durante dias choveu forte.

d] Verbo *ser* é usado no singular quando a ideia for de quantidade; quando for uma referência a tempo, concorda com o numeral ou com a palavra a que se refere. Exemplos:

- Dois meses é muito tempo.
- Hoje são 16 de março.
- Hoje é dia 16 de março.

e] Quando há o pronome *que*, o verbo concorda com o antecedente; no caso do pronome *quem*, o verbo pode concordar com o antecedente ou ficar na 3ª pessoa do singular. Exemplos:

- Somos nós que iremos ao evento.
- Somos nós quem iremos ao evento.
- Somos nós quem irá ao evento.

f] O verbo sempre concordará com os pronomes indefinidos (algum de, nenhum de etc.). Se o pronome estiver no singular, o verbo ficará no singular; se estiver no plural, o verbo irá para o plural. Exemplos:

221

REDAÇÃO EMPRESARIAL

- Qual de nós usou aquela estratégia?
- Quais de nós usaram aquela estratégia?

g] O verbo fica no plural ou no singular quando se usa "um dos que", conforme a ação se refira a vários indivíduos ou a um só. Exemplo:

- Ele é um dos que participaram da reunião – houve vários participantes da reunião e ele foi um dos que participaram.
- Um dos que deixou a sala rapidamente foi o João – a referência é explícita a uma pessoa.

h] O verbo fica no singular quando há expressões coletivas. Exemplos:

- *A gente* vai trabalhar até tarde hoje.
- *A multidão* assustou o grupo de rock.

i] Em caso de uso de expressões coletivas partitivas (a maioria de etc.), o verbo pode ficar no singular ou no plural. Exemplo:

- A maior parte das pessoas protestou (ou protestaram).

j] O verbo fica no singular ao usar um milhão, um bilhão etc. Exemplo:

- Um milhão de reais foi gasto à toa.
  Observação:
  Um milhão e meio de reais foi gasto à toa.
  Um milhão e quinhentos mil reais foram gastos à toa.

k] Com números percentuais e fracionários, o verbo concorda com o número da porcentagem ou com o numerador da fração. Exemplo:

- De acordo com as pesquisas, só 30% já definiram seu voto.

21.3 Verbos com a partícula *se*

a] Verbo transitivo direto + se → concordância normal com o sujeito. Exemplos:

PARTE III • NORMATIZAÇÃO GRAMATICAL

- Vende-se esta casa.
- Vendem-se estas casas.

Observações:

1. O *verbo transitivo direto + se* caracteriza a frase *como voz passiva sintética*. Portanto, a expressão que se segue ao verbo é seu sujeito, conforme a Nomenclatura Gramatical Brasileira (NGB). Exemplo:

- Esta casa é vendida.
- Estas casas são vendidas.

2. Caso haja um *verbo auxiliar* (ter, haver, poder, dever, começar, costumar etc.), este se flexionará e será *regido pelo principal*. Exemplos:

- Não se devem infringir as leis
- O réu achava que se podiam cometer crimes impunemente.

b] Verbo + se + preposição → verbo no singular. Exemplos:

- Precisa-se de empregados.
- Não se trata de benfeitorias realizadas no imóvel.

Observações:

1. As frases estão na voz ativa e o sujeito é classificado como indeterminado.
2. O mesmo ocorre com os verbos intransitivos. Exemplos:

- Viajou-se tarde.
- O pagamento importou extinção da obrigação.

APLIQUE O QUE VOCÊ APRENDEU

1. Coloque C (certo) ou E (errado) nas frases abaixo.
   - ☐ a) Houveram inúmeros problemas.
   - ☐ b) Ele disse que podem haver problemas.
   - ☐ c) Ele disse que deve existir problemas.

REDAÇÃO EMPRESARIAL

☐ d) Amanhã, deverão haver novas demissões.

☐ e) Determinou-se que devem acontecer descontos nas mercadorias.

2. Identifique a opção em que o verbo *haver* não esteja empregado de forma correta.

☐ a) Há de haver novas turmas.

☐ b) Hão de ocorrer novos projetos.

☐ c) Há de existir outros encontros.

☐ d) Há de haver mais reuniões.

3. Assinale a opção em que todas as orações estejam corretas.

☐ a) Há de haver novas alegrias. / Fazia cinco meses que eu não o encontrava.

☐ b) Eles fizeram a tempo todo o relatório. / Há de ocorrer novos concursos.

☐ c) Fizeram dois anos sem reajuste. / Devem existir mais novidades.

☐ d) Hão de existir mais alegrias. / Fará três anos que ela não viaja.

4. Coloque C (certo) e E (errado) nas frases abaixo.

☐ a) Apresentou-se vários projetos.

☐ b) De acordo com o estipulado, implantou-se com sucesso as novas redes de informática.

☐ c) Argumentaram que se deve apresentar todas as opções possíveis.

☐ d) É necessário que se pensem em todas as soluções.

5. Assinale a opção correta a respeito das frases a seguir.

I.   Lamentamos que tenham havido tantas injustiças.

II. Solicitamos que não se apaguem todas as luzes.

III. Podem haver algumas surpresas.

IV. Pode-se esperar várias novidades.

☐ a) Todas estão corretas.

☐ b) Apenas a opção 2 está correta.

☐ c) Apenas as opções 1 e 2 estão corretas.

☐ d) Apenas as opções 2 e 3 estão corretas

6. Assinale a opção em que todas as orações estejam corretas.

☐ a) O presidente dos Estados Unidos afirmou que seu país é o mais desenvolvido da América. / Fomos nós quem escreveu o relatório.

PARTE III • NORMATIZAÇÃO GRAMATICAL

☐ b) Os Estados Unidos afirmaram que seu país é o mais desenvolvido da
América. / Fui eu que escreveu o relatório.

☐ c) O Estados Unidos colaborou com o desenvolvimento de outros países.
/ Fomos nós quem escrevemos o relatório.

☐ d) O presidente do Brasil e da França consideraram importante o desar-
mamento. / Foste tu que escreveu o relatório.

7. Assinale a opção correta a respeito das frases a seguir.
    I.   Uma grande parcela da população apoiou o presidente.
    II. Um dos funcionários que mais colaboraram para a implantação da quali-
         dade foi ele.
    III. Um dos que concordou em trabalhar por turno foi aquele colega.
    IV. Um dos que concordaram em trabalhar por turno foi aquele colega.

    ☐ a) Apenas a opção 1 e 3 estão corretas.
    ☐ b) Apenas as opções 2 e 4 estão corretas.
    ☐ c) Apenas as opções 1 e 2 estão corretas.
    ☐ d) Todas estão corretas.

8. Assinale a opção correta a respeito das frases a seguir.
    I.   Aqueles 5% de aumento ajudou bastante.
    II. Aqueles 5% de aumento ajudaram bastante.
    III. Um milhão e quinhentos mil foi devolvido.
    IV. Um milhão e quinhentos mil foram devolvidos.

    ☐ a) Apenas a opção 1 e 3 estão corretas.
    ☐ b) Apenas as opções 2 e 4 estão corretas.
    ☐ c) Apenas as opções 1, 3 e 4 estão corretas
    ☐ d) Todas estão corretas.

| CAPÍTULO 22 |

Concordância nominal

Conforme vimos no Capítulo 21, fazer a concordância nominal significa adaptar a palavra determinante ao gênero, número e grau da palavra determinada. Veremos a seguir as regras dessas adaptações.

Na concordância nominal, temos os aspectos básicos – que fazem parte do acervo do falante desde sua infância – e os casos especiais, para os quais é necessária atenção, uma vez que a utilização oral tende a desconsiderar as normas registradas pela língua culta.

22.1 Regras gerais

22.1.1 Concordância gramatical

O adjetivo concorda em gênero e número com o substantivo a que se refere. Exemplos:

- a carta anexa / as cartas anexas
- o documento anexo / os documentos anexos

Observação: se houver vários substantivos e um deles, pelo menos, for masculino, o adjetivo irá para o masculino plural. Exemplo:

- o documento e a carta anexos

22.1.2 Concordância por atração

O adjetivo concorda com o substantivo mais próximo. Exemplo:

- Enviamos o documento e a carta anexa.

PARTE III • NORMATIZAÇÃO GRAMATICAL

22.1.3 Casos especiais

22.1.3.1 Anexo e incluso
Esses termos concordam com o substantivo, seguindo a regra geral. Exemplos:

- Encaminhamos anexas as cartas.
- Encaminhamos anexos os relatórios.

    Observação: a expressão "em anexo" não varia. Exemplo:

- Seguem anexas as fotos.
- Seguem em anexo as fotos.

22.1.3.2 Mesmo, próprio, só, extra, leso, obrigado, quite, nenhum e junto
Concordam com o substantivo, seguindo a regra geral. Exemplos:

- Elas chegaram juntas.
- Elas não eram nenhumas bobas.
- Elas próprias copiaram a resposta.
- Elas vivem às expensas delas mesmas.

    Observações:

1. Quando *mesmo* equivale a *de fato*, não varia. Exemplos:

    - Elas mesmas vieram.
    - Elas vieram mesmo.

2. Quando *só* equivale a *somente*, não varia. Exemplos:

    - As mulheres se sentiam sós.
    - As mulheres trouxeram só medalhas.

3. Quando *junto* fizer parte de locução, ficará invariável. Exemplo:

    - Elas estão junto dos filhos (junto de).

227

REDAÇÃO EMPRESARIAL

22.1.3.3 É preciso, é necessário, é bom
Quando se subentende um verbo no infinitivo, não variam. Exemplo:

- É preciso (ter) muita paciência.

22.1.3.4 É proibido
Quando o substantivo não está determinado, o adjetivo fica invariável. Exemplo:

- É proibido entrada de estranhos.

    Observações:

1. Caso ocorra a determinação do substantivo, haverá concordância do adjetivo. Exemplo:

    - É proibida a entrada de estranhos.

2. No caso de pronomes indefinidos, a indeterminação do substantivo permanece. Exemplo:

    - É preciso muita paciência.

22.1.3.5 Caro, barato e bastante
Se forem adjetivos, variam normalmente. Exemplo:

- Comprei bastantes (suficientes) coisas.

    Se forem advérbios, não variam. Exemplo:

- As coisas estavam bastante (muito) caras.

22.1.3.6 A olhos vistos, alerta, haja vista, menos e de modo que
Não variam em hipótese nenhuma. Exemplo:

- Todos estavam alerta.

228

PARTE III • NORMATIZAÇÃO GRAMATICAL

22.1.3.7 Exceto, pseudo, tirante e salvo

Não variam em hipótese nenhuma.

22.1.3.8 Meio

Só varia quando equivale à *metade*. Exemplos:

- Ela estava meio cansada.
- Ela comeu meia laranja.

22.1.3.9 Possível

Acompanha a variação do artigo que o antecede. Exemplos:

- Mantenha-os o mais distante possível.
- Queremos os menores rádios possíveis.

22.1.3.10 Adjetivos adverbializados

Não variam os adjetivos usados no lugar de advérbios. Exemplo:

- Escrevi errado a mensagem.

Observação: o adjetivo estará adverbializado quando se puder usar a terminação *-mente*. Exemplo:

- Escrevi erradamente a mensagem.

22.1.3.11 Todo

Só sofre concordância atrativa na linguagem informal quando o advérbio é confundido com um adjetivo. Exemplo:

- Elas estão todas molhadas. (linguagem informal)
- Elas estão todo molhadas. (linguagem formal)

22.1.3.12 Numeral ordinal + substantivo

Se houver repetição do determinante, qualquer concordância é possível; caso não haja, o plural é obrigatório. Exemplos:

- Ele cursou a primeira e a segunda série.

229

REDAÇÃO EMPRESARIAL

- Ele cursou a primeira e a segunda séries.
- Ele cursou a primeira e segunda séries.

22.1.3.13 Dois adjetivos + um substantivo

Se o substantivo estiver no singular, deverá haver repetição do determinante; caso o substantivo esteja no plural, não haverá repetição do determinante. Exemplos:

- A equipe inglesa e a francesa.
- As equipes inglesa e francesa.

22.1.3.14 Nem um nem outro

A expressão exige o substantivo no singular e o adjetivo no plural. Exemplo:

- Não conheço nem um nem outro advogado recém-formados.

22.1.3.15 Um e outro

A expressão exige o substantivo no singular e o adjetivo no plural. Exemplo:

- Conheço um e outro advogado recém-formados.

APLIQUE O QUE VOCÊ APRENDEU

1. Complete as frases com a forma correta.
   a) Os parentes estão _____. (alerta/alertas)
   b) Praticava _____ boas ações do que devia. (menos/menas)
   c) _____ as primeiras notas, ele se classificará. (Haja visto/ Haja vista)
   d) Ele solicitou os papéis _____ . (rosa/rosas)
   e) As planilhas estão _____ . (em anexo/em anexas).
   f) As planilhas estão _____ . (anexo/anexas)
   g) As cartas estão _____. (em incluso/inclusas)
   h) Uma nuvem de gafanhotos _____ o milharal. (destruiu/destruíram)

2. Corrija as frases em que a concordância for inaceitável segundo a norma culta.
   a) Ele considerou muito estranho a reformulação das leis.

PARTE III • NORMATIZAÇÃO GRAMATICAL

b) Está difícil a correção do problema orçamentário sofrida no fim do ano passado.

c) Ele me pediu emprestado uma quantia de três mil reais.

d) Tacharam de absurdo as declarações do deputado.

e) O juiz considerou ilegal as justificativas apresentadas.

3. Sabendo que existe a concordância gramatical e a atrativa, corrija as frases em que as concordâncias não estejam empregadas adequadamente.
   a) Ele pediu emprestado um paletó e duas gravatas.

   b) Ele pediu um paletó e duas gravatas emprestados.

   c) Para esclarecer o mistério, o sangue e a dentição foi analisada.

   d) Para esclarecer o mistério, foram analisados o sangue e a dentição.

4. Assinale a opção correta a respeito das frases a seguir.
   I. Uma e outra diretora se destacaram.
   II. Uma e outra diretora se destacou.
   III. As gerentes financeira e de desenvolvimento solicitaram os relatórios.
   IV. A gerente financeira e de desenvolvimento solicitaram os relatórios.

231

REDAÇÃO EMPRESARIAL

☐ a) Todas estão corretas.

☐ b) Apenas a opção 2 está correta.

☐ c) As opções 1 e 3 estão corretas.

☐ d) As opções 2 e 3 estão corretas.

5. Assinale a opção em que todas as orações estejam corretas.

☐ a) As ruas estão todo alagadas. / As ruas estão todas alagadas.

☐ b) É proibido a escalada desta montanha. É proibido escalar esta montanha.

☐ c) As alterações atingiram todos os departamentos, salvo o financeiro. / As alterações atingiram todos os departamentos, a salvo o financeiro.

☐ d) Os desempenhos foram bastante bons. / Houve bastantes desempenhos bons.

| CAPÍTULO 23 |

Emprego de crase

Apesar do que geralmente se supõe, a crase não é um acento, mas um sinal gráfico utilizado para indicar uma fusão. Neste capítulo, estudaremos sua correta aplicação.

Veremos a seguir como funciona a regra geral com suas especificidades, que costumam ser confundidas com bastante frequência.

Usa-se o sinal indicativo da crase quando há fusão de dois "**as**": a + a = à. Exemplo:

- Entreguei o documento à professora.
  (Entreguei algo **a** alguém + **a** professora = à)

Observação: antes de nome próprio feminino e de pronome possessivo feminino é facultativo o uso da crase. Exemplos:

- Entreguei o documento à/a Maria.
- Entreguei o documento à/a minha secretária.

23.1 Sempre ocorre crase

a] Nas expressões adverbiais femininas. Exemplos:

- Falou à vontade. (modo)
- Cheguei à tarde. (tempo)
- Feriu-o à faca. (instrumento)

b] Nas locuções formadas por palavras femininas. Exemplo:

REDAÇÃO EMPRESARIAL

- À medida que o tempo passava, ia escurecendo.

c] Nos pronomes demonstrativos *aquele*(s), *aquela*(s), *aquilo*(s) que venham antecedidos pela preposição *a*. Nesses casos não há palavra feminina antes da frase. Exemplos:

- Refiro-me àquele processo.
- Ele fez alusão àquilo que ela escrevera.

d] Na expressão *à moda de*, mesmo que ela esteja oculta. Exemplo:

- Ele escreve à Rui Barbosa.

e] Na indicação do número de horas, desde que não venha antecedida por preposição. Exemplos:

- A reunião será às 14 horas.
- A reunião está marcada para as 14 horas.

f] Antes de nomes de cidades e estados que exijam a preposição *a*. Exemplos:

- Vou à Bahia. (Volto *da* Bahia)
- Vou a Salvador. (Volto de Salvador)
- Vou à bela Salvador. (Volto *da* bela Salvador)

23.2 Nunca ocorre crase

a] Antes de nome masculino e de verbo. Exemplos:

- Entreguei o documento *ao* professor.
- Ele estava *a* procurar sua identidade.

b] Antes de pronomes, em geral, com exceção das palavras senhora, senhorita e dona. Exemplos:

- Entreguei o documento a esta juíza.
- Solicito a V.S.ª o relatório.

PARTE III • NORMATIZAÇÃO GRAMATICAL

- Solicito à senhora a observação das regras.

c] Nas expressões formadas de palavras femininas repetidas. Exemplo:

- Eles estavam frente a frente.

Observações:

1. A palavra *casa* (no sentido de lar) e a palavra *terra* (no sentido de chão firme) não recebem crase, a menos que venham determinadas. Exemplos:

   - Ainda não fui a casa, hoje.
   - Ainda não fui à casa dela, hoje.
   - Os marujos foram a terra.
   - Os marujos foram à terra descoberta.

2. É facultativo o uso da crase na expressão *até a*. Exemplo:

   - Vou até a cidade. / Vou até à cidade.

3. A expressão *a distância* não tem crase, a menos que seja determinada. Exemplo:

   - O curso de Pedagogia Empresarial a distância será aos sábados.
   - Nós nos encontrávamos à distância de cem metros da entrada principal.

APLIQUE O QUE VOCÊ APRENDEU

1. Coloque o sinal indicativo da crase quando necessário.
   a) Propuseram-se a estudar.
   b) Apontei aqueles alunos o caminho do bem.
   c) A falência levou-o a nossas portas.
   d) Trace uma reta tangente a esta circunferência.
   e) Quanto a atividade industrial, foram constatados nos casos estudados incrementos superiores a média nacional.
   f) As datas de pagamento referentes as NFs 2.319 e 2.388 estão relacionadas no documento anexo.

REDAÇÃO EMPRESARIAL

g) Com relação as contas da Joana da Silva, informamos que o valor líquido indicado na folha de pagamento corresponde a conversão de moeda.

h) O seguro tornou-se acessível a todas as pessoas físicas e jurídicas.

2. Assinale a opção que preenche corretamente as frases a seguir.

I. Ela chegou em casa _____ tantas.

II. A aluna expulsa e o diretor encontraram-se cara _____ cara.

III. Ninguém fez referência _____ nova diretora.

☐ a) às – à – a
☐ b) as – à – a
☐ c) às – a – à
☐ d) as – a – à

3. Assinale a opção gramaticalmente correta.

☐ a) Prefiro levar as pessoas nas costas a receber palavras rudes.
☐ b) Elas estavam frente a frente aquele temido coordenador.
☐ c) As únicas sequências corretas são às que têm número inteiro.
☐ d) O prêmio foi distribuído aquela equipe.

4. Assinale a opção em que *não* há erro na colocação da crase.

☐ a) Coloquei-me à disposição para a distribuição do projeto às equipes participantes à medida que elas se dirigissem àquele setor.
☐ b) Coloquei-me à sua disposição para a distribuição do projeto às equipes participantes à medida que elas se dirigissem aquele setor.
☐ c) Coloquei-me a sua disposição para a distribuição de várias senhas às equipes à medida que elas se dirigissem aquele setor.
☐ d) Coloquei-me à disposição para a distribuição do projeto às equipes participantes a medida que elas se dirigissem àquele setor.

CAPÍTULO 24

Emprego dos sinais de pontuação

Os sinais de pontuação são, na escrita, a expressão das entonações da língua falada. Por isso, são fundamentais para a correta interpretação das ideias.

Em seguida, veremos explicações e exemplos de uso dos seguintes sinais de pontuação: ponto, vírgula, ponto e vírgula, dois-pontos e travessão.

24.1 Ponto

O ponto assinala a pausa máxima da voz depois de um grupo fônico de final descendente e de sentido completo. Ele é empregado, fundamentalmente, para indicar o término de uma frase ou período. Exemplo:

Ela saiu cedo do trabalho, cansada de tantas discussões e precisando descansar. Entretanto, demorou a chegar a casa, pois foi surpreendida por uma forte tempestade. Assim que abriu a porta, verificou que a luz da sala estava acesa. Ficou em dúvida: "Será que me esqueci de apagar a luz", pensou ela.

Observe que o ponto é usado no final de uma ideia completa. Quando a ela se agregam outras ideias completas, forma-se o período ou parágrafo.

24.2 Vírgula

A vírgula marca uma pausa de pequena duração. Indica que a ideia fica em suspenso, à espera que o período se complete. Exemplo:

O coordenador solicitou que o projeto fosse entregue na terça-feira, mas só poderemos entregá-lo na quarta.

REDAÇÃO EMPRESARIAL

A vírgula orienta o sentido de uma ideia. Por isso, temos basicamente duas regras gerais para seu uso, conforme veremos a seguir.

24.2.1 Primeira regra do uso da vírgula

Não se pode usar a vírgula para quebrar uma sequência de palavras que formam uma ideia completa. Exemplo:

Os órgãos públicos estaduais e municipais deverão encaminhar as informações necessárias à Divisão de Pessoal.

Nessa frase, não devemos colocar nenhuma vírgula:

a]   entre "públicos" e "estaduais", porque não se pode quebrar a sequência de características dos funcionários, que são tanto *públicos* como *estaduais*;

b]   entre "os órgãos públicos estaduais e municipais" e "deverão encaminhar", senão a primeira parte ficará solta e sem sentido. Se pusermos a vírgula depois de "municipais", a ideia se quebrará e ficará incompleta;

c]   antes de "à Divisão de Pessoal" porque este grupo é parte de "encaminhar", já que quem encaminha encaminha algo *a alguém*, ou seja, à Divisão de Pessoal.

24.2.2 Segunda regra do uso da vírgula

Usa-se a vírgula para encaixar palavras, termos ou ideias em uma sequência. Exemplo:

Toda lei de mercado é por natureza flutuante.

A sequência básica da frase é *Toda lei de mercado é flutuante*; o elemento que está encaixado nela é *por natureza*. Então, se é um encaixe, ele poderá vir entre vírgulas:

Toda lei de mercado é, por natureza, flutuante.

Resumindo, não se usa vírgula para separar palavras ou ideias que se completam, a não ser que seja para intercalar elementos. Considerando isso e seguindo a nomenclatura gramatical, as regras de uso da vírgula são formuladas de acordo com o que se segue:

a] Para isolar vocativo. Exemplo:
Não demore, meu filho.

b] Para isolar aposto. Exemplo:
Nós, *professores*, contamos com o apoio de vocês.

c] Para marcar a supressão de uma palavra (geralmente verbo) ou de um grupo de palavras. Exemplo:
Nós trabalhamos com fatos, e vocês, com hipóteses.

d] Nas sequências constituídas de palavras ou de orações. Exemplos:
O livro estava sujo, rasgado, imprestável.
Pegou o recado, leu-o, disparou para a rua.

e] Nas inversões (a ordem direta é sujeito/verbo/complemento). Exemplos:
Este nosso amigo, você conhece.
Cumprindo ordens, ele saiu do projeto.

f] Com orações intercaladas ou expressões explicativas. Exemplo:
O processo de sustentabilidade deverá ser implantado, *conforme estipulado em reunião de 23/3/05*, gradativamente.

g] Nas datas, para separar o nome do lugar. Exemplo:
Rio de Janeiro, 4 de fevereiro de 2016.

h] Para separar orações coordenadas sindéticas (menos as iniciadas pela conjunção *e*). Exemplo:
Ele estudou bastante, mas não conseguiu ser aprovado.

24.3 Ponto e vírgula

Serve para separar estruturas ou elementos elencados e para separar orações que têm relação de sentido, sem segmentá-las em outro período. Exemplo:

Ela sairá da equipe; ele, ficará.

Outra utilização ocorre ao final de cada item de um conjunto, como no exemplo a seguir. Exemplo:

REDAÇÃO EMPRESARIAL

O processo legislativo compreende a elaboração de:

a] emendas à Constituição;
b] leis complementares;
c] leis delegadas e
d] resoluções.

24.4 Dois-pontos

Os dois-pontos são usados nos seguintes casos:

a] Antes de uma citação – geralmente depois de verbo ou expressão que signifique *dizer*, *responder* e sinônimos. Exemplo:
O juiz declarou: "O réu foi absolvido por unanimidade".

b] Antes de uma enumeração explicativa. Exemplo:
Elas apresentavam as seguintes qualidades: proatividade, facilidade de comunicação e capacidade de negociação.

c] Antes de uma explicação, síntese ou consequência do que foi dito. Exemplo:
Tenho dois caminhos possíveis: abrir uma consultoria ou um estabelecimento comercial.

Os dois-pontos marcam uma generalização, enfatizando o que vem depois.

24.5 Travessão

Usa-se travessão para separar um grupo de palavras — normalmente uma ideia secundária — que se queira destacar na frase, porém sem prejudicar a sequência natural do texto. Exemplo:

O Rio tem um agradável refúgio no verão — a serra —, onde a temperatura é mais amena.

O travessão é bastante usado para destacar ideias secundárias. Exemplo:

PARTE III • NORMATIZAÇÃO GRAMATICAL

Todos os relatórios bimestrais relacionados à análise macroeconômica deverão ser consolidados pelo gerente de cada área — de acordo com a nova orientação executiva — antes de serem enviados às respectivas diretorias.

APLIQUE O QUE VOCÊ APRENDEU

1. Exclua, das frases abaixo, as vírgulas mal colocadas e insira as que deveriam estar presentes.

   a) Todos os geradores com capacidade acima de 50 MW, os varejistas com faturamento maior que 100 MW e os consumidores livres, farão parte do sistema.

   b) Podemos destacar que, ao longo do período a disputa pela aquisição das empresas de energia foi ficando cada vez mais acirrada, sendo este ano de 2016 o que promete maiores surpresas.

   c) Outro movimento detectado, é a procura de sinergias com outros mercados, levando as empresas a uma maior diversificação.

   d) A Gazeta Mercantil apresentou ao final do 3º trimestre, pouca alteração mercadológica em relação ao trimestre anterior.

2. Assinale abaixo a opção em que o trecho de uma ata está com a pontuação correta.

   ☐ a) A previsão acima, foi projetada tomando-se como base os pagamentos reais, efetuados em março/2016, mais aqueles já conhecidos e relativos a abril/2016, acrescentando-se uma pequena margem, para suporte das despesas imprevisíveis.

   ☐ b) A previsão acima foi projetada, tomando-se como base os pagamentos reais, efetuados em março/2016, mais aqueles já conhecidos, e relativos a abril/2016, acrescentando-se uma pequena margem, para suporte das despesas imprevisíveis.

   ☐ c) A previsão acima foi projetada tomando-se como base os pagamentos reais efetuados em março/2016 mais aqueles já conhecidos e relativos a abril/2016, acrescentando-se uma pequena margem para suporte das despesas imprevisíveis.

   ☐ d) A previsão acima, foi projetada tomando-se como base os pagamentos reais efetuados em março/2016, mais aqueles já conhecidos e relativos a abril/2016, acrescentando-se uma pequena margem para suporte das despesas imprevisíveis.

REDAÇÃO EMPRESARIAL

3. Assinale a opção em que a pontuação esteja correta.
   - [ ] a) Deixamos de incluir nesta previsão orçamentária, despesas com férias, rescisão contratual e 13º salário, porquanto, em se tratando de despesas anuais, (férias e 13º salário) e/ou imprevistos (demissões), o síndico preferiu deixar sua inclusão a critério de uma decisão em Assembleia.
   - [ ] b) Deixamos de incluir nesta previsão orçamentária: despesas com férias, rescisão contratual e 13º salário; em se tratando de despesas anuais (férias e 13º salário) e/ou imprevistos (demissões), o síndico preferiu deixar sua inclusão a critério de uma decisão em Assembleia.
   - [ ] c) Deixamos de incluir nesta previsão orçamentária despesas com férias, rescisão contratual, e 13º salário, porquanto em se tratando de despesas anuais (férias e 13º salário) e/ou imprevistos (demissões), o síndico preferiu deixar sua inclusão, a critério de uma decisão em Assembleia.
   - [ ] d) Deixamos de incluir nesta previsão orçamentária despesas com férias, rescisão contratual e 13º salário; em se tratando de despesas anuais, (férias e 13º salário), e/ou imprevistos, (demissões), o síndico preferiu deixar sua inclusão, a critério de uma decisão em Assembleia.

4. Considerando a frase "Os funcionários que já preencheram a ficha cadastral deverão encaminhá-la ao chefe de cada setor", qual explicação a seguir é correta para o uso ou não da vírgula?
   - [ ] a) Não podemos colocar vírgula depois de "cadastral", senão este grupo ficará solto e incompleto.
   - [ ] b) Devemos colocar vírgula depois de "cadastral" para que a ideia fique mais clara.
   - [ ] c) Devemos colocar vírgula depois de "os funcionários" e de "cadastral", ressaltando que só os funcionários que preencheram a ficha devem encaminhá-la ao chefe.
   - [ ] d) Não podemos colocar vírgula depois de "cadastral", pois estaremos informando que todos os funcionários deverão encaminhar a ficha aos chefes.

5. Assinale a opção em que a pontuação esteja correta.
   - [ ] a) O assunto a meu ver, requer longos estudos.
   - [ ] b) O assunto, a meu ver requer longos estudos.
   - [ ] c) A meu ver o assunto, requer longos estudos.
   - [ ] d) A meu ver, o assunto requer longos estudos.

REFERÊNCIAS

ACADEMIA BRASILEIRA DE LETRAS (ABL). *Vocabulário ortográfico da língua portuguesa (VOLP)*. Disponível em: <http://www.academia.org.br/nossa-lingua/busca-no-vocabulario>. Acesso em: nov. 2016.

ASSOCIAÇÃO BRASILEIRA DE NORMAS TÉCNICAS. *NBR 6021*: informação e documentação: publicação periódica científica impressa: apresentação. Rio de Janeiro, 2003.

BELTRÃO, O.; BELTRÃO, M. *Correspondência*. São Paulo: Atlas, 1989.

BERLO, D. K. *O processo da comunicação*. São Paulo: Martins Fontes, 1982.

BRAIT, E. et al. *Aulas de redação*. São Paulo: Atual, 1980.

BRASIL. Ministério da Justiça. *Manual de redação e correspondência oficial*. Brasília: Secretaria de Modernização Administrativa, 1982.

_____. Ministério das Relações Exteriores. *A Floresta Amazônica e a questão ambiental*. Brasília: [s.n., s.d.]. Disponível em: <www.dominiopublico.gov.br/pesquisa/DetalheObraForm.do?select_action=&co_obra=84438>. Acesso em: out. 2016.

_____. Presidência da República. *Manual de redação da Presidência da República*. Brasília, 2002. 130 p. Disponível em: <www.planalto.gov.br/ccivil_03/manual/ManualRedPR2aEd.PDF>. Acesso em: out. 2016.

CAEIRO, A. *Noite de São João*. Disponível em: <www.dominiopublico.gov.br/pesquisa/DetalheObraForm.do?select_action=&co_obra=84453>. Acesso em: out. 2016.

CARNEIRO, A. D. *Redação em construção*. São Paulo: Moderna, 1993.

_____. *Texto em construção*. São Paulo: Moderna, 1992.

FALCONI, V. *Gerência da qualidade total*. Belo Horizonte: Fundação Christiano, 1990.

FERREIRA, A. B. de H. (Ed.) *Novo dicionário Aurélio de língua portuguesa*. São Paulo: Positivo, 2006.

GARCIA, O. M. *Comunicação em prosa moderna*. Rio de Janeiro: FGV, 1976.

REDAÇÃO EMPRESARIAL

GOLD, M. *As competências essenciais distintivas da Illycaffè*. 2010. Dissertação (pós--graduação em Gestão de Competências) – Fundação Getulio Vargas, Rio de Janeiro, 2010.

HALLIDAY, M. A. K. et al. *As ciências linguísticas e o ensino de línguas*. Rio de Janeiro: Vozes, 1974.

HALLIDAY, T. L. *O que é retórica*. São Paulo: Brasiliense, 1990.

JAKOBSON, R. *Linguística e comunicação*. São Paulo: Cultrix, 19--.

KATO, M. A. *No mundo da escrita*: uma perspectiva psicolinguística. São Paulo: Ática, 1987.

LANGACKER, R. W. *A linguagem e sua estrutura*. Rio de Janeiro: Vozes, 1972.

ROCHA, L.; BARBADINHO NETO, R. *Manual de redação*. Rio de Janeiro: Fename, 1982.

_____. *Gramática normativa*. Rio de Janeiro: José Olympio, 1994.

MYERS-BRIGGS TYPE INDICATOR (MBTI). Disponível em: <http://www.myersbriggs. org/my-mbti-personality-type/mbti-basics/>. Acesso em: nov. 2016.

MEDEIROS, J. B. *Redação empresarial*. São Paulo: Atlas, 1993.

PENTEADO, J. R. W. *A técnica da comunicação humana*. São Paulo: Pioneira, 1991.

PORTAL DA LÍNGUA PORTUGUESA. *Acordo ortográfico*. Disponível em: <http://www. portaldalinguaportuguesa.org/acordo.php>. Acesso em: nov. 2016.

PRETI, O. A formação do professor na modalidade a distância: (des)construindo metanarrativas e metáforas. *Revista Brasileira de Estudos Pedagógicos*, Brasília, v. 82, n. 200/201/202, p. 26-39, jan./dez. 2001. Disponível em: <www.dominiopublico.gov.br/download/texto/me004486.pdf>. Acesso em: out. 2016.

RAMOS, G. *Relatório da Prefeitura Municipal de Palmeira dos Índios, 1929*. Disponível em: <http://www.revistadehistoria.com.br/secao/conteudo-complementar/relatorio-da-prefeitura-municipal-de-palmeira-dos-indios-1929>. Acesso em: jan. 2017.

SACCONI, L. A. *Nossa gramática*: teoria e prática. Rio de Janeiro: Nova Fronteira, 1985.

SOARES, M. B. *Técnica de redação*. Rio de Janeiro: Ao Livro Técnico S.A., 1978.

VANOYE, F. *Usos da linguagem*. 10. ed. São Paulo: Martins Fontes, 1996.

VIEIRA, P. A. *Sermão da sexagésima*. Sermões escolhidos. v. 2. São Paulo: Edameris, 1965. Disponível em: <http://www.culturatura.com.br/obras/Serm%C3%A3o%20da%20Sexag %C3%A9sima.pdf>. Acesso em: jan. 2017.

GABARITO

CAPÍTULO 1

Teste o que você aprendeu

1. Porque o contexto econômico se tornou mais competitivo e exigiu maior rapidez na compreensão da mensagem.
2. Desmotivação para a leitura, troca oral de informações e consequente falta de objetividade, falta de credibilidade e retrabalho.
3. Texto empresarial: tem como objetivo a informação. Texto jornalístico: tem como objetivo a eficácia.
4. Concisão, objetividade, clareza, coerência e correção gramatical.
5. Coerência e correção gramatical.

Aplique o que você aprendeu

1. d
2. a) C
   b) C
   c) E
   d) C
   e) C
3. 4 / 3 / 2 / 1
4. d
5. b

CAPÍTULO 2

Teste o que você aprendeu

1. Verbosidade, chavões, jargão técnico e coloquialismo excessivo.

2. a) Verbosidade
   b) Jargões
   c) Chavões
3. Coloquialismo excessivo.
4. Planejamento antecipado; elo de ligação; outra alternativa; sintomas indicativos etc.

Aplique o que você aprendeu

1. b
2. A e B corretas
3. 4/ 1/ 3/ 2
4. V / V / F / F
5. d

CAPÍTULO 3

Teste o que você aprendeu

1. E-mails, currículo, relatórios, fôlderes, comunicações institucionais, cartas diversas etc.
2. a) objetivo/ideia-núcleo
   b) escolha do vocabulário
   c) multiplicidade, confusão
   d) linha de pensamento
   e) divergentes
3. b

Aplique o que você aprendeu

1. d
2. O texto C é o único adequado.
3. A está correta.

245

4. b
5. a) C
   b) C
   c) E
   d) E

CAPÍTULO 4

Teste o que você aprendeu
1. Vocabulário simples e frases curtas.
2. Certo, pois as ideias ficam mais evidentes e há mais clareza das ideias nucleares.
3. Errado. A prolixidade em si é uma característica relacionada ao momento histórico, e as mensagens prolixas podem ser bem ou mal construídas.
4. Errado. Um texto objetivo pode conter várias ideias principais; o que ele não deve conter são ideias em excesso.
5. Errado. Pode-se começar um texto objetivo por ideias secundárias, pois elas auxiliam a introduzir o contexto e conferem delicadeza à mensagem.

Aplique o que você aprendeu
1. b
2. b
3. a) F
   b) F
   c) F
   d) V
4. 3 / 2 / 1
5. c

CAPÍTULO 5

Teste o que você aprendeu
1. a) utilitarista
   b) qualidade
   c) enxuta
2. Certa, pois as mudanças sociais, políticas e econômicas exigem um texto de leitura mais ágil para que o tempo possa ser mais bem aproveitado em ações e resultados.
3. Errado. O texto conciso exige uma capacidade de síntese para que o foco das informações não se perca.
4. Maximizar a informação com o mínimo de palavras; eliminar os clichês; eliminar as redundâncias e as ideias excessivas.

Aplique o que você aprendeu
1. a
2. b
3. a) Ele disse poder comparecer à reunião a ser realizada no próximo sábado e, na última hora, transferida para terça-feira.
   b) Aguardo contato para podermos resolver a situação pendente.
   c) Espero auxílio na elaboração da proposta a ser entregue até segunda-feira a fim de podermos aumentar o *budget* do próximo semestre.
4. b
5. c

CAPÍTULO 6

Teste o que você aprendeu
1. Inteligível significa aquilo que é entendido com facilidade.
2.

3. As palavras devem ser simples e adequadas; as frases devem ser curtas; deve-se cuidar do posicionamento dos termos; deve-se cuidar para que não haja ambiguidade.
4. a) linguagem técnica
   b) substantivos abstratos
5. Verdadeira.
6. que / pronomes possessivos

Aplique o que você aprendeu

1. b
2. d
3. c
4. b
5. a

CAPÍTULO 7

Teste o que você aprendeu

1. a) V
   b) F
   c) V
2. 4 / 3 / 5 / 1 / 6 / 2
3. a) contradição
   b) sentido
4. a) parcamente
   b) demão
   c) vultosa
   d) despercebido

Aplique o que você aprendeu

1. d
2. b
3. c
4. a) Ontem o gerente financeiro completou dez anos de empresa.
   b) A empresa vai construir os centros técnicos prometidos.
   c) O diretor rasgou o relatório em pedaços.
5. 9 / 8 / 7 / 6 / 5 / 4 / 3 / 2 / 1
6. 5 / 4 / 6 / 1 / 3 / 2

CAPÍTULO 8

Teste o que você aprendeu

1. a) estabelecer a linha de pensamento que será seguida
   b) afinidade
   c) um sumário
2. escrever o texto – listar as ideias
3. A afirmativa está correta, pois a função da introdução é situar o leitor no contexto, apresentando as coordenadas gerais que serão desenvolvidas posteriormente.
4. Errada. Muitas vezes, a conclusão é a parte mais importante, pois trará o resumo do que foi informado e desenvolvido anteriormente.

Aplique o que você aprendeu

1. Grupo A: uva, laranja, maçã
   Grupo B: batata, cenoura
   Grupo C: leite, manteiga, creme de leite
   Grupo A – Frutas / Grupo B – Legumes / Grupo C – Laticínios.
2. 2 / 5 / 1 / 3 / 4
3. 2 / 1 / 3
4. Introdução: vai de *Este trabalho...* até *relacionadas à teoria da competição baseada em competências.*
   Justificativa: vai de *A teoria da competição baseada em competências...* até *diversidade de mercados.*
   Desenvolvimento: vai de *O caso da empresa Illycaffè...* até *novos caminhos para inovações.*
   Conclusão: vai de *Em toda a série de eventos...* até *vantagem competitiva sustentável.*
5.
   1- Introdução
   2- Justificativa
   3- Desenvolvimento
   3.1- Estratégia do pensamento pulverizado (vai de *Em um primeiro momento...* até *perspectivas de estratégia empresarial*).
   3.2- Relações de *partnership* (vai de *Em um segundo momento...* até *alavancadoras de competências*).
   3.3- Investimento em pesquisas tecnológicas (vai de *Outra característica...* até *brotar novos conhecimentos*).
   4- Conclusão

REDAÇÃO EMPRESARIAL

CAPÍTULO 9

Teste o que você aprendeu

1. a) F
    b) V
    c) F
    d) F
2. Contatos – Objetivo – Qualificações – Experiência profissional – Formação acadêmica
3. 2 / 3 / 1
4. a) última
    b) facultativo

Aplique o que você aprendeu

1. d
2. d
3. a) Q
    b) R
    c) Q
    d) R
    e) R
    f) Q

CAPÍTULO 10

Aplique o que você aprendeu

Carta corrigida:

Ct 43 - DIVPES

Rio de Janeiro, 18 de abril de 1997.

ASSOCIAÇÃO COMERCIAL DE VITÓRIA
At.: sr. Fernando Matos

Ref.: suas cartas 113/97 e 117/97
reunião de 22/04/97

Prezado senhor,
Informamos que o sr. Paulo Garcia Júnior não poderá estar presente à reunião de 22 de abril do corrente ano, pois estará acompanhando a comitiva do Governo do Estado ao Chile. Assim, enviaremos dois representantes: os senhores Carlos José da Silva e Jurandir de Souza.

Em relação à solicitação de um coordenador para o projeto "TURISMO ESPETACULAR", indicamos o sr. Antonio Moura Brasil.

Atenciosamente,

Paulo Garcia
Presidente

CAPÍTULO 11

Aplique o que você aprendeu

Memorando no 14/CCP   Em 18 de maio de 2000.

Ao Sr. Diretor da Divisão de Apoio Administrativo

Assunto: Adiamento de curso

Solicitamos a V.S.ª cientificar os interessados de que o curso de Língua Portuguesa, programado para o mês de maio, somente começará no dia 4 de agosto, permanecendo o horário anteriormente estabelecido.

Encaminhamos, anexo, o conteúdo programático do curso.

Atenciosamente,

Nome

Cargo do signatário

CAPÍTULO 12

Aplique o que você aprendeu

DECLARAÇÃO

Eu, Amália Amélia da Silva, residente e domiciliada em São Paulo, na Rua do Tijuco Preto nº 13, portadora do RG nº 500631421, declaro a quem interessar possa o que se segue:
1. Proferi palavras rudes e desrespeitosas ao final da Festa do Vinho do Atlético Clube Pinheirense, no domingo, dia 8 de maio, dirigidas a meu querido noivo, Orozimbo de Almeida, para o qual solicito humildemente perdão.
2. Exorbitei quando, movida pelas forças desconhecidas do ciúme, joguei o garrafão de vinho sobre a capota do carro de Orozimbo, para o qual também peço perdão.
3. Reconheço que amo muito meu noivo e jamais voltarei a ofendê-lo.

São Paulo, 13 de maio de 2005.
Amália Amélia da Silva.

CAPÍTULO 13

Aplique o que você aprendeu

1. 1- onde
   2- acerca do
   3- a fim de
   4- aonde
   5- há
   6- Há cerca de
   7- a
   8- A fim de
2. 1- E
   2- E
   3- C
   4- C
   5- C
   6- C
   7- E
   8- E
3. 1- por que
   2- Por que
   3- por quê
   4- por que
   5- porquê
4. Retenção
   Cessão
   Conversão
   Agressão
   Abstenção
   Obtenção
   Pretensão
   Transmissão
   Concessão
   Progressão
   Ascensão
   Distorção
   Omissão
5. c
6. b
7. b
8. b
9. d
10. c
11. a
12. c

CAPÍTULO 14

Aplique o que você aprendeu

1. a- estampido
   b- êxito
   c- súbito
   d- incêndio
   e- mágoa
   f- câmara
   g- tímido
   h- grátis
   i- pérola
   j- após
   k- zíper
   l- sutil
   m- bambu
   n- têxtil
   o- ácido
   p- espécie
   q- máximo
   r- recorde
   s- item
   t- também
2. 1- Eles se veem pelos corredores.
   2- Todos têm medo de morcegos.
   3- Os papéis só serão assinados amanhã.
   4- O funcionário era assíduo no trabalho.
3. a- enjoo
   b- geleia
   c- sereia
   d- céu
   e- areia
   f- saúde
   g- juiz
   h- juízes
   i- troféu
   j- anzóis
   k- sanduíche
   l- ciúme
   m- gratuito

REDAÇÃO EMPRESARIAL

n- tainha

o- poluído

4. b

5. b

6. c

CAPÍTULO 15

Aplique o que você aprendeu

1. 1- vultosa

2- tráfico

3- ratificada

4- surtir

5- infligiu

2. 9 / 4 / 7 / 8 / 5 / 1 / 2 / 6 / 3 / 10

3. descriminação

discriminação

proscritos

prescritos

eminente

iminente

4. a) mandado

b) flagrante

c) iminente

d) discriminou

e) discrição

f) arriar

5. c

CAPÍTULO 16

Aplique o que você aprendeu

1. a) sem-número

b) abaixo-assinados

c) meio dia

2. c

3. b

4. a) h ou vogal igual à do final do prefixo.

b) h ou r

c) h ou vogal igual à do final do prefixo.

5. a

6. b

CAPÍTULO 17

Aplique o que você aprendeu

1. c

2. c

3. a

CAPÍTULO 18

Aplique o que você aprendeu

1. a) C

b) C

c) C

d) E

e) C

f) C

2. d

3. c

CAPÍTULO 19

Aplique o que você aprendeu

1. a) retire

b) retire

c) corrija/reveja

d) adiramos

2. b

3. b

4. a) E

b) C

c) E

d) E

e) C

CAPÍTULO 20

Aplique o que você aprendeu

1. a) E

b) C

c) E

2. a) 2

b) 1

c) 3

3. a) arcar

b) registrar

c) estarmos

GABARITO

4. a) C
   b) C
   c) C

CAPÍTULO 21

Aplique o que você aprendeu

1. 1- E
   2- E
   3- E
   4- E
   5- C
2. c
3. a
4. 1- E
   2- E
   3- E
   4- E
5. b
6. a
7. d
8. b

CAPÍTULO 22

Aplique o que você aprendeu

1. a) alerta
   b) menos
   c) Haja vista
   d) rosa
   e) em anexo
   f) anexas
   g) inclusas
   h) destruiu
2. a) Ele considerou muito estranha a reformulação das leis.
   b) Está difícil a correção do problema orçamentário sofrido no fim do ano passado.
   c) Ele me pediu emprestada uma quantia de três mil reais.
   d) Tacharam de absurdas as declarações do deputado.

e) O juiz considerou ilegais as justificativas apresentadas.

3. a) Ele pediu emprestado um paletó e duas gravatas.
   b) Ele pediu um paletó e duas gravatas emprestados.
   c) Para esclarecer o mistério, o sangue e a dentição foram analisados.
   d) Para esclarecer o mistério, foi analisado o sangue e a dentição.
4. c
5. d

CAPÍTULO 23

Aplique o que você aprendeu

1. a) Propuseram-se a estudar.
   b) Apontei àqueles alunos o caminho do bem.
   c) A falência levou-o a nossas portas.
   d) Trace uma reta tangente a esta circunferência.
   e) Quanto à atividade industrial, foram constatados nos casos estudados incrementos superiores à média nacional.
   f) As datas de pagamento referentes às NFs 2.319 e 2.388 estão relacionadas no documento anexo.
   g) Com relação às contas da Joana da Silva, informamos que o valor líquido indicado na folha de pagamento corresponde à conversão de moeda.
   h) O seguro tornou-se acessível a todas as pessoas físicas e jurídicas.
2. c
3. a
4. a

CAPÍTULO 24

Aplique o que você aprendeu

1. a) Todos os geradores com capacidade acima de 50 MW, os varejistas com

251

REDAÇÃO EMPRESARIAL

faturamento maior que 100 MW e os consumidores livres farão parte do sistema.

b) Podemos destacar que, ao longo do período, a disputa pela aquisição das empresas de energia foi ficando cada vez mais acirrada, sendo este ano de 2016 o que promete mais surpresas.

c) Outro movimento detectado é a procura de sinergias com outros mercados, levando as empresas a uma maior diversificação.

d) A Gazeta Mercantil apresentou ao final do 3º trimestre pouca alteração mercadológica em relação ao trimestre anterior.

2. c
3. b
4. a
5. d

ÍNDICE REMISSIVO

A

Acordo, 168
Adjetivos, 209, 210, 218, 226
    adverbializados, 229
    e um substantivo, 230
Agressões contra a língua, 66
Ambiguidade, 78, 83, 84
Ata, 169-172
Atestado, 172
Aviso ou comunicação interna, 172-173

B

Bilhete, 174

C

Carta, 149, 154-159
    antiquada, 12
    moderna, 13
Chavão, 18, 24-26
    exemplo de, 25
    em introduções, 25
    em conclusões, 26
Circular, 174
Clareza, 9, 10, 75
    características, 78
    conceituação, 75
    dinâmica da, 76
    problemas de linguagem, 82-85
    quanto às frases, 79-81
    técnicas, 79
Coerência, 11, 92-103
    características da, 93
    conexão entre as palavras, 94
    conexão entre as orações, 95
    e sentido, 92

    e significado, 93
    e unidade, 92-103
    entre o pensamento e a mensagem, 92
    no texto, 92
Colocação dos pronomes oblíquos átonos, 212-214
Coloquialismo, 18, 29, 30
Comunicação interna *veja* Memorando oficial
Comunicações oficiais *veja* Correspondência
    oficial
Comunicado *veja* Aviso ou comunicação interna
Concisão, 9, 60
    características da, 62
    condensação excessiva, 66
    elementos de realce, 66
    eliminação de redundâncias, 62
    foco de informação, 63
    texto excessivamente direto, 65
    reduzindo o excesso de "ques", 67
Concordância nominal, 226-230
Concordância verbal, 220-229
Condensação excessiva da informação, 66
Conectivos, 96, 97
Conexão entre os parágrafos, 97
Construções intercaladas e/ou invertidas, 22
    veja também Frase(s); Orações; Parágrafo(s)
Convocação, 175
Correspondência empresarial moderna, 6, 14, 149,
    150
Correspondência oficial, 161, 167
Crase, 233-236
Currículo, 129-146
    estratégia de construção, 130-135
    formatos comuns, 135-143

REDAÇÃO EMPRESARIAL

D
Declaração, 175, 176
Dialeto, 14
Diretriz contemporânea, 49
Documentos empresariais *veja* Texto empresarial

E
Efeitos das modificações sociais, 60
Eficácia do texto, 7, 24-26
Elementos de realce, 66
E-mail, 35, 60, 62, 149-159
Ênclise, 212, 213
Exposição de motivos, 24
Expressões supérfluas, 64

F
Fechos para correspondências oficiais, 178
Frase(s), 31, 33
    Labirítica, 81
    e parágrafos longos, 20
    veja também Construções; Orações;
        Parágrafo(s)

G
Grafia, 183, 194
Gramática *veja* Grafia

H
Homônimos e parônimos, 201-204

I
Ideia(s)
    pensamento e, 35
    trabalhando as, 35-46
    fixação do objetivo, 36-39
    identificação da ideia-núcleo, 39-41
Ideia-núcleo, 36, 39-41, 43, 49. 62, 63
Informações transmitidas por e-mail, 150-153
Instrução normativa n. 4, 161

J
Jargão técnico, 18, 27, 30, 78

L
Língua escrita, 11, 14, 21, 66
Língua falada, 11, 14, 31, 43, 66
Linguagem
    adequada, 11
    problemas de, 78, 82
Locuções adjetivas, 71

M
Memorando, 4, 28, 69, 79, 80
Memorando oficial, 165-167
Mesóclise, 212, 213
Monografias, 35, 106-128
    composição da estrutura, 107, 112-118
    planejamento do texto, 108

N
Níveis de língua, 14
Norma culta, 104, 220

O
Objetividade, 4, 9, 10, 47-59
    e o texto empresarial, 47-48
    técnicas, 50-54
Ofício, 161-165
Orações
    na voz passiva, 71
    conexão entre as, 95
    concordância nominal, 226-232
    veja também Construções; Frase(s);
        Parágrafo(s)

P
Palavras
    problemas de incoerência entre as, 93, 94
Parágrafo(s)
    e ideia-núcleo, 39-41, 49, 61
    longos, 21, 79
    veja também Construções; Frase(s); Orações
Parônimos e homônimos, 201-204
Pobreza vocabular, 67
Pontuação
    sinais de, 237-241
Principais conectivos e seus significados, 96, 97
Próclise, 212, 213
Procuração, 177
Pronome átono nas locuções verbais, 212, 231
Pronomes possessivos, 83
Pronomes relativos, 67, 69, 83, 84

Q
Questões gramaticais
    colocação de pronomes oblíquos átonos, 212-214
    concordância nominal, 226-230
    concordância verbal, 220-223
    crase, 233-235
    sinais de pontuação, 237-241
    uso correto das formas verbais, 187, 215

ÍNDICE REMISSIVO

R

Recibo, 177-178
Recursos inexpressivos de linguagem, 255
Redação empresarial *veja* Texto empresarial
Redundâncias
    eliminação das, 62
Registros, 14, 169
Relatórios e monografias, como escrever, 106-124
Requerimento, 178-179

S

Sinais de pontuação, 237
    dois pontos, 240
    ponto, 237
    ponto e vírgula, 239
    travessão, 240
    vírgula, 237-239
Substantivos abstratos, uso excessivo, 79

T

Tautologias ou repetições viciadas, 26-27
Técnica(s)
    Clareza, 10-12, 75-91
    da substituição do relativo (ambiguidade), 83-84
    de redução (concisão), 60-73
    do deslocamento (ambiguidade), 83
    para ordenação do pensamento, 36-42
    texto excessivamente direito, 65
    trabalhando as ideias, 35-46
Texto empresarial
    diretrizes contemporâneas 3-9
    documentos administrativos, 168-180
        acordo, 168
        ata, 169
        atestado, 172
        aviso ou comunicado interno, 172
        bilhete, 174
        circular, 174
        convocação, 175
        declaração, 175
        procuração, 177
        recibo, 177

requerimento, 178
documentos empresariais
    ofício, 161-165
    correio eletrônico, 153-160
    memorando oficial, 165
eficácia do, 7
objetividade do, 47-57
moderno, estilo e linguagem, 8-13
veja também Correspondência oficial
Texto persuasivo, 64-67, 96

U

Unidade e coerência, 92-103
Uso
    das iniciais maiúsculas, 191
    das iniciais minúsculas, 191
    das siglas e seu plural, 189
    das unidades de medidas e horas, 190
    de -ção, -são, -ssão, 192
    de formas verbais, 187
    de -isar, 193
    de -sinho, 193
    de -zinho, 193
    do -izar, 193
    dos porquês, 188
    dos pronomes e formas de tratamento, 189
Utilização do e-mail, 149-159

V

Verbos
    concordância verbal, 220-225
    uso correto das formas verbais, 187
Verbosidade, 18-23
Vícios de linguagem
    Chavões, 24-26
    coloquialismo excessivo, 29
    jargão técnico, 27-28
    tautologias, 27
    verbosidade, 18-23
Vocabulário sofisticado, escolha do, 41-42
    para relatório oficial, 116, 164
Vocativo, 153-156
Voz passiva, orações na, 71